肌肉健美
训练解析

（强化篇）

LA MÉTHODE
DELAVIER
DE MUSCLATION

[法] 弗雷德里克·德拉威尔
[法] 迈克尔·甘地　　　　著

李斯吟　译

山东科学技术出版社
·济南·

Originally published in French by Éditions Vigot, Paris, France under the title:

Guide des compléments alimentaires pour sportifs 3rd edition
©Éditions Vigot 2019.
Simplified Chinese edition copyright ©2024 by Shandong Science and Technology Press Co.,Ltd.
All Rights Reserved
版权登记号：图字 15-2020-105

图书在版编目（CIP）数据

肌肉健美训练解析 . 强化篇 /（法）弗雷德里克·德拉威尔，（法）迈克尔·甘地著；李斯吟译 . -- 济南：山东科学技术出版社，2024.4
　　ISBN 978-7-5723-1469-8

　　Ⅰ . ①肌… 　Ⅱ . ①弗… 　②迈… 　③李… 　Ⅲ . ①健美运动 　Ⅳ . ① G883

　　中国国家版本馆 CIP 数据核字 (2023) 第 239089 号

肌肉健美训练解析（强化篇）
JIROU JIANMEI XUNLIAN JIEXI（QIANGHUA PIAN）

责任编辑：张丽炜
装帧设计：孙　佳

主管单位：山东出版传媒股份有限公司
出 版 者：山东科学技术出版社
　　　　　地址：济南市市中区舜耕路 517 号
　　　　　邮编：250003　电话：（0531）82098088
　　　　　网址：www.lkj.com.cn
　　　　　电子邮件：sdkj@sdcbcm.com
发 行 者：山东科学技术出版社
　　　　　地址：济南市市中区舜耕路 517 号
　　　　　邮编：250003　电话：（0531）82098067
印 刷 者：济南新先锋彩印有限公司
　　　　　地址：济南市工业北路 188-6 号
　　　　　邮编：250101　电话：（0531）88615699

规格：16 开（170mm × 240mm）
印张：15　字数：407 千
版次：2024 年 4 月第 1 版　印次：2024 年 4 月第 1 次印刷
定价：89.00 元

引言

为什么要出《肌肉健美训练解析（强化篇）》？

《肌肉健美训练解析（基础篇）》奠定了肌肉健美的基础。在《肌肉健美训练解析（进阶篇）》中，我们进一步探讨了形体解剖学概念，用以进行练习选择。在《肌肉健美训练解析（强化篇）》中，我们将继续拓展进阶篇的内容，系统且详细地讲解不同人的形体解剖学特性。这本肌肉健美秘籍为解决经验丰富的运动员所面临的三重束缚提供答案。

1 越进步，就越难更进一步。

一开始，我们的肌肉还不是很发达，因此能很快得到增强。但越接近肌肉成长的潜力极限，就越难提升肌肉力量和增大肌肉体积。我们必须使用所有可能的技巧和方法，让某些很少被利用的身体部分发挥作用，从而激发身体的最大潜力。

2 破除错误观点，不给训练中的创造性设限。

健身房里流传着很多错误观点，网上流传的就更多了。这些观点往往来源于人们丰富的想象力，不够严谨，可能导致受伤。这些观点也限制了训练中的创造力，这也是使我们停滞不前的原因之一。摒弃错误观点，可以使我们拓宽视野，看见更多可能。

3 如何应对多年肌肉训练后遇到的瓶颈问题。

我们进步越大，越需要面对那些限制我们进步潜力的新问题。例如，当前臂出现肌腱炎时，该如何锻炼手臂？膝盖或背部不适时，该如何锻炼大腿？诸如此类。

感谢本书的模特伊恩、卢卡·古伊夫斯、马尼埃尔·迪尼斯、罗伊克·齐纳、贾里勒以及尼古拉·戈麦斯，他们都是《德拉威尔肌肉健美训练法》的读者。

伊恩

卢卡·古伊夫斯

马尼埃尔·迪尼斯

罗伊克·齐纳

贾里勒

尼古拉·戈麦斯

目 录

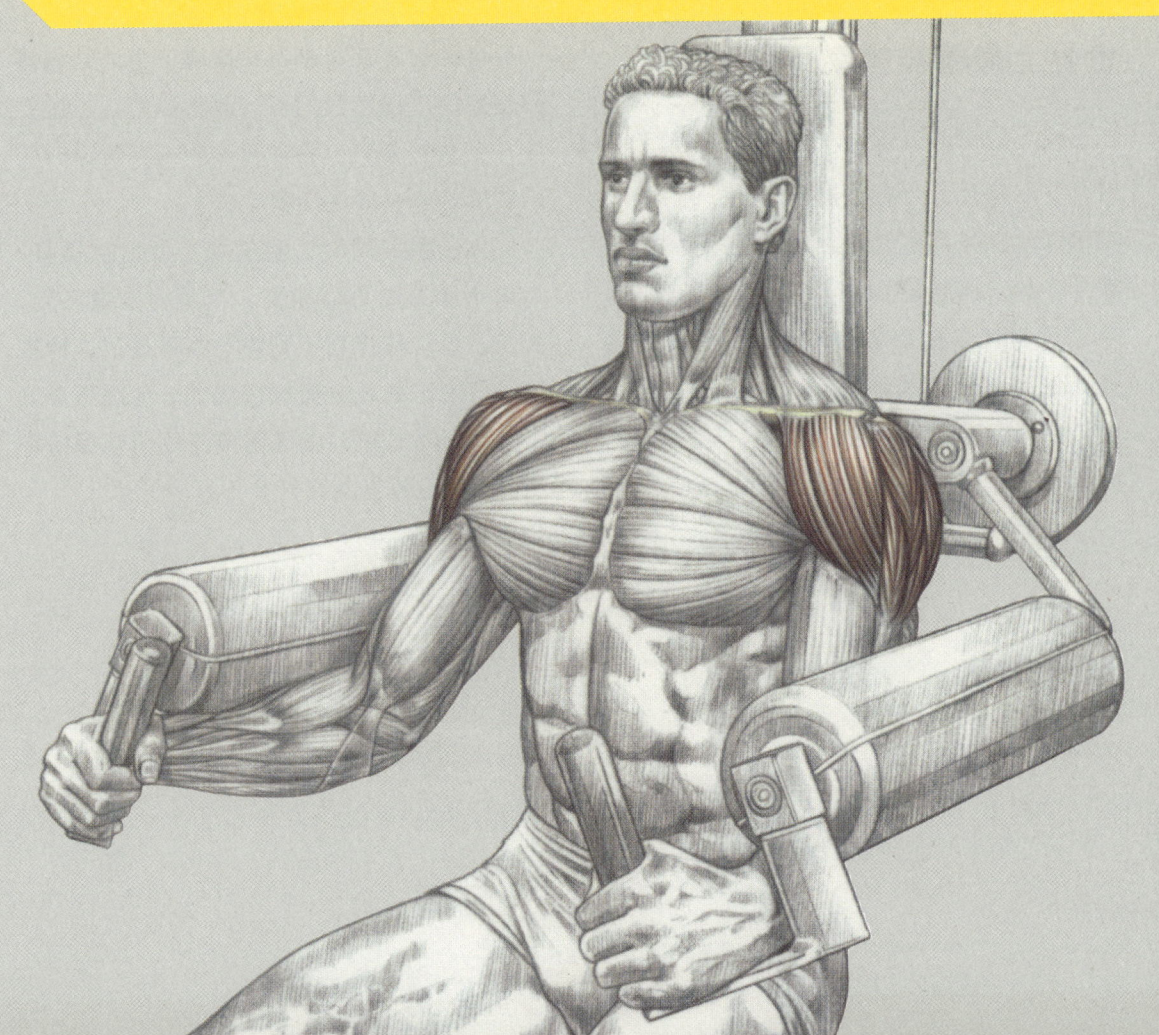

第一部分

深度探究人体解剖学的基本原理

首先，我们将探索人体解剖学，确保训练能更好地符合自身形体结构。不尊重人体解剖结构会限制进步并引起疼痛。为了避免病痛，我们将分析造成损伤的一般原因。

剖析自身形体实际

在肌肉训练中，我们完全可以自主选择练习动作。每个人都应该选择最适合自身形体结构的练习，而不是盲目训练。练习本身并不该成为关注的焦点，而要关注运动员及其自身形体结构。我们从自身出发，而不是一上来就去做那些最知名的练习项目。

世界上最糟糕的深蹲方式

作为举重运动员时，弗雷德里克·德拉威尔在职业生涯早期就遇到了一个难题：他在深蹲时身体严重前倾。他的老师要求他挺直上半身，但他做不到。他凭借解剖学知识来理解为什么自己会自然而然采取前倾姿势。他通过研究骨骼并从力学角度分析发现，在深蹲时因为自身结构而无法保持躯干挺直。

形体解剖学：不该颠倒概念

你是否在深蹲时被敦促要挺直躯干？如果训练时做得不好，那就是运动员姿势不正确。如果运动员改善姿势，就能恰当完成动作，绝不可能是这项运动不适合他。只要锻炼得当，每个练习都适合所有人。

这种想法其实是错误理解了身体结构差异造成的。虽然我们可以改善姿势，不过要让一名身材高大、股骨较长的人在深蹲时保持背部挺直只能是白费工夫。

不负重深蹲时，我们都可以背部挺直。如果不负重时可以做到，负重时却做不到，那是否是动作技巧不到位？并不是！这种推理没有考虑到将负荷放在肩上时会提高身体重心。负重越重，就越需要身体前倾保持平衡，虽然这样做对背部并不好。

不存在适合所有人的神奇练习

只有正确理解和运用人体解剖学概念，我们才能选择适合自己的练习并安全地进行锻炼，不要试图照搬他人的做法。如果一个人股骨较短，他能在下蹲时保持背部挺直，但他没有资格建议一个身材较高大且股骨较长的人这么做。

因此，有必要摒弃将深蹲、硬拉和卧推作为肌肉健美不可或缺的基础练习这一老套观点。通常，盲目遵循陈旧的原则最终会导致身体损伤，需要就医甚至动手术。

注意区分挺举、力量举重以及混合健身（crossfit）等具有指定动作的训练项目与肌肉健美的区别。在前面那些项目中，人们只是尽可能使动作适应自己的形体，但无法与身体素质更佳的对手平等"竞争"。当一名运动员做卧推时动作幅度只有 20 厘米，而你的动作幅度是他的两倍时，你要如何同对方角逐呢？

在肌肉健美运动中，应该只选择那些适合自己形体的动作，而不是让身体适应动作。要做到这一点，还是很有必要了解人体结构的不同之处的。

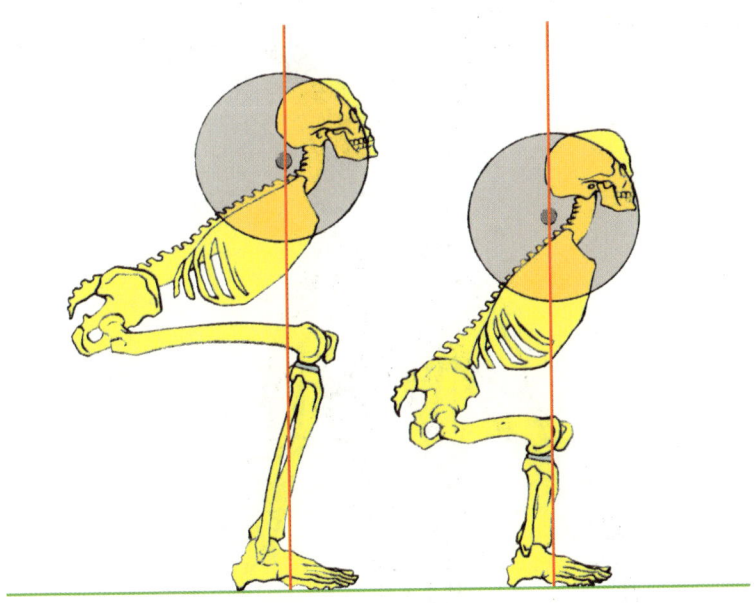

在下蹲时，股骨短的人总是比股骨长的人更容易
保持背部挺直。

存在维特鲁威人般的人体比例吗？

达·芬奇所绘的《维特鲁威人》拥有和谐且完美的人体比例，但现实生活中想要达到这种比例几乎是不可能的，在运动员身上就更难找到这样的比例了。

前臂可能比上臂长一些，小腿比大腿要短……这些人体结构的不同之处不仅看起来很明显，而且对每个动作的完成也有巨大影响。

理想情况下，应该用尺测出理想身体数据与个人身体数据之间的差距。通常这一差距只有几厘米，并且我们很难精准测量看不见的骨骼的长度。因此测量可能存在误差，只会得到错误的结果。

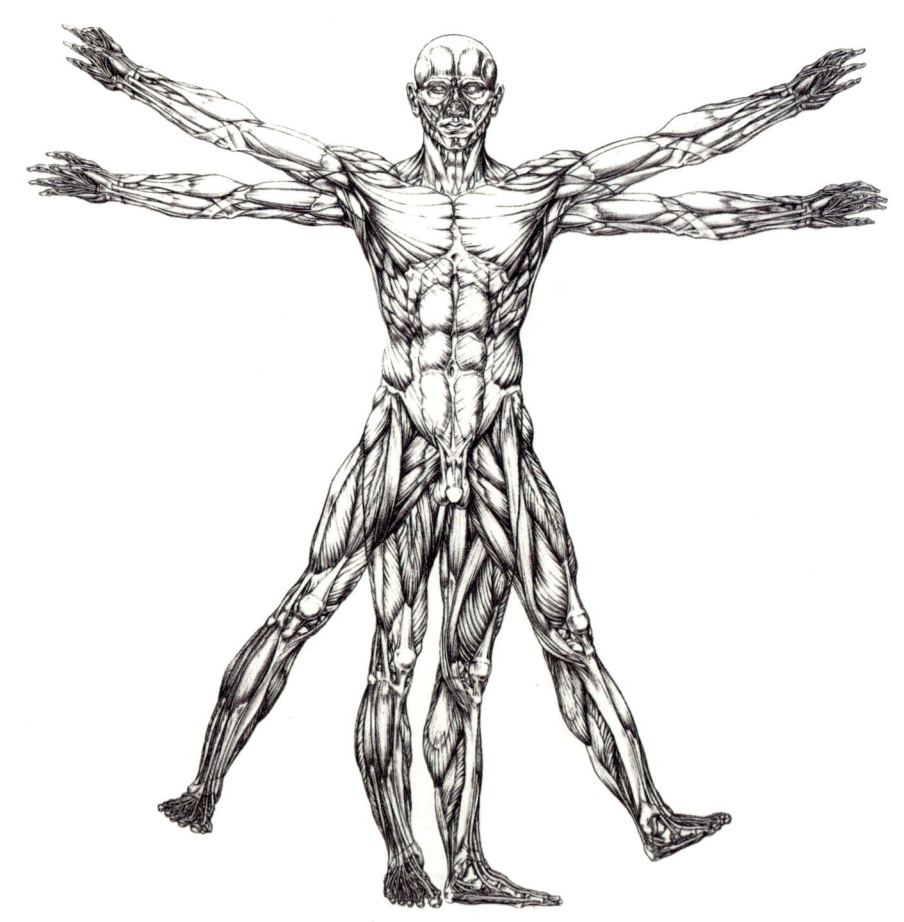

弗雷德里克·德拉威尔重新阐释《维特鲁威人》

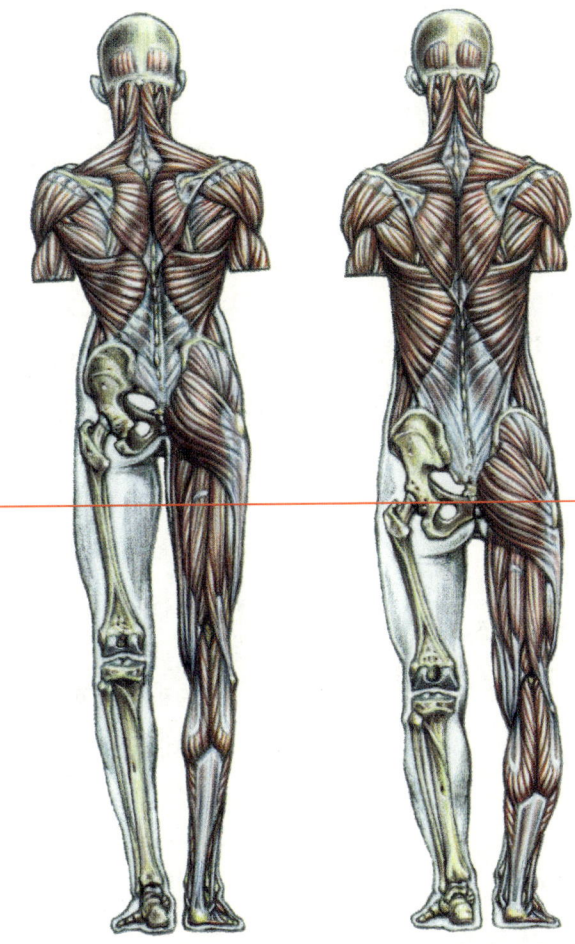

身高相同的两个人，身体比例可能有很大不同。要是将一位身材高大的人与一位身材矮小的人进行比较，他们的身体比例差异会更明显。

　　通过视觉我们可以发现，相较于理想身体比例自身的诸多特点。因此，本书的配图将向你展示理想身体比例与其他各种不同的典型身体比例。通过比较，我们能够更好地学习人体比例。如果你觉得刚开始学习时，这种练习有些复杂，这很正常。通过观察健美冠军来训练你的眼睛，一旦养成习惯，分析起来就得心应手了，就像你看一眼就能知道一个人是高还是矮。为何？秘密在于有比较点。还有，比起照镜子，通过照片我们能更好了解自己的形体。

几条简单规则

下面要介绍一些基本规则。这些规则在大多数情况下都是正确的，当然也有例外。规则如下：

■ 身高越高，手臂和腿相对于躯干长度来说就越长。每个动作幅度会更大，拉伸时强度更大，也就更危险。

■ 身高越矮，手臂和腿相对于躯干长度来说就越短。每个动作幅度会更小，可以明显举起更重的负荷，显得比"高大"的人力量更强。拉伸时强度更小，相对也就更安全。

尽管这些规则可以得到证实，但是对健美运动员来说却不足以成为分析依据。除了绝对长度以外，身体各个部分还以彼此为参照具有相对长度。相对长度为调整训练提供重要参考。

手臂长度分析

对于手臂来说，前臂尺寸通常比肱骨长度有更多不同，因此前臂长度往往影响手臂整体长度。而手臂长度通常又与躯干尺寸相关。

长手臂

第一种最普遍的情况是手臂长但是肱骨相对较短，由修长的前臂来弥补手臂长度。这种情况下训练，我们会感觉上臂得到进步了，但前臂似乎没有变化。

第二种情况是手臂长且肱骨和前臂都很匀称。这种情况下想使手臂有所进步比前一种情况更难。

第三种情况可能性最小，肱骨长但前臂短。这种情况之所以很少见，是因为通常青

❶ 前臂短显得更粗壮。
❷ 前臂长显得更纤长且更容易患前臂的各类病痛（详见第128页及其后内容）。

春期时小臂会比肱骨生长更多，但也有例外情况。这种情况下我们很快会感觉前臂得到进步了，但上臂似乎没有变化。肱骨越长，就越难练出肱二头肌肌峰；肱骨越短，附着肌肉越短，更容易练出肌峰。

短手臂

第一种最普遍的情况是肱骨较短，前臂相对较长，但不足以弥补肱骨的长度。这种情况会显得肱二头肌与肱三头肌粗大，我们很快会感觉手臂得到进步了。几乎所有的健美冠军都是这类手臂结构，他们的手臂尤其粗壮，不同寻常。

第二种情况是手臂特别短，不仅肱骨短，前臂也短。这会给人手臂粗壮的感觉，但视觉上略有些奇怪。

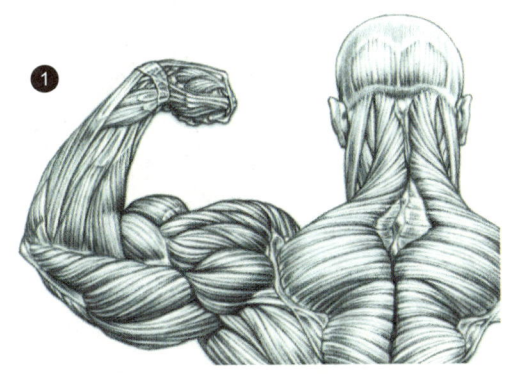

肌肉总量相同的情况下，肱骨短的运动员❶总是比肱骨长的运动员❷显得肌肉更发达，肌峰也更健美。

臂长的实际影响

从解剖学角度分析，人与人之间手臂长度的差异对许多运动都会产生影响。比如我们在拳击运动中提到的"臂长"概念，臂长对搏斗方式有很大影响。在肌肉训练中也是如此，练习选择以及练习难度、效率、危险性都受臂长影响。

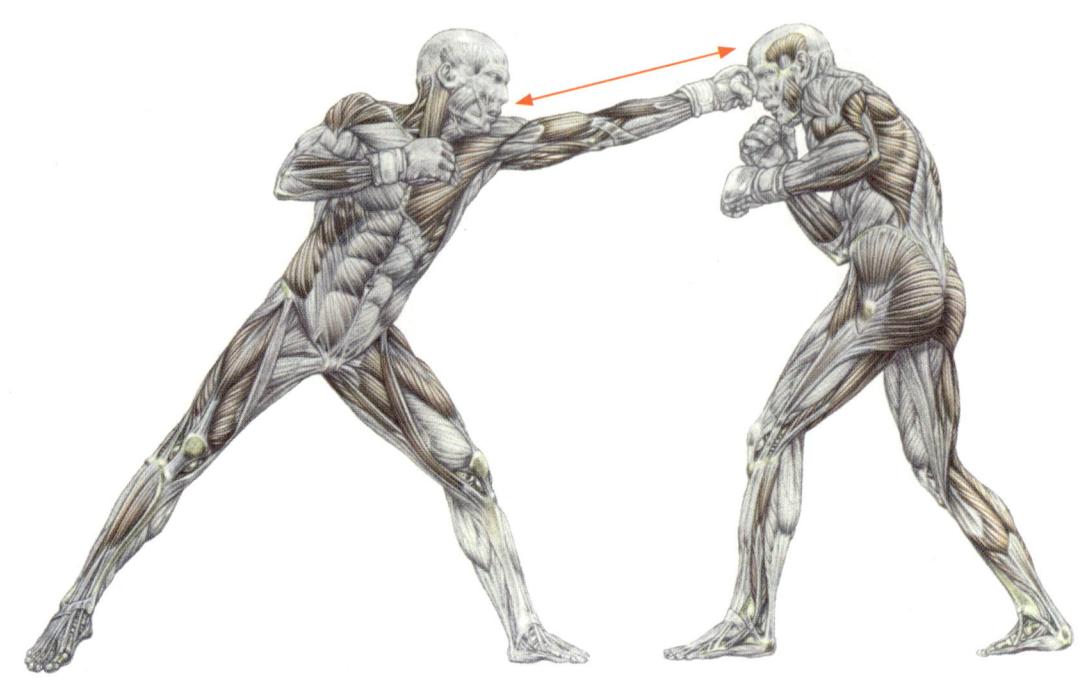

了解臂长在肌肉健美中的重要性不亚于其在格斗运动中的重要性。

对臂部练习的影响

前臂越长，就越容易：

■ 在肱二头肌与肱三头肌的孤立练习中，可以通过将肘部向身后移动来弥补力量不足的问题。

■ 在用肱二头肌训练板（Arm Blaster）或牧师凳进行肱二头肌训练时，肘部被向前锁住了。这会导致力量明显丧失，由于阻碍了肘部向后移动进行力量补偿，我们只能举起轻很多的负荷。

■ 使用孤立锻炼肱二头肌或肱三头肌的器械时也可能出现类似的情况。许多器械会向前锁住肘部，阻碍自然情况下肘部向后移动的趋势。

■ 使用辅助用具或器械可能会使动作变得奇怪，甚至造成危险。

■ 在杠铃弯举时，前臂越长，握距可以越宽。

■ 在锻炼肱三头肌的自由杠铃屈伸中，偏好窄握距。在此动作中，常常通过张开肘部来弥补前臂力量的不足。

前臂越短，就越容易：

■ 在所有臂部练习中举起较大负荷。

■ 作用于臂部的器械和辅助工具符合这类人的形体结构。

■ 在杠铃弯举时，适合窄握距。

■ 在锻炼肱三头肌的自由杠铃屈伸中，偏好宽握距。

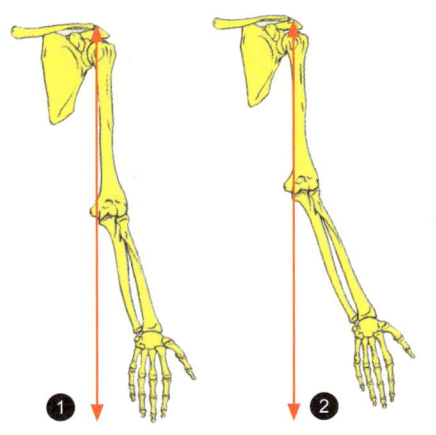

前臂越短，手就越贴近上臂轴线，哪怕有手臂外翻的情况 **1**；前臂越长，手就越偏离上臂轴线，尤其在手臂外翻的情况下 **2**，从而使与手臂外翻有关的问题更严重。

前臂特别长时，会对针对肱三头肌的弯举或屈伸动作造成障碍。我们更容易通过肘部后移，而非保持肘部贴在身侧来进行补偿。

所有作用于手臂来阻止肘部后移的器械或辅助工具都更适用于前臂短的人群。

前臂越长，就越难在弯举动作中采用窄握距。

对胸部练习的影响

请注意，前臂长和胸大肌肌腱的高灵活性之间没有任何联系，并不是因为前臂长，肩膀的旋转范围就增加了，肌腱随之变得更灵活了，这三个因素之间完全没有关联。忽略这一点进行大负荷训练迟早会受伤。

杠铃上的负荷越大，就越容易在下降动作时拉伸肌肉和肌腱组织，同时也大幅增加了撕裂风险。在所有类型的卧推和臂屈伸练习中都是如此。

在卧推训练中，是前臂长度和胸廓大小这两个完全没有"解剖学上的关联性"的部分决定了运动幅度。

在所有需要手握哑铃、器械手柄或滑轮手柄的孤立训练中，前臂较长能增加伸展幅度，但这并非没有危险。前臂越长，越容易在做飞鸟训练的下落阶段不自觉地弯曲手臂。不要听凭前臂短的人说你做的动作是错的，且必须像他们那样做。在同样的孤立训练中，前臂长的人双手在收缩过程中会提前相遇。因此动作幅度不一定更大，但由于肌肉没有充分缩短，这样做会更危险且锻炼效果可能更差。使用滑轮飞鸟机和其他一些器械的好处在于，在收缩阶段可以将双手交叉，而不是在两手相碰时结束动作。前臂越长，就越能充分交叉双手来增加收缩阶段的运动幅度。

在哑铃飞鸟运动中，前臂越长，越容易将压力放在肱二头肌下部肌腱上，这会增加拉伤风险。由于手臂保持紧绷，利用飞鸟机练习时也同理。不过使用蝴蝶机练习时，弯曲的肘部直接抵着器械的海绵垫发力，能消除这类风险。

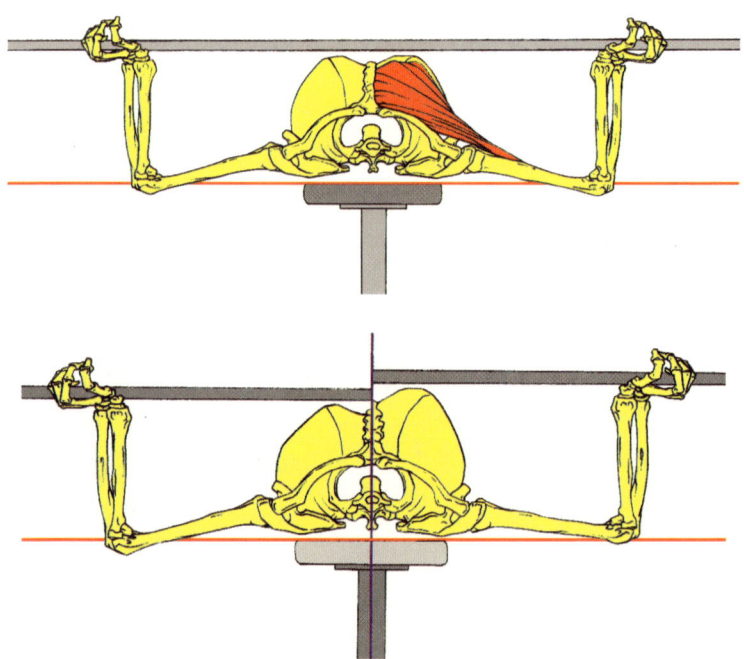

在卧推运动中，前臂长、胸廓较平是导致胸部、肩部和肱二头肌受伤的重要风险因素。

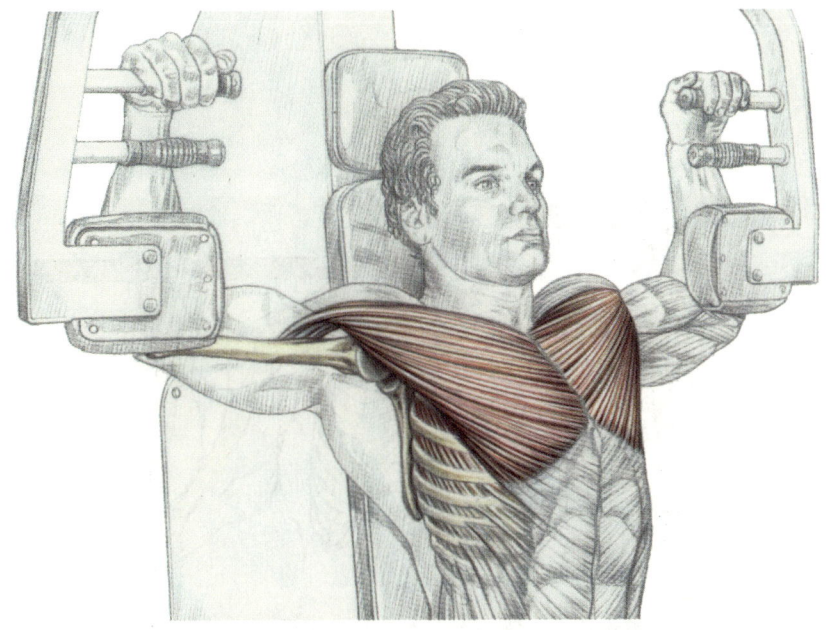

蝴蝶机这一类的器械通过将阻力放在肘部而不是手部来消除前臂臂长影响。前臂越长，就越能安全使用这类器材。

对背部练习的影响

手臂，尤其是前臂越长，就越容易：

■ 在背部运动中，尤其做引体向上时增加运动幅度，动作就变得很难。在划船训练中也会有这种感觉。

■ 在引体向上时，将身体向上拉起变得危险。

■ 做硬拉练习时会比较轻松。

■ 比起背肌，在牵拉时更多用到肱二头肌和肱三头肌。

■ 在屈臂上拉运动中能感觉到肱三头肌

发力。在此练习中倾向弯曲肘部来补偿前臂长度。在拉伸阶段，最好不要下降得太低，这样能保护肩膀。

手臂，尤其是前臂越短，就越容易：

■ 用肩部承担大负荷，这是因为运动幅度缩小了。

■ 在硬拉时身体前倾，这增加了运动难度和危险性。

■ 因为背阔肌均匀附着在肱骨上，如果臂肌较短，募集背肌会更容易。若是臂肌比较长，肌肉募集时就越容易与背肌竞争。

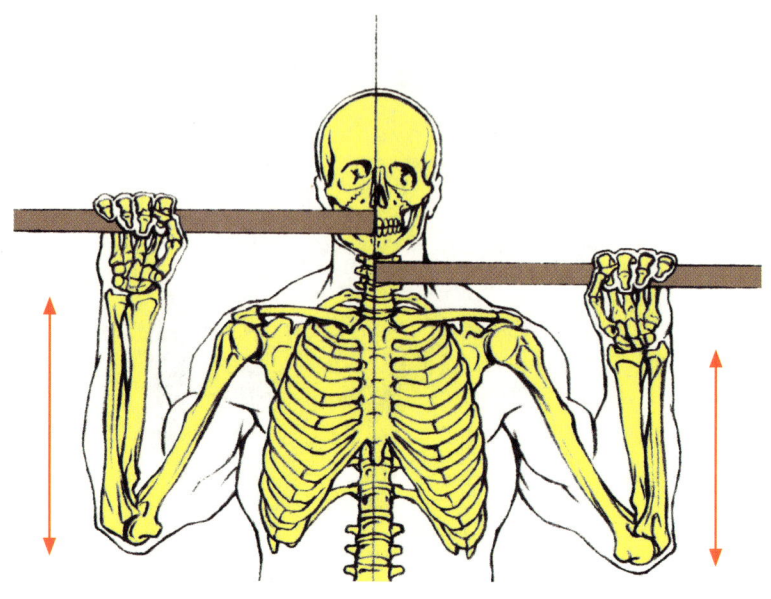

前臂越长，在引体向上时就越难让下巴超过单杠。

对肩部练习的影响

手臂，尤其是前臂越长：

■ 越不适合做各种抬举动作（前平举、侧平举、上斜侧举）、站姿划船、面拉和推举动作，其中推举动作是最危险的。

■ 在颈后动作中更容易感觉到肱三头肌发力。

■ 具有这种形体结构时，肘部推动而不是手部推动的器械就发挥了作用。肘部推动的器械能在不阻碍肱三头肌发力的情况下消除前臂长度差异带来的影响。

手臂，尤其是前臂越短：

■ 就越擅长各种抬举动作、站姿划船、面拉和推举动作。此外，做这些动作时对关节损伤较小。

❶ 坐姿侧平举训练器通过将负荷置于肘部而非手部，消除了前臂长度差异带来的影响。

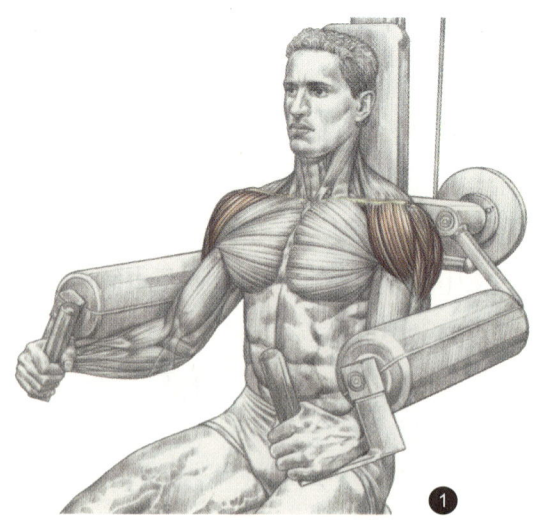

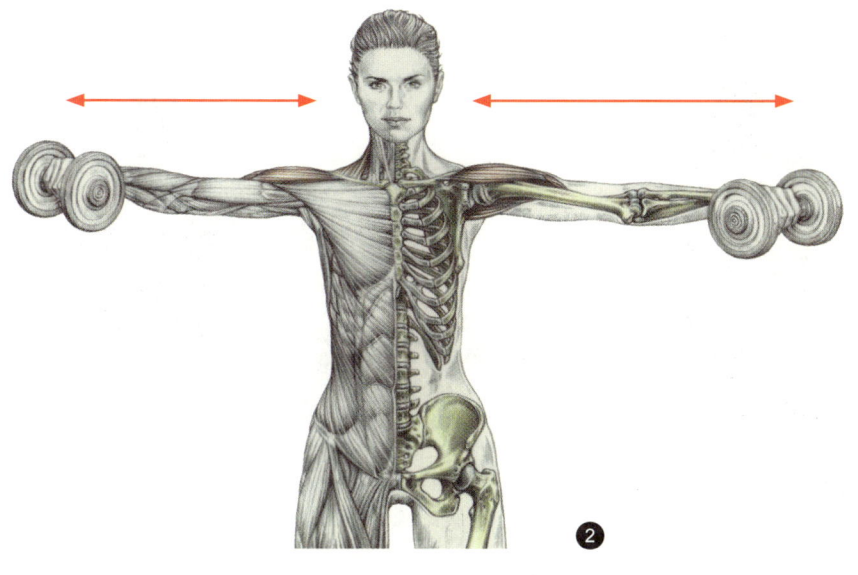

❷

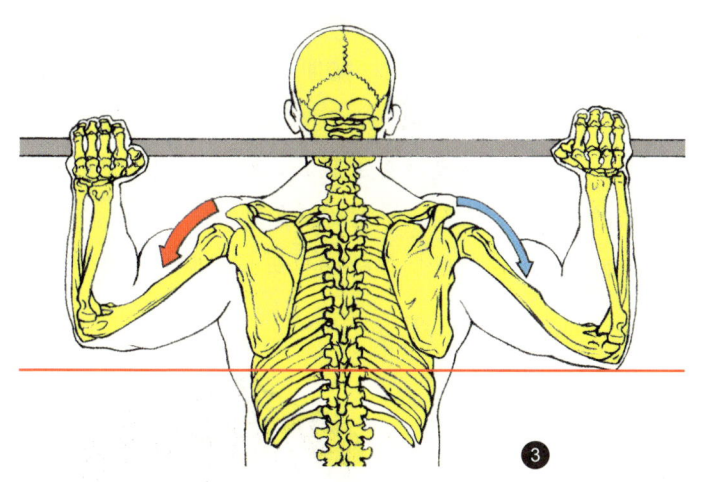

❸

❷ 相较于手臂短的运动员，手臂越长的运动员越难以用肩部承担大负荷。

❸ 前臂越长，在做肩推时，将杠铃降低就越危险。

躯干长度分析

躯干长度对形体美观有很大程度的影响。躯干越长，就越显得背部高耸，给人感觉背阔肌和髋部之间形成凹陷。不过在分析躯干结构时要注意，一个躯干较长的人，可能由于腹部很长，就显得背部短了。最糟糕的结构是躯干非常长，但背部确实很短。相反，腹部短、背部长的结构会给人感觉背部肌肉低垂。如果腹部很短，较短的背阔肌也会显得很突出。

躯干越长，越显得肩膀窄，宽阔的肩膀会显得腹部短。

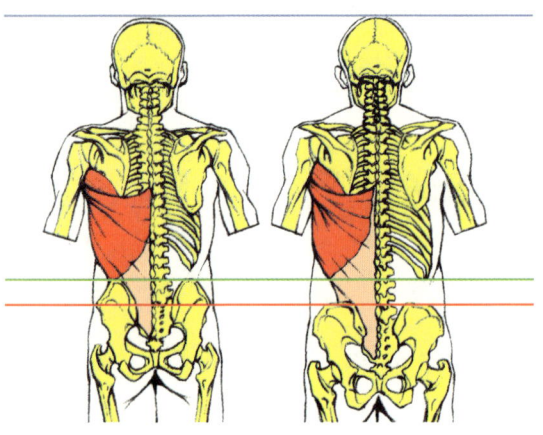

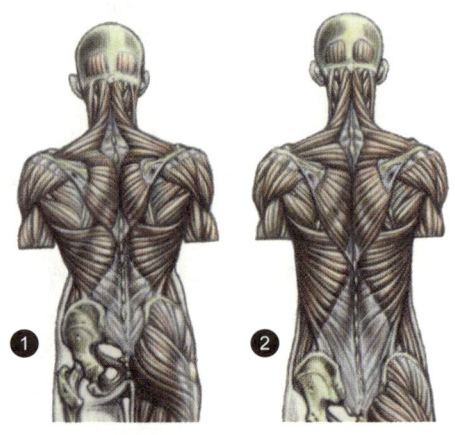

背阔肌体积相同时，躯干越长，背部显得越短。

❶短腹部能掩饰短背部。
❷腹部越长就显得背部越短。

腹部、胸廓比率分析

腹部长/胸廓窄

　　比起腹部短的运动员，在腹部长的运动员身上更容易看到最出色的腹肌。腹部越长，腱划越多，腹肌块越明显。腹部长度相同时，腱划越多，腹部越健美，且练起来更容易。不过，腹部越长，越容易出现遗传性的腹肌块左右不对称现象。

　　下腹部拥有更多的腱划，也就意味着下

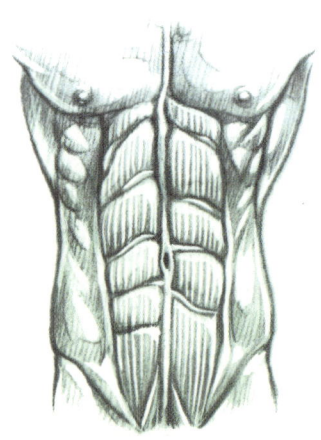

腹肌左右不对称常见于腹部长的人群，并且即使通过大量训练也无法补救。

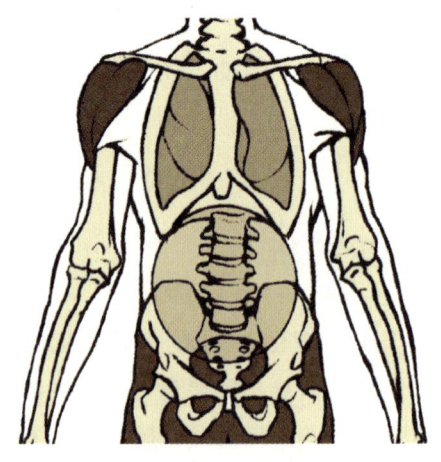

强壮的腹肌能使形体更美观。

腹部的腹肌位置低于肚脐。下腹部短，指的是腹肌末端位于肚脐之下。如果腹肌下端在肚脐之上，我们说腹肌较高。腹部长度相同时，下腹部越短，腹部肌肉越容易锻炼。相反，下腹部位置越高，腹部就越不美观，也越难锻炼。

此外，长腹部往往拥有窄而薄的腹斜肌，更显得腰部外观纤细。不过，这也导致下背

部获得的肌肉支撑更少，会增加腰疝的风险。

与长腹部相对应的是短且平的胸廓，这使得胸肌可附着范围缩小，胸肌相对来说就不那么发达。虽然总有例外情况（正是这些从解剖学角度看有些非正常的情况成就了冠军），但一般腹部越长，胸肌可能长得越短。这样，我们就能理解为什么很难同时拥有出众的腹肌和胸肌了。

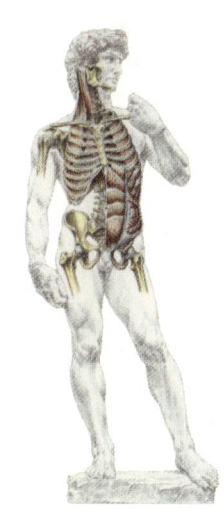

为了将来迎接婴儿的到来，女性比男性拥有更长的腹部，因此胸廓较高，肺活量也小于男性。

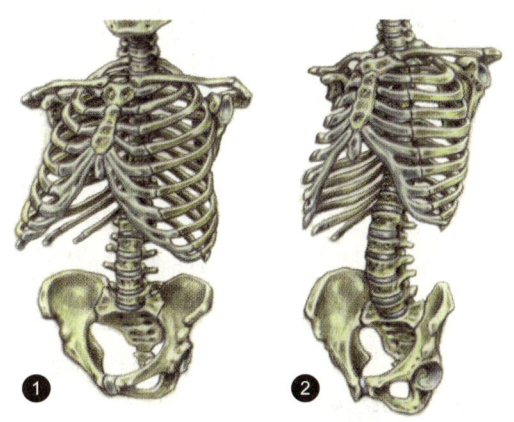

❶ 胸廓越宽阔，留给腹部的位置越少。❷ 相反，腹部越长，胸廓越短。

胸廓较短平时，身材越高大并且手臂较长的人在做胸部的基本训练动作时，肌肉拉伸越强，受伤风险越大。在最大的运动幅度时，我们会错误地感觉动作强度不大，这也是导致胸肌撕裂的巨大风险因素。

这种身体形态的健身者，建议限制运动幅度，尤其是进行大负荷运动时。

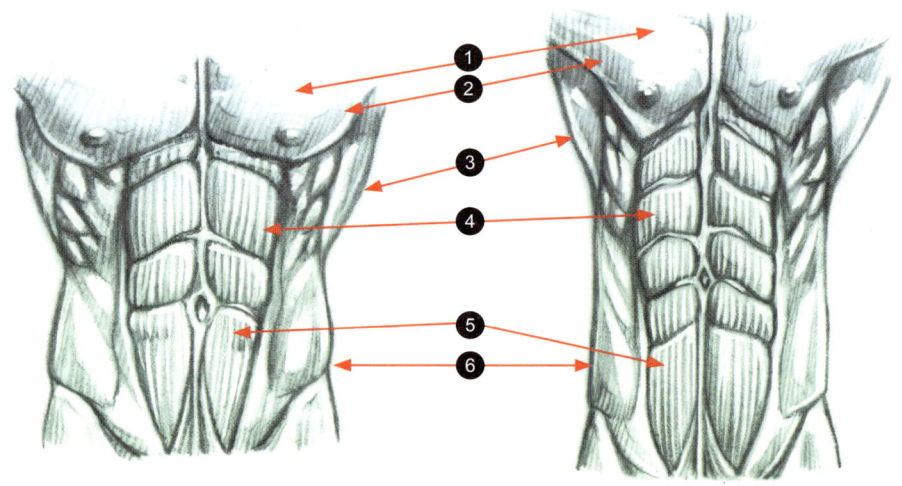

与短腹部（左图）相比，长腹部（右图）具有：

❶ 更窄的胸廓。

❷ 不太宽阔的胸肌。

❸ 背肌显得更高。

❹ 更多腹肌块。

❺ 下腹更短。

❻ 身材更纤长。

腹肌越像左图，就越需要努力锻炼；下腹部位置越高，比起锻炼上腹部，应更注重锻炼下腹部，因为获得训练效果会比较慢。腹肌越像右图，就应更优先考虑训练腰部而不是腹部。

腹部短/胸廓宽

当胸廓相对较长且隆起时，腹部就更短。这样更容易拥有发达的胸肌，因为在宽阔且位置较低的胸廓上，可以附着大体积的胸肌，胸肌能占据全部空间。

不过，腹肌就不会那么出色了。腹部相较于胸廓越短，腱划就越少，下腹部在肚脐上方位置越高。相对较短的腹部，通常具有较厚的腹斜肌，更显得腰部外观粗壮。虽然后者从美观程度来看不如前者，但更适合力量训练，且能更好地保护腰部。

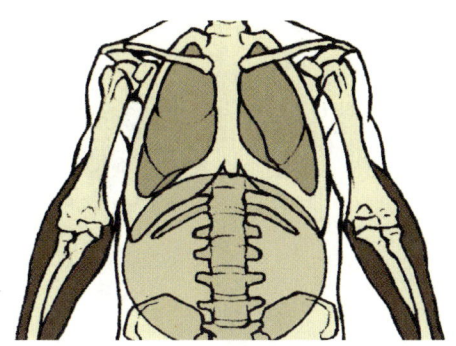

更适合力量训练的身体结构。

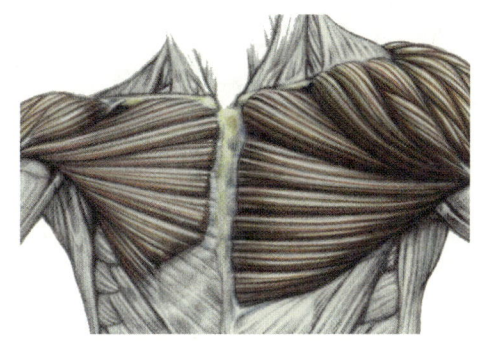

胸廓越宽阔，胸肌占据的空间越大。

锁骨宽度的影响

锁骨越宽，卧推或下斜卧推时，就越难承受大负荷训练，原因如下：

■ 一般来说，锁骨越宽，肩部越宽，手臂就越长。

■ 更难保持胸廓鼓起。负重越重，胸廓越平坦。进一步增加了杠铃需要移动的距离。

■ 肩部会向前倾，调动胸肌变得不那么容易。虽然可以很好地锻炼肩膀前部，但不利于胸肌发展。

■ 因为更难保持肩胛骨紧靠在一起，胸廓和肩部的稳定性受到影响。这也解释了为什么卧推冠军往往肩部都较窄。

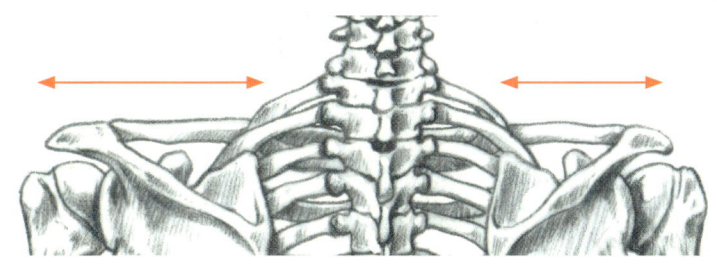

同一个人的锁骨两边宽度很少相同，这在双侧运动中会造成位置问题。单侧运动能解决这个问题，最大限度地减少由锁骨明显左右不对称可能导致的潜在损伤风险。

胯宽、胯窄对大腿有何影响？

尽管拥有壮硕的大腿与窄小的骨盆同样吸引人，但两者很少可以兼得，因为很难在窄小的胯骨上练出发达的大腿，若还拥有较长的股骨就更难了。窄骨盆配上粗壮的大腿会阻碍走路，更别说跑步了，这二者从基因学角度来说适配性很低。虽然乍看起来大腿间没有空隙似乎意味着股四头肌得到了充分锻炼，但进一步分析就能发现，股四头肌过直，缺少清晰的线条，从美观程度来看不足够令人惊叹。

相反，骨盆越宽，股骨间的空间越大，这意味着肌肉拥有更大的向内外两侧增长的空间。

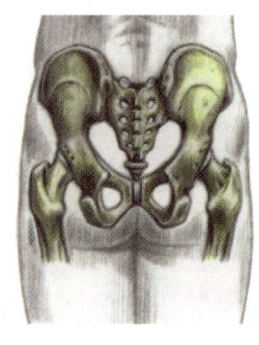

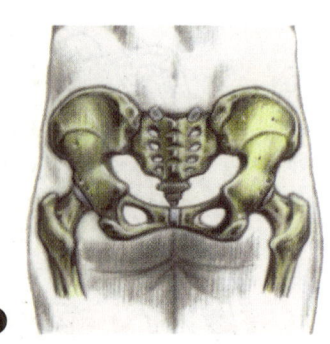

❶ 髋骨越窄，腰身越细且大概率纤长。腰部受到的保护变少，难以持续进行如深蹲、硬拉等大负荷的大腿基础训练。

❷ 髋骨越宽，腰身越粗且大概率较短。背部得到更好保护，能够在大腿基础训练动作中进行大负荷训练。

骨盆越宽，同时股骨颈较为水平（即髋关节内翻），股骨越横向扩展。股四头肌外侧部分会朝外伸，形成明显弧形（详见第162页及其后股四头肌相关章节的内容）。如果股四头肌较长，弧度就更明显了。

骨盆越窄，同时股骨颈较为垂直（即髋关节外翻），股四头肌显得越笔直、狭窄且垂直于地面，缺少向外的弧度。股四头肌生长过程中扩展空间会更小，可能会向前方过度发展，从侧面看很粗壮，从正面看较纤细。这种情况下，股四头肌通常较短且弧度不那么引人注目。

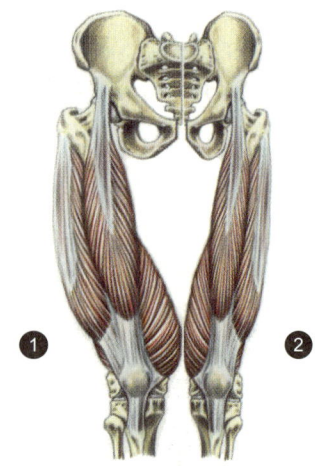

❶ 宽骨盆上有弧度的股四头肌。
❷ 窄骨盆上笔直的股四头肌。

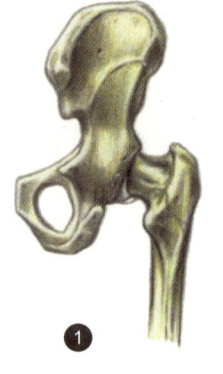

❶ 水平的股骨颈 ❷ 垂直的股骨颈

臀部尺寸相同时，股骨颈越水平，在深蹲或硬拉时越能保证骨盆的稳定性。相反，股骨颈越垂直，使用杠铃进行下半身基础训练时，越难以保证骨盆的稳定性。

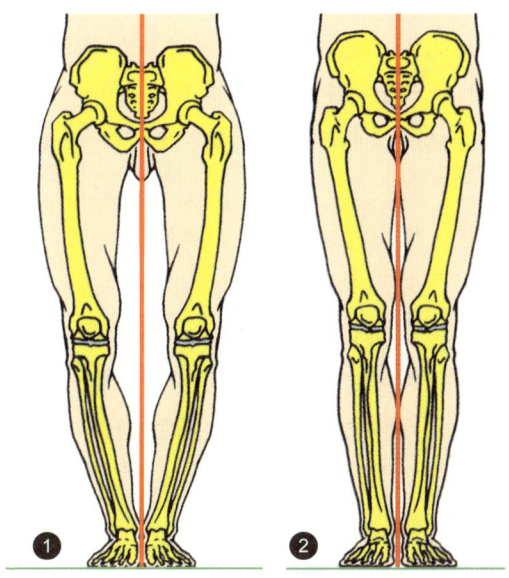

❶ 腿越弯曲，形成"O"形，股骨颈越倾向于水平状态。

❷ 腿型越接近"X"形，股骨颈越倾向于垂直状态。这样的形态要劈横叉更容易，不过在做基础动作时会牺牲一部分骨盆的稳定性，对大腿负担较大。

由于骨盆不稳定，在做深蹲动作时最好使用辅助器械或做腿举练习，从而获得更好的稳定性。

为补偿狭窄的骨盆，髂骨会更向后偏，以此来固定更大体积的臀部。而宽骨盆上髂骨偏移就会更小，这限制了臀部体积。

若是股四头肌出众，臀部就相对差些；若是臀部出众，股四头肌就相对差些。换而言之，如果骨盆在宽度上获得优势，在厚度上就相对处于劣势，反之亦然。

腘绳肌附着在骨盆更内部的位置，受骨盆宽度差异影响较小。这也解释了为什么腘绳肌不存在如股四头肌那样的横向扩展差异。我们将在专门的章节讨论直接影响腘绳肌的形态学因素（详见第 179 页及其后内容）。

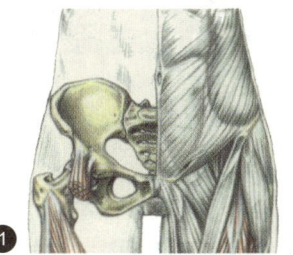

❶ 宽骨盆
❷ 窄骨盆

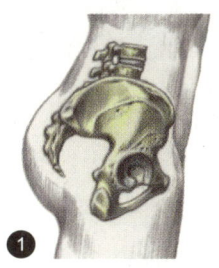
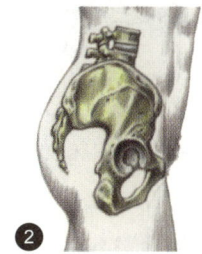

❶ 髂骨向后偏
❷ 髂骨后偏较少

打开双腿能力的差异

在许多动作中，或多或少都需要打开双腿。比如在深蹲时，会通过更大幅度地打开双腿来补偿长股骨的不足。在想要加强内收肌锻炼时也是如此。

在举重运动的抓举动作中，动作第二阶段的稳定性取决于良好地打开双腿的能力，在挺举动作中也是如此。大多数人都可以调整双腿间距，但是由于骨盆的骨骼结构差异，不是所有人都能做到这一点。髋臼（容纳股骨头的空窝）的朝向差别很大，当股骨朝向侧面而非朝向正面时，更容易打开大腿。

此外，通常情况下股骨头是圆球形的，这样更有利于转动。不过有些人的股骨头更接近椭球体而不是圆球体，他们的腿部能打开到一定程度，但超过一定范围就做不到了。这类人群没办法骑摩托，更别说骑马了。

这并不是说他们的肌肉或肌腱不够灵活，进行柔韧性练习也无法改变骨骼结构。虽然可以强迫关节努力做到，但最终会导致刺激并很快转化为持续性疼痛与运动能力丧失。因此，遇到此类情况最好减少双腿打开程度或寻找其他锻炼方式。

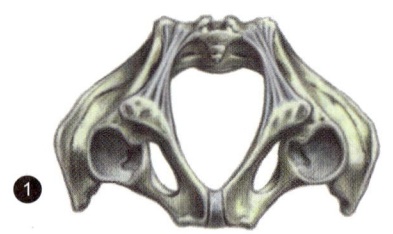 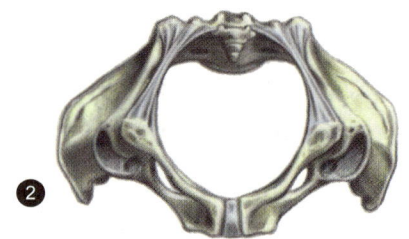

骨盆俯视图：

❶ 髋臼更朝向侧面，便于打开双腿。在大腿进行大负荷基础训练时，骨盆稳定性更佳。

❷ 髋臼更朝向前面，限制了双腿打开的幅度。在进行大腿基础训练时，骨盆稳定性相对较差。

规则

通过整体观察轮廓，我们能很快判断一个人的身体形态：手臂、大腿和腹部是长是短，肩膀和骨盆是宽是窄……但要如何判断看不见的骨骼形态？比如股骨头的朝向。此时，请牢记骨骼结构极大影响了肌肉的布局这一规律，可以通过观察肌肉形状来推断骨骼结构。同样,活动能力，尤其是髋骨的活动能力，也为判断骨骼形态提供了线索。

大腿短/大腿长

在肌肉健美中，如果大腿较短，一切都要容易得多。这并不是说让大腿变发达更容易，而是比起股骨长的人群来说明显更简单。股骨长的人很难练出令人印象深刻的大腿，因为股骨较长，要锻炼的"肉"就必然更多。

大腿短

情况一：矮个子健美冠军通常具有此种遗传学特征。股骨非常短，小腿从比例上来说略长一些的组合形式是大腿发达的奥秘所在。股骨短时，在所有股四头肌的基础动作中都能表现出色且姿势良好。

情况二：这是更典型的形态结构，从比例上来说股骨长于胫骨。这种形态结构很容易练出壮硕的小腿。锻炼大腿需要更努力一些，不过也能相当容易地增加肌肉量。

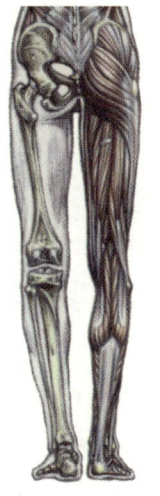

腿较短会显得肌肉发达。

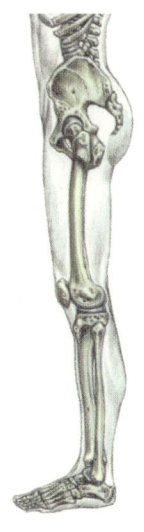

该形态易于锻炼小腿，不过要练出粗壮的大腿需要下更大功夫。

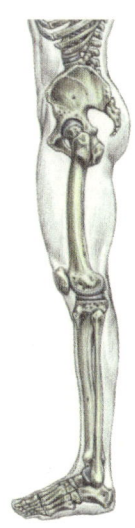

该形态易于锻炼大腿，不过要增加小腿肌肉量更困难。

大腿长

情况一：短跑选手通常具有此种遗传学特征。股骨长，胫骨更长。要增加大腿肌肉很难，增加小腿肌肉就更难了。这类人群相对更擅长如哈克深蹲类的动作。不过，在腿屈伸时可能感觉缺乏力量。胫骨越长，且在进行腿举或哈克深蹲时脚部在器械平台上移动得越少，不管是向上还是向下移动，都会对大腿，尤其是膝盖扭转造成影响。

情况二：高个健美冠军通常具有此种遗传学特征。胫骨略短，有利于发展粗壮的小腿。股骨较长，要增加大腿肌肉较为吃力，不过并非不能实现。大腿较长，自由负重训练做起来更危险且效率较低。此时使用圆周运动器械就拥有巨大优势（详见第162页有关股四头肌的章节及其后内容）。此类人群相对不擅长哈克深蹲，但做腿屈伸更轻松。

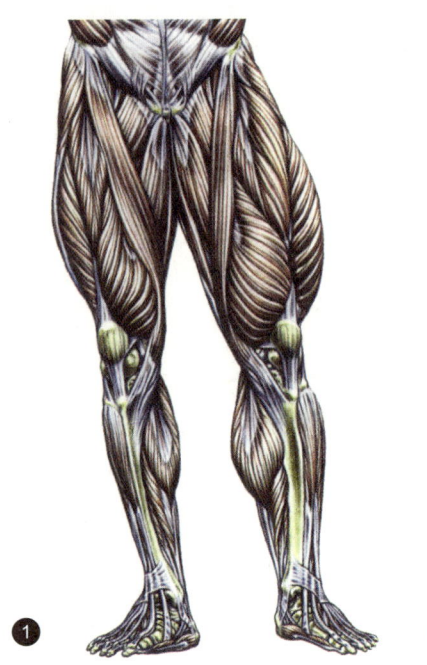

❶ 股四头肌之于膝盖的位置越向上，大腿肌肉增长能力越受限。

❷ 股四头肌之于膝盖的位置越向下，大腿肌肉增长能力越强。

肌肉长度的影响

无论股骨长短如何，股四头肌之于膝盖的位置越向下，发展能力越强。只要恰当锻炼，就能使股四头肌变得粗壮。不过，股骨越长，大腿肌肉相对膝盖来说就可能较高，要发展大腿肌肉难度增加。当然，最不利的情况是股骨非常长且股四头肌短小。在此情况下，即使以正确方式努力锻炼大腿，并进行非常大负荷的练习，在美观程度上也很难获得明显效果。

短跑选手的大腿，健美选手的对立面

通常情况下，短跑运动员大腿很长，小腿长而结实。虽然大腿肌肉较短，但肌腱较长，小腿、股四头肌、内收肌、腘绳肌基本都是如此。

这种配置的好处是，肌腱较长，能提供非常好的杠杆作用。短小的肌肉使四肢更轻盈，从而驱动时更有活力。

相反，肌肉越长，大腿越重，就不利于产生爆发力。粗壮的小腿只会减慢抬膝的速度，从力学角度分析，移动速度因此变得更慢。

上、下半身发展悖论

短跑选手在自身身体基础上很难成为优秀的健美运动员。不过矛盾的是，从遗传学角度来看，短跑选手的躯干非常有利于练出协调的肌肉，尤其是他们的臀部与肩部肌肉天生很长。由于肩宽且腹部较长，胸肌往往是一个弱项。哪怕背部宽阔，较长的腹部也会掩盖背部的长度。

相反，得益于较长的肌肉，健美运动员能有非常结实的大腿，但往往难以协调好下半身与上半身的发展程度。

因为健美运动员躯干上的肌肉较短，锻炼起来更慢且较不协调。当然也有个别的例外情况，即每处肌肉都比较长，这就可能成为冠军。

小腿的遗传学奥秘

小腿形态的优势与劣势不仅仅通过肌肉要素体现，因为骨骼结构起主导作用。胫骨长短与跟骨尺寸是决定性因素。

短胫骨/长胫骨

总的来说，身材越高大，四肢骨骼越长，骨骼差异决定了尺寸差异。腿越长，小腿往往相对于大腿来说越长。但这种配置不利于健美运动，因此在高水平的运动员身上较少出现。实际上，胫骨越长，腓肠肌相对越短，且腓肠肌腱被拉长了。要让薄薄的肌肉填满这样巨大的空间就是难上加难了。不过矛盾的是，得益于有力的肌腱杠杆，肌腱越长，肌肉就越强壮、越有爆发力。因此，哪怕腓肠肌短，运动员也能够进行超大负荷的小腿练习。不过这一矛盾点也会增加运动员的困惑，因为哪怕训练强度很大，小腿也不发达。

通常拥有结实小腿的健美运动员都有着较短的胫骨，甚至非常短。肌肉下端非常靠近脚跟，肌腱较短。因此，即使没有什么肌肉，腓肠肌也能很快显得粗壮。

短跟骨/长跟骨

除了胫骨长度，还有许多影响小腿锻炼效果的形态学因素。最主要的影响因素还有跟骨，它会影响整条腿的形态。哪怕是半厘米的长度差异，也会对整体骨骼形态造成巨大影响，进而影响肌肉组织。

短跟骨通常与稍短或很短的胫骨相匹配，长跟骨往往与稍长或很长的胫骨相匹配。跟骨越短：

■1 脚踝活动幅度与灵活性越高，但杠杆力量越弱。

■2 越需要补充杠杆作用的不足。通过增加肌肉纤维，才能使小腿在走每一步时轻松抬起身体。为了最大限度地积累纤维，肌腱要短，给肌肉留出更多空间。

■3 小腿肌肉越向内外两侧扩展，越能最大限度聚集肌肉纤维。肌肉可能较长但不外扩，也能形成结实的小腿，但不够粗壮。相反，所有很好外扩的小腿都有着长肌肉。这样的配置最令人印象深刻。

4 足弓弧度越大，胫骨前肌（小腿前侧的肌肉）越长越发达。

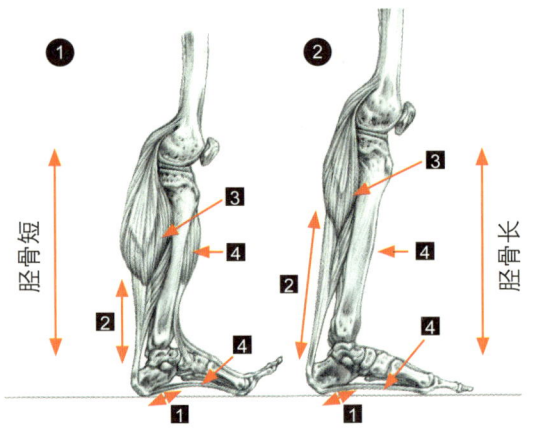

1 胫骨短、肌肉长的组合最有利于塑造粗壮的小腿，有时甚至无须锻炼。

2 胫骨长、肌肉短的组合能使人长时间快速跑步，但最不利于塑造粗壮的小腿，哪怕努力锻炼小腿也做不到。

跟骨越长：

1 脚踝活动幅度与灵活性越差，杠杆力量越强。

2 小腿在移动时需要的肌肉纤维越少，从而能拥有较长的肌腱。

3 小腿肌肉越少向内外两侧扩展，因此肌肉短且窄。

4 足弓弧度越小，胫骨前肌越短，且不那么发达。

胫骨和跟骨越长，就越需要花时间锻炼小腿，要获得视觉上的成效也比平均水平慢。不过不管肌肉多短，只要有规律地经常锻炼，最终都能使其更发达。

结论

需要根据身体形态分析自身结构的优势与劣势，并依此制订训练计划。比如，当肱骨很长时，我们可能觉得自己手臂不够健美。在这样的具体情况中，即使肱二头肌看起来不像其他肌群那么发达，手臂就真的是锻炼不足吗？肱二头肌能对训练做出正常反馈，只不过需要更多时间来补充骨骼结构提供的额外空间。不过要是有长股骨，但在健身房中辛勤训练后肌肉增大仍不明显，就是另一回事了。需要学会甄别这两种情况。如果肌肉能有正常反馈，那只需要花时间充分锻炼。但如果肌肉并不增大，就必须彻底复查肌肉训练的动作、训练频率以及强化技巧。对于长股骨、长胫骨等其他情况也是如此。

当你从形态中看出未来

如果说占卜师能从水晶球中看到未来，那么你也可以从身体形态看出未来的进步空间。其中并没有什么神秘力量在起作用，只不过出自概率学的合情合理的考虑罢了。

肩胛骨大小与肩部疼痛

科学研究表明，肩胛骨的大小和形状与肩部损伤风险之间存在关联。肩胛骨越薄，冈下肌在上面附着的空间就越小，这会限制冈下肌的体积，从而限制其力量。相反，宽大的肩胛骨上附着空间更大，冈下肌附着得更稳固。因此，哪怕不进行锻炼，冈下肌也

长肌肉、短肌肉，与基因有关的，与基因无关的。

在四肢骨骼生长过程中,肌肉长度根据附着点位置及其所需完成的动作有所调整,而不仅是由基因决定的。肌肉附着位置离关节越远,在进行大幅度动作时就拉伸得越长。必须通过肌肉量来弥补力量的不足。从另一方面来说,如果关节没有打开到最大幅度,那么肌腱相对于肌肉来说拉伸得更长。

例如,在很小的时候踮着脚尖走路,在小腿生长过程中,能相对更多地拉长肌肉。相反,用脚跟走路不会拉伸小腿,比起肌肉来说相对更能拉长肌腱。

著名的奥林匹亚先生克里斯·迪克森就拥有传奇般的小腿,尽管他跟骨很长。为什么呢? 很简单,因为他小时候很长一段时间都是芭蕾舞者。他必须保持踮脚尖的姿势,这有利于脚踝的前后移动。这一巧合带来的效果改变了原本的基因程序设定。遗憾的是,过了青春期就无能为力了。成年人要想拉长肌肉,只能要么拉长骨骼,要么缩短肌腱。这两点显然都是不可能实现的,虽然一些肌肉在发展过程中可能显得变长了。比如肱三头肌,在过度发达时下部显得更宽阔。造成这种错觉的原因是肌肉增大时,肌肉边缘会变得越来越分明。相反,随着衰老,肌肉灵活性丧失与活动幅度减小,有萎缩趋势。

很可能体积更大，在肌肉训练中的发展潜能也更大，从而加强对盂肱关节的保护。

结论

肩胛骨越小，冈下肌越难以有效保护肩部，因此越需要好好热身活动肩部。需要注意避免危险动作，在避免冈下肌过劳的前提下加强对其锻炼。建议在两次躯干训练之间休息更长时间。

更宽泛地来说，可以通过对各部分的相对长度以及上文阐述过的肌肉长度来预判未来身体结构上的强项与弱项。

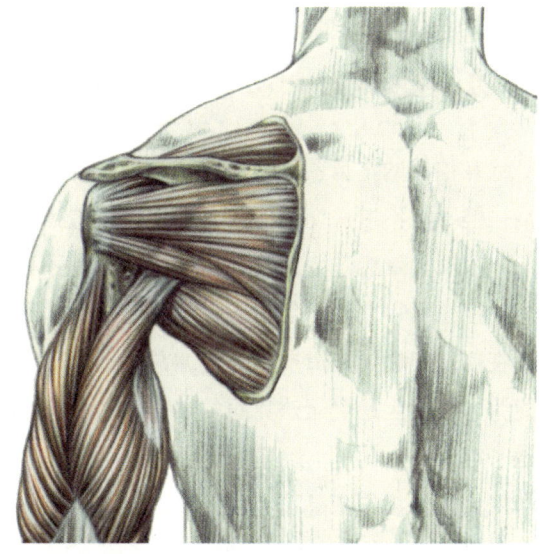

肩胛骨越宽大，保护肩部的肌肉越厚，且有空间牢固附着在肩胛骨上。

青春期、生长与肩胛骨

肩胛骨的大小与形状不仅仅由遗传因素决定。如果从年轻时就开始做引体向上，大圆肌会强力拉动肩胛骨。如果在身体生长过程中经常施加这样的拉力，肩胛骨就会通过拉伸慢慢变形，从而增大尺寸。

因此，年轻时就开始体育运动，尤其是肌肉健美，是有很大好处的。在身体生长阶段，不仅能塑造肌肉，通过增加肌卫星干细胞获得肌肉纤维优化肌肉长度，也能增加骨骼厚度。但是要注意，因为这个年龄阶段身体是很脆弱的，运动必须适度。不过这样的基础训练会在青春期之后获得回报。

理解与肌肉健美相关的病痛来更好保护自己

"我们总是因为无知受伤……我从未见过聪明的损伤！"（迈克尔·甘地）

成功不能不惜一切代价！

在自己的体育项目中散发光芒是很棒的事情，但不能不惜一切代价。有些损伤通过遵守简单的规则就能避免，我们的极限应该是不因这类损伤牺牲未来。每个人都会决定自己的极限在哪，但也要知道严重的伤害总是让我们无能为力，甚至是个无法克服的障碍，会给你的雄心壮志画上句号。除了意外情况，肌肉健美中的大部分损伤都是可以预防和避免的。有一点是可以确定的，从解剖学上看有危险的肌肉健美动作最终总会付出高昂的代价。要学会保护自身健康的最佳方式。

像棋手一样狡猾

健美运动员必须表现得像一个棋手。如果说初学者只能走一步想一步，那么高级棋手已经学会预判好几步了。就像国际象棋大师一样，运动员必须能够看到下一场比赛之外的东西。他需要放眼未来，预估伤害，从而更好地避免损伤。不幸的是，最轻微的肌腱炎或背痛也可能逐渐发展到影响训练，我们对此有所察觉时往往已经晚了。

学会安排热身运动

热身是预防受伤的第一步。越进阶，热身过程就越复杂。初学者的身体好比一辆普通汽车，而进阶健美选手的身体更像是F1赛车。我们不会像预热F1赛车那样预热普通汽车。预热普通汽车时，只需要在发车前运行一下发动机即可；而预热F1赛车时，不仅需要预热发动机，也需要预热刹车、轮胎等。在运动员身上也存在此类差异。

良好的热身分为三个阶段：

1 全身整体热身。

2 针对即将锻炼肌群的薄弱环节，有针对性进行专项热身。

3 对即将使用的肌群进行整体热身。

人体的不同温度

我们常说人体体温约是37℃，这其实是一种错误的概括方式。37℃是心脏和大脑（颅腔或中央核）所需保持的温度。因为消化作用，肠道温度很容易升到39℃。越远离躯干且越接近皮肤表层，温度越低。静止时，皮肤温度在关节处（如膝关节）的25℃与肌肉处的31℃之间浮动。

根据解剖学原理（是否接近"热"中央核），所有肌肉温度都不是相同的。同一块肌肉，由于厚度不同，中心与边缘的温度差异很大，差幅可达6℃。在静止时，深层肌肉比表层肌肉更热。通过热身，同一块肌肉内外部的温度趋于一致。不过，在练习间隔时，肌肉边缘会比深层温度下降更快。在静止状态下，也许是因为血液循环较弱，肌腱温度经常低于30℃。对身体性能最佳的肌肉温度目前尚不明晰。不过，结缔组织伸展性最佳的最低温度是39℃，这样不容易撕裂。一般情况下，肌肉温度每上升1℃，强度会提高2.8%。但也不能让肌肉温度过高。对肌肉进行冷敷时则相反，肌肉温度降低时，纤维硬度增加。当温度从35℃降至28℃时，硬度增加了35%，这在降低拉伸能力的同时也能避免拉伤。

结论：必须积极且合理地进行体温管理，而不是置之不理。必须考虑到肌腱不仅是温度最低的部分，也是最难热起来的部分。如果没好好热身，可能全身整体是热的，肌肉却不够热，而肌腱总是冷的。这样不仅会导致运动成绩不佳，也可能导致损伤。在本书的训练计划部分（详见第203页及其后内容），我们会为每块肌肉提供非常明确的热身方案来避免这些问题。

从全身整体运动开始

热身恰如其名，体温会直接影响体能表现以及受伤风险。研究表明，我们下午的体能表现比上午高出 2%~6%，即我们的体温在下午时平均升高 0.4℃。而体温轻微上升时，对神经冲动的传导性与肌肉收缩性有积极影响。因此，上午延长热身时间，可以比常规的热身提高 0.3℃的体温。这样能消除上午与下午的力量差距。这些结果在许多相关研究中都是相对确定的。

在进行大负荷腿举时，可以将整体热身（有氧运动）与专项热身（针对腿举训练的）相结合，比起仅进行专项热身能提升 8%的体能表现。虽然提升核心温度能提升体能表现，但这一逻辑不应该被夸大，因为体温比静止状态升高 4℃以上，机能表现会因为过热而下滑。身体表现最佳的核心温度约为 38.5℃。

比起有氧运动，我们更建议通过长时间卷腹来锻炼腹肌。因为腹肌的肌肉燃烧，会产生大量肾上腺素，从而导致身体迅速升温。

薄弱肌肉专项热身

虽然有些肌肉对损伤有一定抵抗力，但在解剖学上存在一系列薄弱肌肉，它们的退化会给运动员带来疼痛，使其丧失运动能力。比如肱二头肌长头肌腱、冈下肌、冈上肌、前臂肌肉等就属于此列。

这份清单并不详尽，每个人都需要根据自身结构的弱点以及可能感受到的任何轻微疼痛单独调整清单内容。

我们会在热身运动计划部分（详见第 203 页及其后内容）具体指出每个主要肌群的薄弱环节，在每种情况下都会详细说明专项热身的具体安排。在对解剖学一无所知的人看来，热身过程中的一些动作可能显得很滑稽，但能达到我们寻求的特定效果。我们也将对动作的效果进行解释。在进行严格的肌肉练习之前，必须针对受伤风险高的部分进行特定的热身练习。

训练肌肉群整体热身

第一步要从训练计划第一项训练的轻负荷练习开始，然后逐渐增加负荷重量。因为提高肌肉温度比提高核心温度要难，所以首先提高整体体温（如进行腹部运动）。第二步进行专项肌肉运动，这是提高局部温度更有效的做法。这样分两阶段热身的方法在冬季训练时更加重要。在奥运级别的运动员中，冬季受伤的发生率比夏季高出一倍。

如果你进行低热量饮食，新陈代谢会减少，这也将导致体温轻微下降。这是身体应对热量不足时的一种节能方式。而较低的体温可能引发损伤，尤其因为低热量饮食，一些肌肉已经变脆弱了。

这种热身方式看起来很合理，但通常我们容易忽略前两步，且第二步是最容易被忽视的。这只会让运动员在移动时持续感觉到轻微但非常妨碍行动的疼痛，典型的例子是肱二头肌长头的疼痛（会被认为是肩膀前部原因不明且无法解释的疼痛）。

遵循本书最后部分（详见第 204 页及其后）的热身计划，一般来说就能够很快摆脱这类问题。不过前提是这些解剖学上的薄弱环节没有因为持续受凉而过度受损。

⚠️ 注意

一旦做完热身，就不能让体温降下来。比如，刚热身完的运动员如果暴露在寒冷环境中，体温会下降 0.9℃，导致体能表现下降 4%。因此需要根据环境温度而不是最新时尚潮流选择衣着。

在每组训练间，尤其是中间休息时间比较长时，可以披上宽大的沙滩巾。

- 在进行躯干训练时盖住肩膀。
- 在进行腿部训练时盖住大腿，尤其是膝盖。

大腿充血状况良好，血液流量大时可能使心脏温度下降，让人感觉到冷。在此情况下，可以再拿一条毛巾额外给躯干保温。天气炎热时进行上半身训练，下半身可以穿运动短裤，但上半身要包裹好，这样也有利于通过大腿良好散热。相反，在锻炼大腿时，上半身可以穿短袖，但下半身要穿厚运动裤，通过上半身促进体温调节。

为什么年龄越大，受伤风险越高？

医学研究表明，进行同样的体育活动时，45~74 岁人群受伤概率是 25~44 岁人群的 2.5 倍。虽然可以理解风险不断增加，但要如何解释呢？

血液到达肌腱内的速度随年龄增长而减缓。组织恢复和再生速度减慢，同时或多或少能自我修复的微型创伤只会越来越多。理论上来说，每两次训练之间的恢复时间应该越来越长，但在实践中比较难落实。因此，随着训练年限的增加，受伤的发生率不断增加也似乎符合逻辑。

激素波动引起的关节过度松弛

有时，我们会忽然感觉某些关节不像前一天那样稳定了。肩部尤其容易出现这种状况。有时甚至在没有受伤或没有感觉到任何特别的疼痛时，肩膀也会脱臼。这并非无稽之谈。韧带松弛程度突然就发生变化，与我们做什么训练无关。

注意：当肩部过度松弛伴有疼痛时，即所谓的不稳定症状。我们将在本书有关肩部的章节（详见第72页及其后内容）讨论这一疼痛且持久的病理现象。如果不重视没有痛感的暂时性过度松弛，可能导致慢性且疼痛的不稳定症状。

松弛素的踪迹

松弛素是一种属于类胰岛素生长因子的肽类激素。医学上主要研究女性的松弛素，因为长期以来人们认为松弛素是一种仅在女性分娩时产生的激素，能帮助会阴肌放松。不过，最近的研究表明，男性运动员平均分泌的松弛素与女性运动员一样多。

在男性与女性的韧带都监测到了松弛素感受器。韧带的松弛素感受器密度由雌激素控制。有些男性运动员出现暂时性的关节松弛素可以由雌激素水平突然达到最高值来解释。女性运动员通过服用避孕药会降低激素水平峰值，从而减少松弛素分泌。

松弛素直接作用于韧带，增加其松弛度。因此，松弛素增加会特别影响关节（肩部、踝部、膝部、髋部等）柔韧度，而关节柔韧度又主要取决于韧带的相互作用。

松弛素对运动员来说并不仅是一种负面激素，因为它能增加合成代谢，尤其是肌肉的合成代谢。因此，它有助于肌腱的胶原蛋白重组，还能消除疤痕性的纤维组织。

我们一般不会将松弛素不稳定定义为疾病，除非这种不稳定持续了一周以上。稳妥起见也可以去咨询运动医学的医生（你可以确保他能理解你描述的情况）。请把松弛素的涌动看作是必要的大扫除。

胶原蛋白重组是以暂时减小韧带和肌腱拉力为代价的。关节松弛与缺乏柔韧性一样，都是造成损伤的主要因素。因此，对女性运动员来说，大量松弛素的产生与损伤有关联。我们将在下一页讨论如何避免这类损伤！

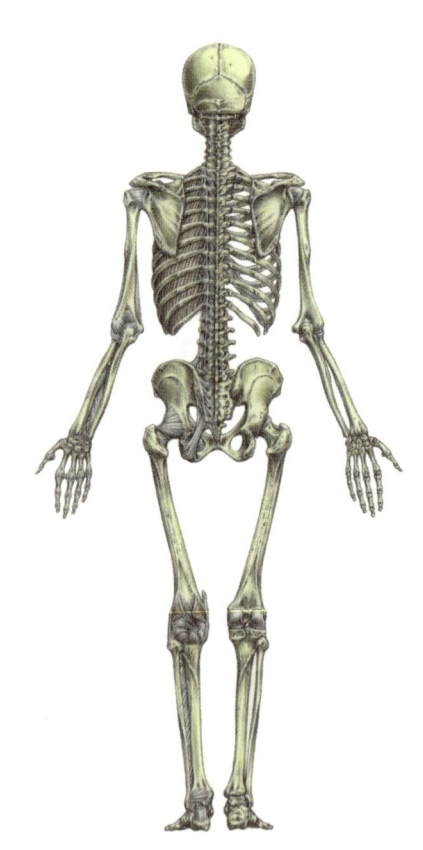

韧带对固定关节位置至关重要。

柔韧程度改变受伤位置

比起肌肉"僵硬"的运动员，柔韧性好的运动员肌肉和肌腱相对不容易受伤。肌肉灵活能够防止细微拉伤。

不过，在大负荷肌肉训练中，灵活的肌肉和肌腱稳定关节的作用相对较弱，必然会对关节产生影响。由于稳定性不足，关节可能会受伤。

相反，有些肌肉略僵硬的运动员有出色的关节稳定性，对关节起到一定的保护作用。不过，他们的肌肉和肌腱可能受这种僵硬的影响，更容易拉伤。这些差异也解释了为什么男性运动员比女性运动员更容易肌肉损伤，而相对来说女性运动员更容易韧带或肌腱受伤。

总的来说，需要根据柔韧度特点，多关注自身肌肉或关节情况，避免在肌肉训练或其他体育运动中受伤。

疲劳，关节松弛的另一原因

高强度肩部训练会造成固定关节的肌肉疲劳，也可能导致暂时性的关节松弛。因此需要注重锻炼的排序。比如，如果因固定肌疲劳感觉肩部不稳定，最好避免在胸部训练的前一天进行大负荷肩部运动。

警惕伴随疲劳出现的本体感觉灵敏度下降

研究表明，身体越是疲惫，就越难精准控制四肢运动，最后你可能会无意中采用比较危险的姿势。这就是为什么我们建议把自己的训练过程拍摄下来，尤其是在做最后几组练习的时候。只有这样才能让你意识到这种习惯性的本体感觉灵敏度下降。我们会惊讶地发现，在执行运动时远没有大脑认知中做得那么好。

此外，平衡能力也会随着身体的疲劳而下降。因此，最好在训练中尽早进行如深蹲等需要运用平衡能力的动作，不要将其放到训练最后，这样能尽量减少损失平衡力的风险。

结论：锻炼越进行到后面，受伤风险越大。

天气预报与关节疼痛

我们的关节是通过真空效应巧妙地相互接合在一起的，通过大气压力达到平衡。由于关节外侧比内侧受到的压强更大，关节才能保持稳定。

在寒冷和潮湿的天气里，大气压强下降可能会破坏这种平衡。关节受损的人群对于轻微的压强变化也很敏感，关节肿胀可能导致：

- 摩擦加剧。
- 炎症加剧。
- 甚至可能压迫神经。
- 活动性下降。
- 关节一致性下降。

在寒冷和潮湿的天气里，关节会出现疼痛或者痛感更强烈。这些现象解释了关节痛患者是如何预测天气的，其实并不神秘。他们在天气影响显现之前就能感受到气压的变化。另一方面，温暖的天气往往有利于缓解关节疼痛。

遇到暂时性关节松弛或天气敏感该如何应对？

天气敏感对健美老将的影响比对年轻健美运动员更大。不过，松弛素波动往往更影响年轻运动员。尤其是性激素分泌波动时，影响就更大了。

如果你感觉某个关节丧失了稳定性，或因为天气变化时感觉关节疼痛，就不该在健身房里扮演猛男了。对于男性来说，关节松弛与力量丧失以及受伤风险增加有很大关联。不过，尽管女性出现关节过度松弛的概率是男性的三倍，但她们因此丧失的力量有限。

需要多次调整训练内容：

- 交替调整训练内容。绝大多数情况下，如果不是所有关节都受影响，可以用大腿练习代替肩部练习或胸部练习。如果有必要的话也可以反过来。
- 延长热身时间。
- 减小运动负荷，增加动作反复次数。
- 减少受影响关节的运动组数。
- 用器械训练代替自由重量。

如何应对持续性的关节过度松弛？

治疗师建议全天进行最大限度的等长收缩。这与拉伸的理论略有不同，收缩肌肉时只造成最低限度的拉伸。这也是为什么在跑步过程中进行的是静态拉伸。在收缩肌肉时，要避免其最大幅度地缩短。因为缩短肌肉意味着拉伸其拮抗肌。所以我们只需靠着墙、门或使用哈克深蹲器械尽力做静态收缩，这样不会造成任何疼痛。这样做的目的是尽可能频繁地进行等长收缩，从而使肌肉、肌腱和韧带变僵硬。如果你同时保持不动，使其自行恢复，就能更快回到正常状态。

通过身体锻炼调节疼痛

就像热身后肌肉的酸痛会逐步得到缓解一样，轻微的疼痛往往会被身体的锻炼所掩盖。因此，在做深蹲之前，你的膝盖、臀部或其他部位可能有些许不适，但这些细微的疼痛在几个回合的热身之后会奇迹般消失。

需要记住，一旦产生疼痛，就说明有问题。哪怕疼痛在几组热身运动后消失了也并不意味着一切都立刻得到修复。哪怕因训练中细微的疼痛得到缓解而高兴，也要认识到即使暂时感觉不到疼痛，创伤仍然一直潜藏在那里。

另一方面，在几天的长时间休息过后，运动员可能会开始感觉"全身不适"。并非是不活动导致了受伤，而是激烈的运动既"攻击"了身体，同时又让身体对可能引起轻微创伤的疼痛不敏感。停止运动后，身体重新恢复对疼痛的敏感度，所以就又感觉疼了。

因此，存在很短期的调节疼痛的方式，也存在通过经常性身体锻炼来长期调节疼痛的方式。这些都是我们必须考虑的信息。

学会如何变换练习避免磨损性伤痛

刚入门时，我们承担的负荷重量与自身力量潜力相去甚远，所以总是进行同样的练习问题不太大，这也是取得进步的最佳途径。

然而一旦力量得到增长，更接近自己的力量极限时，在可能的情况下最好多改变锻炼角度。因为如果总是重复相同的动作，由于总是针对性锻炼同一个部位，此处的关节和肌腱磨损起来很快。

通过经常性地变换练习动作旋转发力角度能使关节更完整地生长。比如，卧推能拉伸胸大肌与手臂连接处的肌腱。比起总是做卧推，在一些训练中进行上斜或下斜训练，可以调整受到拉伸的纤维。如此一来，当我们进行下斜运动时，即使训练的主要是胸大肌，肌肉与肌腱连接处的纤维也能得到再生。在卧推和上斜运动中，这部分纤维主要得到拉伸。而在下一次训练时，使用略微上斜的长凳进行训练，在卧推与下斜运动中受到拉伸的肌肉与肌腱连接部分能得到恢复，以此类推。同样，冈上肌在肩峰上摩擦的地方也是不同的，从而可以保护肩部（详见《肌肉健美训练解析（进阶篇）》）。

通过交替练习单杠下拉和划船动作，能给冈上肌更多时间来恢复手臂上举时与肩峰摩擦可能造成的损伤（详见第72页及其后相关内容）。

尽管肌肉训练能通过聚集胶原强化肌肉和肌腱的连接，但在两次动作相同的训练之间还是需要给身体足够的恢复时间，以免连接处的损伤超过了它本身的强化能力。事实上，肌肉与肌腱连接处仍然是身体结构中脆弱的地方，因此也是受伤的"首选"区域。

相互削弱

受伤总会造成身体结构中某一处的脆弱，因此很容易引发一系列其他损伤。比如，胸大肌拉伤，哪怕只是部分撕裂，都会使我们在做诸多动作时将更多力量转移到肱二头肌短头肌腱上。比如在引体向上中，从消极阶段向积极阶段转化时，肱二头肌短头肌腱会受到过度刺激，而胸大肌肌腱无法与其共同承担压力，从而增加肱二头肌短头肌腱的拉伤风险。

你是否经常感觉到损伤要发生了？

理论上来说，身体是可以预感到损伤的发生的！有些运动员会出现暂时性的轻微疼痛，且疼痛逐渐变得更频繁、更强烈。在这种情况下，很容易辨别并去除引起疼痛的动作。不过有的人感觉到疼痛为时已晚。统计研究表明，在很多情况下，磨损性伤痛是突然发生的，而不是逐渐出现的。因此不能太过依赖预警信号。这就是为什么人们不应该通过感知而应该通过常识来去除有危险的练习。

运动员能不受沃尔夫定律影响吗？

朱利叶斯·沃尔夫是十九世纪德国的一位外科医生。他根据经验首先观察到在没有张力的情况下，骨骼结构会逐渐衰弱。相反，整个骨骼结构长期受到反复张力作用时，会得到深层强化。运动员的身体结构就是后一种情况，进行力量运动如肌肉健美的运动员更是如此。这个观察得到了科学验证，自此以后就不再受到质疑。拥有更结实的骨骼结构是件好事，尤其是上年纪以后。不过沃尔夫指出，当骨骼得到强化，其几何形状也发生变化，而关节也需要随之进行重构。作为外科医生，沃尔夫指出，在骨骼强化过程中，关节并不能均匀地进行适应，导致软骨出现病理性变形。缺乏富含胶原的食物原料是造成软骨这种不良变形的一大原因（详见第58页及其后"恢复的秘诀"部分的内容）。

这往往会引发关节病变。随着运动员在每次训练时反复进行有损关节的动作，病变的趋势会扩大。

沃尔夫定律，即任何骨骼的强化都会导致关节变化，最终形成病变。

结论

沃尔夫定律对运动员起作用。力量越强，骨骼结构越能得到发展，越会使关节变形，增加患病风险。显然，太过频繁地进行重复训练，中间的休息时间过短，动作执行时技巧不良，这些都会加速变形。但哪怕是完美的训练方式以及良好的运动执行也于事无补。膳食与补充剂措施调理是减少沃尔夫定律负面影响的唯一方法（详见第58页及其后内容）。

怎样的运动幅度才能在不受伤前提下获得最大效果？

健身房里流传着这样的说法："所有的动作都必须做到最完整的幅度，甚至要做到极端，因为这是效果最好也最不危险的。只进行部分幅度的运动是不好的！"真是这样吗？

部分重复还是完全重复？

要回答这个问题，需要首先进行风险和收益分析。在肌肉训练中不存在只有优点、没有缺点的技巧或练习。动作幅度应该尽可能大还是应该只部分地完成动作，这个两难的情况也不例外。

完整幅度的优点／部分幅度的缺点

毋庸置疑，要获得锻炼效果，每个动作都需要做到一定幅度。所以有研究比较了初学者肱二头肌的进步速度。在10周的时间里，其中一部分人以50°的幅度（动作只完成到一半）做卷腹，而另一部分人以130°的幅度（完整幅度）做卷腹。进行完整幅度锻炼的人力量增强了 25%，进行部分幅度锻炼的人力量增强了 16%。肌肉量增长的差异就更小了。进行完整幅度锻炼的人增长了 9.65%，进行部分幅度锻炼的人增长了 7.83%。

若是以 50° 的幅度做一个 130° 幅度的运动，就有很大的幅度增长空间。不需要做到完整幅度，以 100° 的幅度做卷腹练习，可以避免在下降运动阶段完全伸直手臂，这样似乎更合适。实际上，进行完整幅度的运动并非没有缺点，或者说并非没有危险。

完整幅度的缺点／部分幅度的优点

一个动作的幅度越大就越可能变得危险，特别是在拉伸阶段。一般来说，降低运动幅度可以降低运动的危险性，尽管也有例外。

哪个运动阶段风险最高？

在举起重物或是在重物下降过程中，哪个阶段最有可能拉伤肌肉和肌腱？

出于本能，人们可能会认为举起重物时最容易受伤。不过，许多科学研究一致显示，消极阶段或拉伸阶段对肌肉和肌腱组织来说才是最危险的。

"以毒攻毒"的办法

以非常有控制的强度进行离心训练是最有效的康复技巧之一。我们以毒攻毒，或者

更准确地说，让肌肉做好准备，能承受越来越痛苦的消极阶段而不至于崩溃。这也解释了为什么只进行向心康复训练会很快达到极限，因为它不能使肌肉很好适应拉伸引起的创伤。

比起肌腱和肌肉，肌肉和肌腱的连接处是抵抗力最差、最容易拉伤的部位，这也是最不可能通过手术修复的地方，比如肌腱在骨头上的附着处若完全断裂是可以修复的，肌肉和肌腱的连接处却不行。因此，进行最大幅度的锻炼损失很大，而收益仍有待考证。

⚠️ **注意**

此处讨论的并非是在负荷下降或上升阶段都可能出现关节或背部损伤。此处只讨论软组织撕裂。不过，将关节拉伸到极致很少是有益的。

一部分的收缩意味着另一部分的拉伸

引起创伤的拉伸也会发生在收缩阶段。比如，人们普遍认为在引体向上时，下巴应该抬升得离横杠越来越高。而我们认为这对于肩部和肱二头肌长头肌腱来说都不是好事。

实际上，在收缩一块肌肉时，其拮抗肌得到拉伸。拮抗肌的拉伸一般不会很剧烈，除非像在引体向上中那样执意要抬得越来越高。

不能混淆拉伸和肌肉锻炼动作

在进行不负重的伸展练习时，可以做大

幅度动作而不会有危险。尽管仍存在发生危险的可能性，但除非像野兽一般突然弹射出去，否则几乎不可能撕裂什么部位。那么，在进行肌肉锻炼时为什么不伸展到同样的幅度呢？答案很简单，负重越大，越容易让组织变形，因此能增加运动幅度。如果不负重能做到如此程度，为什么负重以后就更危险了呢？

关于这点需要牢记一些数据：当肌肉纤维不受到平行张力时，可以伸长50%而不会有损伤；但在负重练习中，由于受到张力，伸展超过30%就足以导致肌肉拉伤。在训练时，我们确实追求对肌肉的某些"损伤"，但这种变化不能成为病态。

结论：进行同样幅度的伸展时，通过负重使一块肌肉受到的张力越大，它就越可能被撕裂。

从肌肉到肌腱

如果一块肌肉受到的张力越大，它失去的灵活性就越多，那么应由什么来发挥"减震器"的作用呢？那便是我们的肌腱。因此，如果一块肌肉足够强大，能承受明显过度的拉伸，肌腱就得付出代价。实际上，肌腱远没有肌肉那么柔韧。当肌腱长度伸长超过5%时就开始撕裂。首先会出现肌腱炎，随后可能逐渐发展为肌腱部分断裂，甚至完全断裂。

摩擦的作用

肌肉的拉伸不只是拉伸肌腱。在一些情况下，离心收缩会使肌腱越来越贴近关节。摩擦越强，对肌腱的磨损越大，最终可能损坏肌腱。例如在推肩或推胸运动时，杠铃降得越低，长头肌腱就越贴近其肌腱沟。

几种风险最大的动作

在经验丰富的健美运动员中，肱二头肌和胸肌拉伤，甚至是撕裂是很常见的伤病。下面列举了一些值得注意的锻炼动作。

划船动作中的拉伸会加剧肩膀后部的不稳定性，导致肱二头肌下部撕裂以及前臂的相关疾病。

引体向上中的拉伸会加剧肩膀的不稳定性，导致前臂的相关疾病以及肱二头肌下部和肱二头肌短头肌腱的撕裂。

胸推、臂屈伸或飞鸟运动时的拉伸会导致肩部的不稳定、肱二头肌长头肌腱拉伤以及胸大肌肌腱拉伤。

所有肱二头肌运动的拉伸都会导致肱二头肌下部拉伤和前臂病变。

所有肱三头肌运动的拉伸都会导致肘部病变。肩推时的拉伸会导致肩部的不稳定以及肱二头肌长头肌腱的撕裂。

在做深蹲、哈克深蹲或推举动作时，下降幅度过大会对膝盖和腰椎造成损害。

从最常见的损伤中我们能学到什么？

肱二头肌肌腱、胸大肌的病痛等，并不直接与执行训练动作的方式有关，而更多与肌腱承受的拉伸程度有关。不过，显然两者相结合（运动幅度过大和不固定的动作方式）造成更迅速更痛苦的损伤。

但是这是否意味着只要采用"完美无缺的动作执行方式"，就没有受伤风险了呢？我们认为，"完美无缺的动作执行方式"这一表达本身就存在问题。尤其是"完美无缺"，意味着要加强拉伸幅度，而拉伸幅度是造成损伤的首要因素。甚至可以说，执行动作的方式越是"完美无缺"，对肌腱和关节来说就越危险。

结论

在做任何动作时都要尽量做到最充分的幅度，这一论断值得推敲。在练习时负重越大，重量造成的张力会使肌肉纤维变得越僵硬而丧失本身的柔韧性。因此负重越大，同样的拉伸就变得越危险。

在训练过程中越增加负重，就越需要注意略微减小各动作中伸展阶段的动作幅度，以及一些练习收缩阶段的动作幅度。

引体向上容易引起的典型疾病

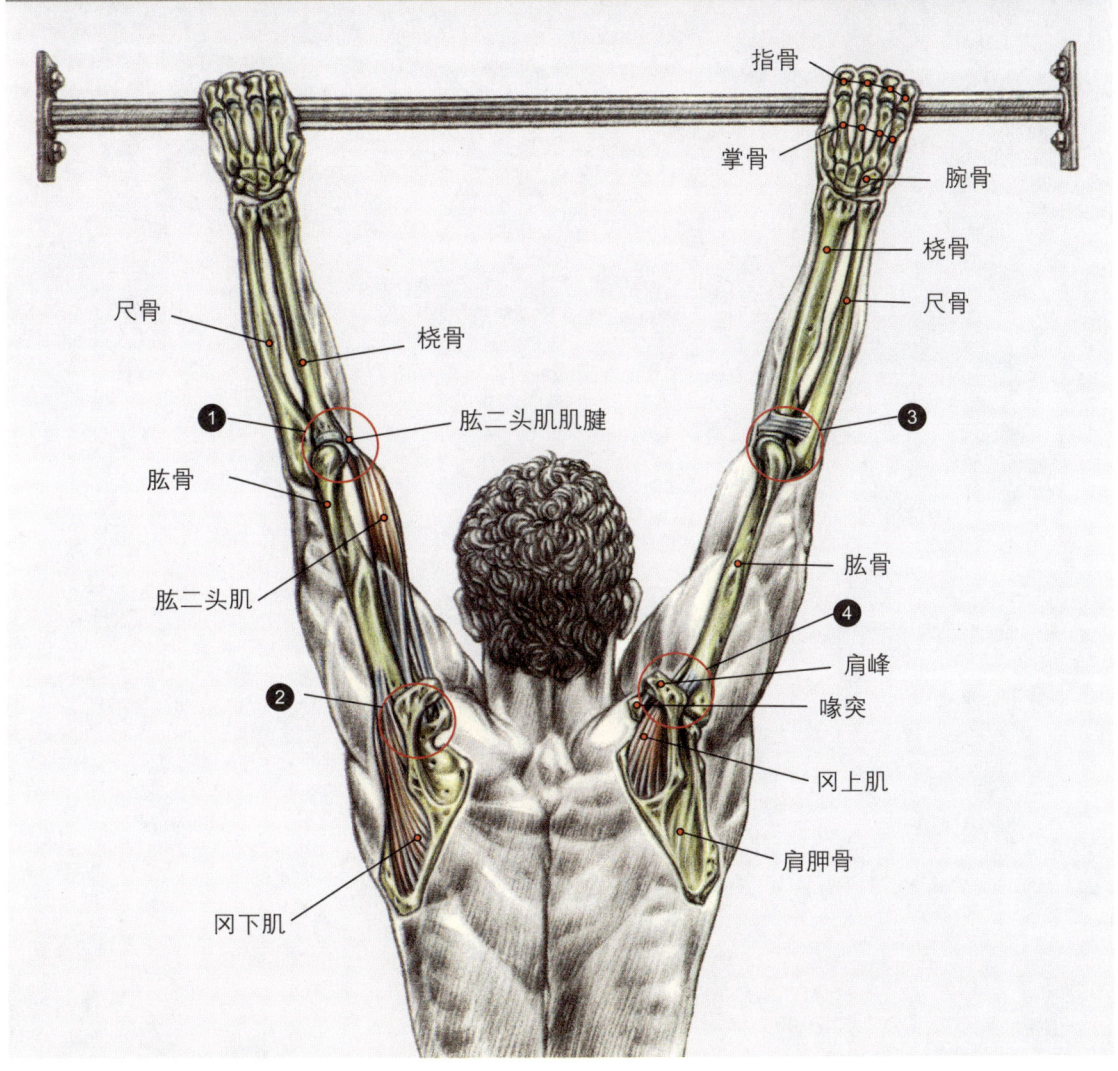

指骨

掌骨

腕骨

桡骨

尺骨

尺骨

桡骨

肱二头肌肌腱

肱骨

肱二头肌

肱骨

肩峰

喙突

冈上肌

肩胛骨

冈下肌

❶ 做引体向上时，如果在低幅度或负重训练中动作没控制好，肱二头肌远端肌腱可能会受伤甚至撕裂。

❷ 在进行单杠或器械训练时因为控制不佳而快速下降，冈下肌腱和肩关节囊可能因拉伸而半脱位，导致不稳定，引起疼痛。

❸ 下降过程控制不佳，或是手臂伸得过直，导致肱桡关节半脱位；肘部韧带可能会被过度拉伸，造成关节不稳定，导致肘关节受伤。

❹ 肩喙突较为窄小的人群，冈上肌腱可能会被擦伤或受损。若是反复进行引体向上，也会出现这种损伤。

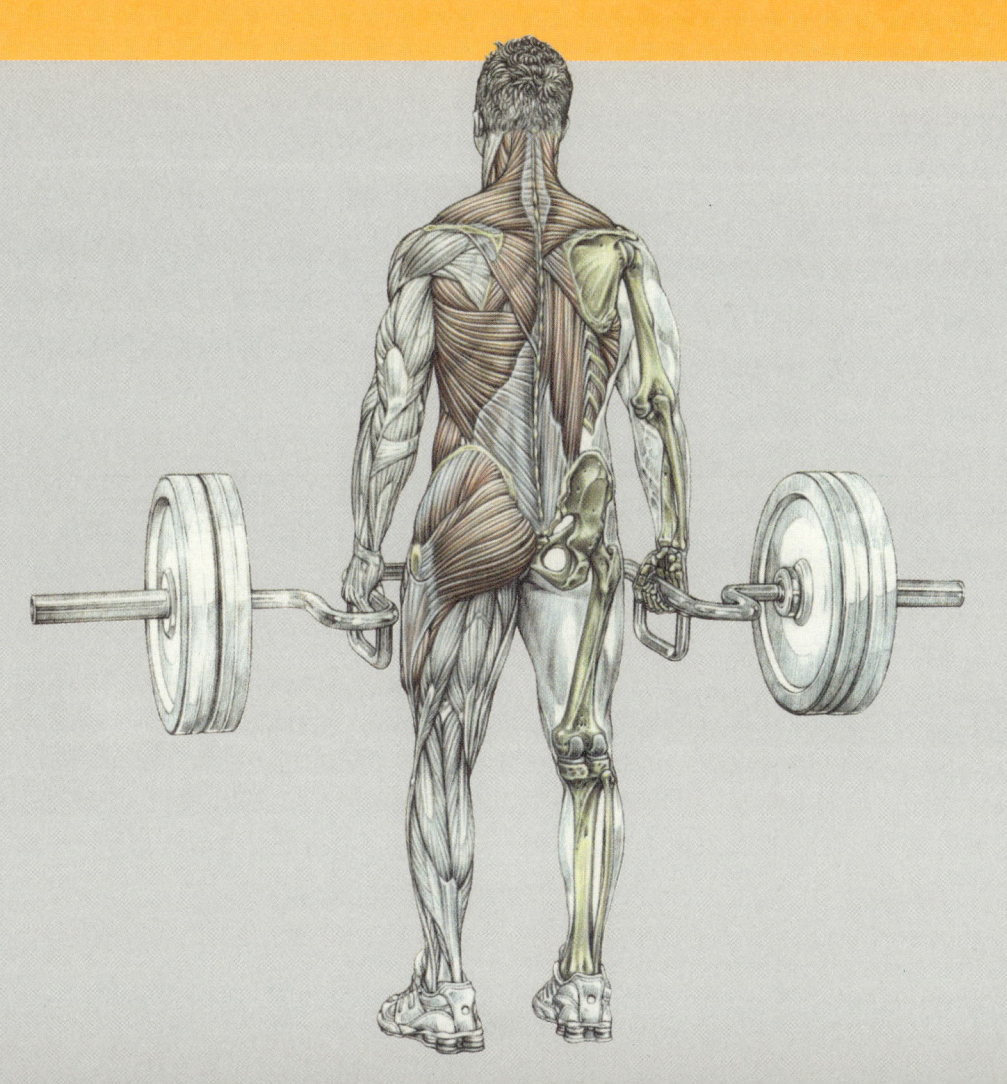

第二部分

训练和恢复技巧

强化训练技巧

肌肉训练的水平越高，越难以再取得进步。本节中，我们会提供一些思路，通过创新的训练技巧和更有效的恢复方法，助你达到更高水平。

以外科手术的精度进行针对性训练

过分超负荷训练并非良方

针对薄弱的部位，人们总会试图通过不断增加训练负荷来取得进步。有时可能会有效果，但多数时候是无效的。为什么呢？

做深蹲运动时，当负重相当于最大力量的 60%~70% 时，股四头肌得到较多锻炼。如果继续增加负重，股四头肌受到的张力会向臀部转移。当负重相当于最大力量的 90% 时，股四头肌得到的锻炼比负荷为最大力量的 80% 时少。因为臀部发力参与其中。

在卧推中也有类似的现象。在推举过程中，当负重相当于最大力量的 70% 时，主要是胸肌得到锻炼。当负重达到最大力量的 80% 时，胸肌发力没有增加，而肩部和肱三头肌发力显著增加。当负重达到最大力量的 90% 时，胸肌发力只得到轻微增加，而肩部与肱三头肌的发力大幅提高。当达到最大限度时，肩膀前部的发力大幅取代胸肌发力，肱三头肌的作用更大，而胸肌发力减少。

当然，以上都是常规情况，实际情况因人而异。上述信息很好说明了为什么人们希望通过基础练习锻炼目标肌肉会遇到困难。超过一定负荷后，对肌肉的感知就没有负荷更轻时好。尽管从理论上来说，深蹲或卧推时负荷越大，就越能锻炼大腿肌肉和胸肌。

因此有必要找到相应的方法帮助我们更有针对性地锻炼目标肌肉。更理想的情况是，精确地加强同一块肌肉中某一特定的区域，换句话说，是否可以改变肌肉的形状？如果可以，要怎么做？科学表明这是可以做到的，并为我们提供了人人可以探索的方法。

有一项研究完美证实了这一点。在 3 个月的时间里，一群男性每周进行 2 次大腿训练。一组只进行深蹲练习，每组练习重复 8 次动作；另一组还进行了推举、硬拉和箭步蹲练习。两组人群负荷重量和练习组数都尽可能相同。

尽管所有人的股四头肌总体增长情况相同，但更详细的分析表明，深蹲尤其有利于股四头肌外侧增长，而进行多种练习有利于股四头肌各头更均衡地增长。

肌肉很少整块均等发展

肌肉很少整块均等发展。哪怕是在锻炼肱二头肌时，整块肌肉理应在其长度上均等地收缩，但科学显示并非如此。为期 12 周的肱二头肌训练会使：

■ 肱二头肌上部纤维增长 12%。

■ 中部纤维增长 7.5%。

■ 下部纤维增长 5%。

研究人员还检测了第一次肌肉训练时肱三头肌对基础练习的反应差异。结果显示，肱三头肌中部比上部明显得到更多的锻炼。以同样动作训练 12 周后，比起肱三头肌上部，中部变得更发达。

收缩方式影响肌肉发力的区域

一部分男性进行为期 8 周的训练，他们或进行爆发式深蹲，或进行收缩更慢的负重深蹲。结果显示，爆发式训练者大腿肌肉增长较少，负重深蹲者股四头肌增肌效果显著，但在等速训练器上练习 14 周后，股四头肌增肌效果不如经典训练。

还有一部分男性进行了为期 10 周的大腿训练。其中一组只练习动作的积极阶段，而另一组只做消极阶段练习。乍一看，两组训练基本相似。

肌肉量变化情况为：

■ 做积极阶段练习的人肌肉量增加了 8%。

■ 做消极阶段练习的人肌肉量增加了 6%。

力量变化情况为：

■ 做积极阶段训练的人力量增长了 9%。

■ 做消极阶段训练的人力量增长了 11%。

可以看出不同的收缩类型产生了特定效果，使大腿不同区域的肌肉变粗壮。

大腿下部变化情况为：

■ 做积极阶段训练的人大腿下部增粗了 2%。

■ 做消极阶段训练的人大腿下部增粗了 8%。

大腿中部变化情况为：

■ 做积极阶段训练的人大腿中部增粗了 11%。

■ 做消极阶段训练的人大腿中部增粗了 7%。

显然，以不同的方式进行肌肉收缩，产生的张力对同一肌肉的不同区域影响并不一致。这给想要改变自身肌肉形状的健美运动员带来了希望。但遗憾的是，虽然研究指出了肌肉发力时的差异，但这些差异并不显著。重塑肌肉需要大量的时间和努力。不过，至少说明对同一肌肉的特定部位进行锻炼是可能的，而不仅仅存在于健美运动员的想象之中。

调节每组练习间休息时间的策略

应该把调节休息时间看作一种工具。正如有的工具比其他工具更适用于解决某些问题一样，调节休息时间也是如此。但总的来说，想获得良好的锻炼效果需要让所有工具都能发挥作用。我们认为，在所有情况下做所有动作时都采用同样的休息时间是不合适的。需要学会善用短时间恢复，也需要充分发挥长时间休息的优势。

两组练习间不休息会减少合成代谢反应吗？

当前很流行短时间休息法。一组练习很

快接着下一组练习，这样不必在健身房花上太多时间。不过大量研究表明，这并非增肌的理想方法。比如，某项研究中要求一些男性以相当于最大力量 75% 的负重来进行大腿训练。每次训练进行 8 组练习，第一组人组间休息时间为 1 分钟，而另一组人组间休息时间为 5 分钟。组间休息短的那组，动作重复次数比组间休息长的那组少 13%~17%。在本项研究中，肌肉活检显示合成代谢率发生了如下变化：

- 组间休息为 1 分钟的人合成代谢率提升了 76%。

- 组间休息为 5 分钟的人合成代谢率提升了 153%。

不过组间休息短的那组在锻炼 40 分钟后睾丸素水平提升更多。组间休息时间越长，肌肉就越能有时间来恢复力量。组间休息 3 分钟的男性在一次肌肉训练中动作重复次数比组间休息 1 分钟的男性多 28%。

休息时间短时会更快积累疲劳。例如，组间休息 1 分钟，做同一动作第二组时，比起第一组时的表现肉眼可见地下降。而如果组间休息 3 分钟或 5 分钟，要到第三组练习时疲劳才会显现。休息时间短时，如果要使每组动作重复次数相对保持不变，需减少10%~15% 的负荷重量。

超量恢复的生理指数

想要达到最佳的超量恢复（potentiation，

高强度训练后力量恢复超过原先水平）效果，两个动作之间需要有较长的休息时间。比如，两组动作之间肌肉爆发力想要增加 4%，高水平运动员需要 8 分钟休息时间。平均而言，要达到最佳超量恢复效果需要 4 分钟休息时间。根据每个人的不同情况，休息时间可达10 分钟。这就使我们需要仔细思考更有效的组间休息技巧。

研究表明，从生理学上来说，在负重训练时为了能以最佳方式运用力量，理想的休息时间是 7 分钟。而对于举重精英选手来说，只有在休息 5~8 分钟后才能达到最大力量。因此，单纯增加休息时间的策略作用有限。通过比较 5 分钟、10 分钟、20 分钟和30 分钟的休息时间能发现，休息时间超过10 分钟后，并不能真正带来运动成绩的提升。

通过延长休息时间来取得进步的技巧是最容易受伤的，因此不宜过于频繁地使用。而减少休息时间相对来说较不容易受伤，可以经常使用，尤其是在进行唤醒训练时。减少休息时间时可以同时减少负荷重量，不过必须要重复更多次动作，进行更多组练习。此项技巧很适用于要用到脆弱关节的动作，如肘部。这些关节不能承担极端负荷。需要使用所有可能的方法，目的是尽可能获得充血，哪怕需要使用更轻的负荷重量练习。缩短两组练习间的时间会造成更大的代谢压力（"乳酸"堆积或肌肉灼烧），这种方式更不容易受伤但仍能有效刺激合成代谢。

为什么一些动作比其他动作更能引起充血？

人们喜欢以臂屈伸或胸部飞鸟等练习来结束训练，因为这些练习能引起其他练习无法比拟的充血。为什么一些动作比其他动作更能引起充血？这是衡量训练效率的一个标志吗？

答案很简单。肌肉收缩会暂时阻断局部血液循环。负荷越重，血液循环越受阻。研究还表明肌肉拉伤也有助于阻断血液循环。这就是为什么在组间拉伸会引起充血反应，身体柔韧性较差的人群反应会更明显。实际上，柔韧性非常好的运动员哪怕进行非常极限的拉伸，肌肉中的血液循环也不会受到抑制。

做如臂屈伸等动作时，肌肉收缩的同时也得到猛烈拉伸，从而更进一步阻碍血液循环。在每组训练间歇时，会引发肌肉更强烈的充血反应，使在血液循环受阻时缺氧的肌肉重新获得氧气。就像抽血泵一般。

除了收缩和拉伸强度以外，还存在时间因素。时间因素解释了为什么最大限度地反复练习充血效果不如每组反复 12 次动作效果好。要达到最理想的充血效果，需要同时具备负荷重量、拉伸程度、时间因素三大要素，但并非在所有动作中三大要素都是以最佳形式组合在一起的。在每组练习反复 12~25 次时，这三大因素都能发挥最佳作用。局部血液循环阻塞强度越大，时间越长，反应越大，即充血。在肌肉已经充血的状态下进行组间拉伸，能进一步加强充血效果。

注意! 虽然良好的充血有利于肌肉增长，但并非直接促进增肌的最有效因素。需要与负重训练以及充血训练相结合才能达到最佳效果。

晏德腊西克氏手法（反射加强法）的实践应用

问题

为了提升运动成绩，应该放松还是收缩那些不参与练习的肌肉？我们总能听到教练建议跑步的人尽可能放松。在肌肉训练中，比如做深蹲时，是应该用手扶着把杆放松下巴来减少某些肌肉不必要的收缩，从而减少疲劳，还是应该咬紧牙关收缩肌肉？

答案

如果在下肢运动时同时收缩上半身肌肉，大腿就能更有力。这是将晏德腊西克氏手法实际应用在体育运动中。同理，在上半身运动时同时收缩下半身肌肉，上半身肌肉也会更强壮。然而，由于涉及大量肌肉群，且提升了运动表现，结束锻炼时会更加疲惫。

利用颅下颌的潜在力量

有的运动员在发力时，直觉感到需要咬紧牙关。正如我们在前面《肌肉健美训练解析（基础篇）》中看到的那样，这可以使力量增加约5%，是不可忽视的。但要在训练时咬紧牙关，还有几个问题需要解决：

1 随着时间推移会损坏牙齿。这也解释了为什么运动员龋齿发生概率比平均情况高很多。

2 上下牙间接触不是太稳定。下巴可能很容易脱落。这会让人难受，注意力分散，并丧失获得的力量。

3 下颌骨紧闭时，更难以用嘴呼吸，呼气会更困难，可能会更快感到窒息。

能想到的第一个解决方案是使用护齿器具。这样可以解决问题1和问题2，但会加重呼吸问题增加窒息风险。因为在练习时，鼻腔通道受阻，必须用嘴呼吸。

为了能一举解决这三个问题，目前出现了专为力量训练设计的护齿器具，与在接触性运动常用的护齿器具不太一样。在受到冲击时，力量训练用的护齿并不能保护牙齿，因为这项功能在室内肌肉训练中也不太用得上。护齿器具只是将下颌上的磨牙包裹起来，避免上下牙直接接触。这样，可以限制牙釉质磨损，防止下颌骨滑脱。

这种护齿器具最大的优点是，通过让呼吸顺畅变得更容易增加力量。由于缺少正面保护，可以保持下颌骨半张开，这样能使我们在咬紧牙关时用嘴呼吸。因此，这种护齿器具有利于增加力量和爆发力，而不会影响耐力。

虽然听起来好像不太重要，但是在咬紧牙关的同时是不可能用嘴呼吸的。解决了上述三个问题，能使运动成绩得到显著和直接的提升。而且，因为上牙没有遮盖物，在张嘴闭嘴时护齿器具也不会滑脱。

对于某些运动员来说，头部适当后仰是很关键的。要是运动过程中头向前倾，由于舌头位置发生了变化，会减少空气流入，可能会阻碍用嘴呼吸。而将头轻微向后仰，这个问题基本上就自行解决了。力量运动时用护齿通过改变下颌倾斜角度，也能解决这个问题。

如果屏气进行负重训练，可能会给吞咽口水造成不便，因为必须得要呼吸才能吞咽口水。而如果佩戴护齿，即使完全屏住呼吸，由于嘴巴始终保持半张开的状态，也有利于吞咽口水。咬紧下颌时，能更容易更有效地阻止呼吸，所以佩戴护齿能帮助我们从屏气中获得更多力量。与常见的误区相反，在进行极限肌肉训练时阻断呼吸其实是利大于弊的。迪克曼教授的观点更佐证了这一点：运动员的心脑血管系统在训练过程中逐渐适应了呼气阻断。因此，相较于没有准备就试图举起极大负荷的新手而言，屏气练习对于高水平的运动员来说更高效，风险更小。

怎么选择护齿？

在各种价位标准下，都有许多种不同型号的护齿。护齿是一种昂贵的护具，我们不建议购买看起来就比较脆弱的产品，因为会很容易坏掉。有些荒谬的是，购买护齿最方便的地方不是在体育商店，而是在售卖摩托车器具的网点。

在训练时，可以全程都戴着护齿，也可以在每组训练开始时戴上护齿，在结束时取下。建议可以专门用一个小盒子装护齿，而不是随意乱放或是取下后拿在手里。另外，别忘了要做好护齿的清洁工作，在使用前将其再浸泡在漱口水中至少 5 分钟。因为在训练中，护齿会成为细菌的温床。

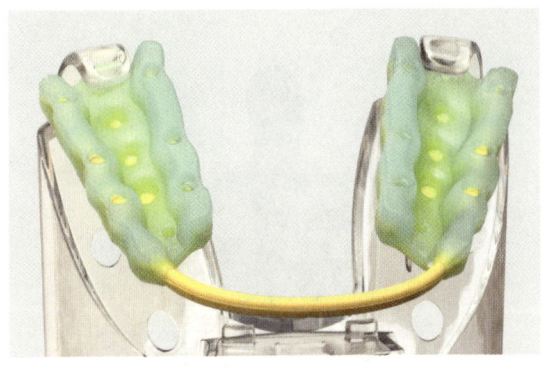

力量运动用护齿样例

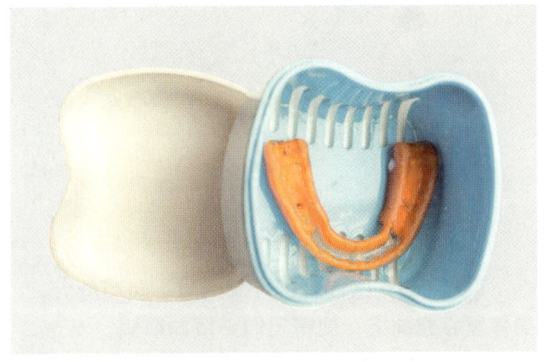

使用假牙盒能帮助我们在训练时避免用脏手接触护齿。

增加负荷导致的重心调整

在许多练习中，增加负荷重量都会改变身体重心位置，这会影响对动作的感知以及肌肉的使用情况。比如，做深蹲时，负荷越重，就越需要身体前倾来保持平衡。负荷重量增加引起的重心变化是很常见的力学反应。重心变化对有些练习来说影响不大，例如在卧推中，增加负荷重量不会导致运动轨迹变化。但是在深蹲中，尤其是步距比较大时，当上背部负重时很难像不负重时那样保持挺直，哪怕是较轻的负重，也会导致运动轨迹的改变。

在卧推中，可以改变训练技巧来增加负荷重量，不过较轻的负荷并不会迫使你改变运动轨迹。而在受影响比较大的练习中可以发现，重心变化会带来两种类型的轨迹变化。

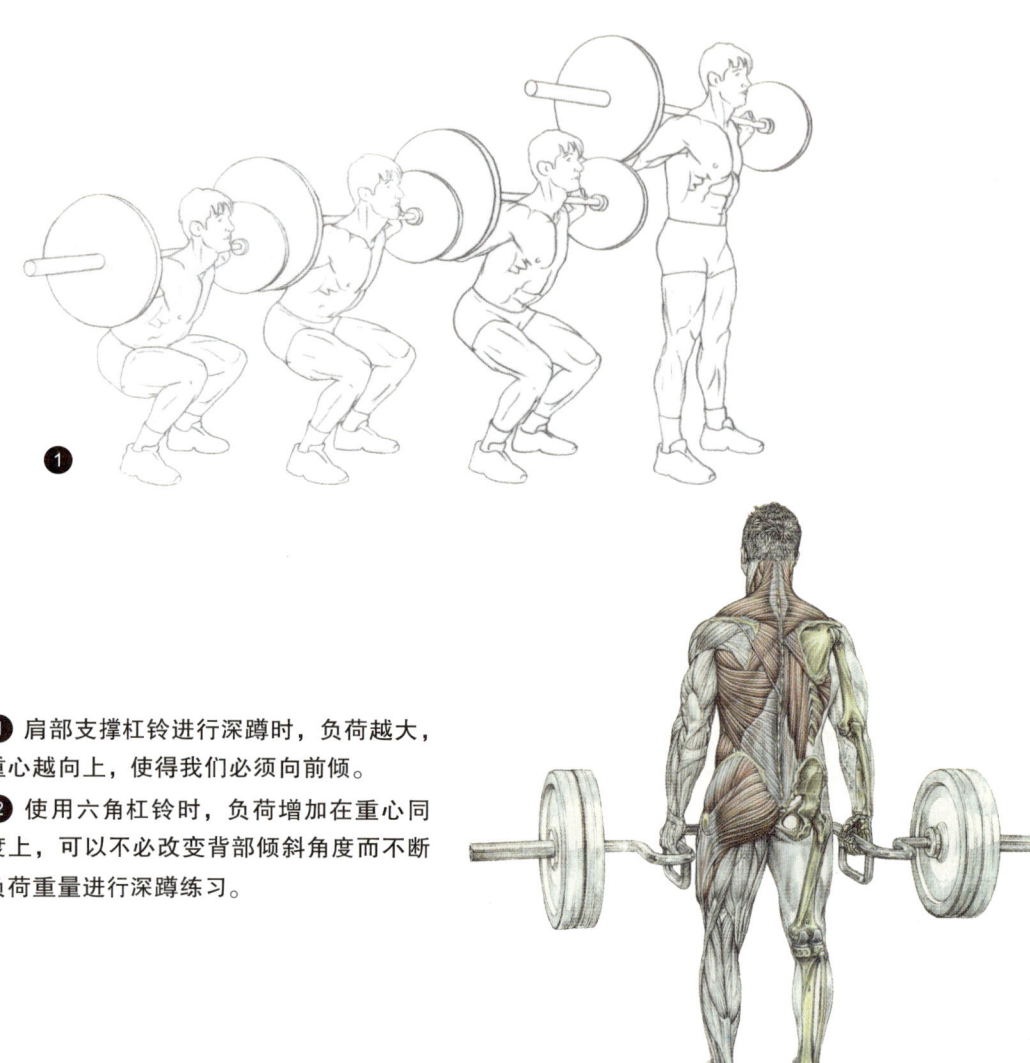

❶ 肩部支撑杠铃进行深蹲时，负荷越大，身体重心越向上，使得我们必须向前倾。

❷ 使用六角杠铃时，负荷增加在重心同一高度上，可以不必改变背部倾斜角度而不断增加负荷重量进行深蹲练习。

积极地调整

在少部分动作中，增加负荷重量导致的重心变化会带来积极作用。针对同一个动作，改变负重固定点的位置可以调整肌肉发力情况。可以有意识地运用这一特性。比如在臂屈伸练习中，想要锻炼胸肌时可以使用链条，想锻炼肱三头肌时可以使用哑铃。

在臂屈伸中，在颈后加上沉重的链条会迫使上半身向前倾，可以更加针对胸肌进行锻炼而相对减少对肱三头肌的锻炼。

将哑铃夹在腓肠肌之间能使上半身挺直。这样我们可以更加针对肱三头肌进行锻炼而减少一些对胸肌的锻炼。

消极的调整

在许多动作中，一旦超出一定负荷重量，哪怕超出的并不多，就无法感知练习状态或对想要锻炼的肌肉动作感知力大幅下降。最典型的例子就是腹部和腰部的孤立训练了。在仰卧起坐时，如果没有负重，地面部分的动作重心在肚脐附近，即在腹肌中间，腹肌主要发力。如果增加负荷，重心就会向胸肌方向移动。上半身越来越难以自行卷曲，并且会越来越多地调用臀部屈肌来发力。

 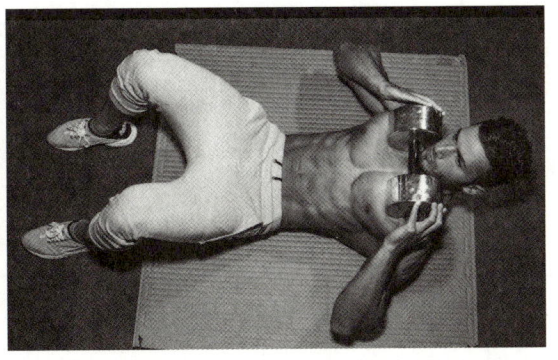

做腹部运动时，将负荷放在脑后。当负荷重量只有几千克重时，一切运作良好。而如果负荷重量达到了十几千克，感知力就会越来越差。这是因为重心位置发生了很大变化。

若将负荷放在胸肌上，想要显著改变重心位置，阻碍腹肌发力就必须增加很多的负荷重量。

同样，抬起上半身锻炼腰部时，与其把负荷放在脑后，不如将杠铃或是弹力带放在手臂末端。这种靠近腰部下端的阻力不会明显扰乱重心。哪怕负荷很重，也不会影响到腰肌的发力。

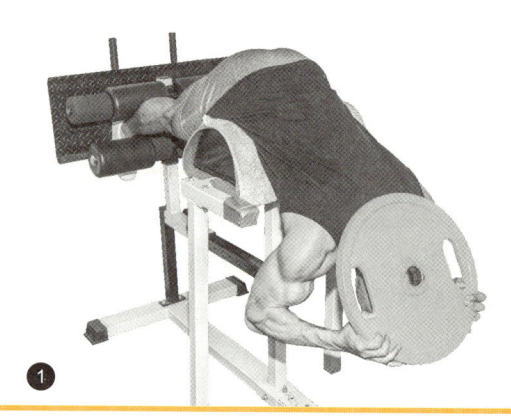

❶ 这种放负荷的方式会移动重心，从而影响肌肉发力。

❷ 阻力靠近重心，对肌肉感知力的影响较小。

取得进步的双赢策略

肌肉越多，身体就越难增加更多肌肉。想要增肌需要投入相当复杂的基础建设和营养供给，心脏和心血管系统也需要适应不断增加的体重。不过，并不是说身体有更多肌肉，就能产生更多的促合成代谢激素，如睾丸素等。激素水平相当时，由于激素需要分布在更大的体积上，所以每个肌细胞在生长时得到的睾丸素更少。

面对这一问题，可以借助两个生理学特点来克服困难：

1 强壮处要获得肌肉总是比薄弱处容易得多。

2 重新分布已有肌肉量比完全从零开始增长新肌肉更容易。

在已有肌肉量的基础上想增长 1 kg 新肌肉，身体已经为其做好了大部分后勤保障，至少保障已部分就位了。例如，如果身体已经学会了管理 40 kg 的肌肉，那么肌肉是位于大腿上还是手臂上并不太重要。

如果把上述两个鲜明的观点结合起来，可以得出取得进步最简单的方式是增加强壮处的新肌肉。这绝不意味着我们应该放弃锻炼薄弱处。将更多精力放在相对落后的肌群上一段时间后，可以减轻放在这些肌群上的负荷重量，以便肌肉更好再生。而通过锻炼最容易增肌的肌群，可以更轻松地获得 100% 全新的肌肉，比如能使肌肉量从 40 kg 增长到 41 kg。一旦实现了这一增益，就放弃锻炼或是大幅减少对强壮处的锻炼，转而再次专注锻炼薄弱肌肉。这样做的目的是重新分配肌肉量，特别是分配新增长的那 1 kg 肌肉。

如果你的大腿更容易增长肌肉而手臂要增长肌肉比较困难，那么新增长的那 1 kg 肌肉可能会部分地从下肢重新分配到手臂上。当然，这个过程并非肌细胞本身从一处转移到另一处，实际情况要比这复杂得多。但是对于身体来说，这样重新分布肌肉比手臂直接增长 1 kg 全新的肌肉要容易。

结论：通过这样双赢的重新分配方法，要弥补薄弱项会更容易。

锻炼肌肉的高科技手段

除了经典的训练方法，如今还有一些高科技手段或多或少也成为某种潮流。必须记住，这些设备只是我们用于实现特定目标的工具，并不能代替负荷训练，也不意味着可以系统性地使用这些技术。当然，哪怕这些工具有时候让你觉得太过"新潮"，也不能忽视它们。可以用它们来突破瓶颈或是在遇到特殊情况，如受伤时使用。我们必须对其进行探索来更好地了解其优势和局限。

肌肉电刺激技术的使用

说到电刺激（electric muscle stimulation，EMS），我们指的并非电视购物中那些有些魔术性质的设备。电刺激对运动员来说有许多好处，其效用毋庸置疑。比如，对昏迷的人进行电刺激可以阻止肌肉萎缩，但昏迷的人由于完全不活动即使进行电刺激，肌肉萎缩也会相当快。

电刺激的主要优点是能使神经控制系统短路，但神经控制的力量相当有限。而要完全精准地瞄准肌肉的某一区域，电刺激的作用无可匹敌。下面是电刺激的一些实际应用，最好能用于薄弱处。

弥补薄弱处

如果在训练时感觉不到某块肌肉，可以在它上面贴两个电极，连上仪器，你能马上感觉到肌肉收缩。哪怕收缩强度很小，也能被感知到，这并非触电反应。比如，将一个电极放在肱三头肌外侧头底部（但不在肌腱上），另一个放在上部，外侧头就可以在完全孤立的状态下收缩。也可以在肩膀后部、背阔肌底部、小腿、肱二头肌等肌肉进行同样的操作。不过贴在胸肌上部时需要多多注意。如果胸肌太薄，电流可能会穿过肌肉到达肺部，这会引起非常难受的感觉。在腹部也可能会发生类似的现象。因此在这两种情况下，需要从低强度电压开始，然后循序渐进，慢慢增加强度。

刺激肌肉

如果无法感觉到肌肉，让中等强度的电流通过肌肉，能暂时增加对收缩的感知。这也是为什么在训练前使用电刺激是有好处的。在"增肌模式"下以中等强度电流连续小幅刺激几次肌肉会非常有效。

加速组间恢复

在两组训练间，向肌肉发送一个小小的

不管是进行哪种训练项目，受刺激的肌肉都需要尽可能地伸展。如果任由肌肉收缩，会带来不必要的疼痛。因此需要将四肢保持在拉伸姿势上。

低强度电流进行"血管模式"的刺激，能大大加快恢复速度，缩短休息时间。

后疲劳状态下使用

如果真的想"虐爆"某肌群，可以先通过负重训练使其主动收缩直至精疲力尽，一结束训练就以相对较大强度实施"增肌模式"的电流刺激，使肌群被动收缩。

超量恢复时使用

这是最极端的方法。如果你刚开始使用电刺激，或有哪怕很轻微的心脏问题都不应该使用该方法。将电极放在肌肉上，并进行最大强度的训练项目，通常叫做"超等长训练（Plyometrics）"。逐渐加大电压，在进行负重训练前，输出尽可能最大强度的电流并保持几秒钟时间。

最开始，放电强度还没有达到极端时增益空间较大。但越缺少力量，越需要增加电压强度，而增益空间也越少。当你觉得已经没有进步余地时，建议停止通过电刺激进行超量恢复，这样能更进一步建立增益空间。

加速训练间恢复

如果薄弱处还在恢复中，或需要尽快开始重新训练，采用低强度"血管模式"的电刺激可以加速肌肉中的血液流动，从而加速恢复。

对于刚开始接触电刺激的人来说，这

种操作一开始可能会造成肌肉损伤，因为它会引发一种全新的收缩方式。因此，比起促进恢复，可能反而起到反作用。但过了新手阶段，就能发现将电刺激用于恢复是很有好处的。

加速修复损伤

这里的损伤主要指肌肉损伤，或者更严格来说是影响肌腱连接的损伤。可以调节至低强度的"血管模式"进行，如果有必要可以用上几小时。

针对关节损伤，电刺激的使用就很受限。在如背部疼痛时使用经皮神经电刺激（TENS）程序特别能够减轻痛感，不过要是想真正让此类损伤得到恢复，电刺激的作用就很有限了。要记住不能把电极放在关节上。

血流限制训练法的好处是什么？

历史沿革

血流限制训练法（英文缩写为 BFRT，日语缩写为 KAATSU）是一种在日本资深运动员间流行开来的训练方式。为了避免承受可能会损伤关节的负荷，他们会通过限制流血而不是增加负荷重量来增加训练难度。

科学研究表明，哪怕使用较轻负荷时，一旦肌肉缺氧，就会使用快肌纤维（2型纤维）而不是使用慢肌纤维（1型纤维，通常在举起轻负荷时收缩）。

由于血流受限，在举起轻负荷时可以使用与举起重负荷时同样的肌纤维。这种训练的代谢作用很强（由于酸的产生会降低局部pH值），训练后对肌肉产生的损伤较小。因为肌肉、神经系统和关节损伤较小，所以很快就能恢复。

血流限制训练法的实践

血流限制训练法的原理与医生测血压时所做的相似。在缺乏相应工具时，可以使用举重绑带来限制血液流动。举重绑带通常是在深蹲时为保护膝盖而设计的，需要在臂部使用中等尺寸的绑带，大腿使用长尺寸的绑带。

需要将绑带系紧在手臂上部或大腿上部，就像绑在膝盖上那样，不过不要像做深蹲时那样把带子张开覆盖住整个髌骨。需要缠好几圈，但尽量每圈都盖在上一圈带子上，不要绑歪了，以免限制动作。

自己缠带子比较困难，尤其是要绑在手臂上时，绑大腿相对来说容易一些。最好是能让他人帮自己缠带子，他需要确保两边用同等力量绑紧。要做到这一点很难，且花费时间较长，因此在组间休息时一般不会松开带子。

限制大腿血流比限制手臂血流要难。因此要限制大腿血液流动，尤其当大腿比较粗壮时，需要绑得很紧才行。

如果在训练前进行5分钟血流限制，在训练时局部窒息效果会更显著。在组间休息时不取下带子更能加强代谢效果。

如果休息时间较短，我们只建议进行轻微的血流限制。在进行研究时，通常组间休息时间是 30 秒到 1 分钟。减少休息时间可以弥补轻微的血流限制。此外，研究并没有发现极限状态的血流限制能比适度的血流限制带来更好的效果。

从另一方面来说，建议久坐人群使用的负荷为最大负荷重量的 20%~30%，这个程度对于健美爱好者来说就有些太轻了。年轻的运动员也需要用更大的负荷重量（根据不同休息时长，是最大负荷重量的 40%~50%）弥补比研究中更低的血流限制的影响。

一旦肌肉缺血，就可以移除阻止血流的绷带，从而在不减轻负荷的情况下多做 1~2 组练习。

⚠️ 注意

要实践此方法必须有良好的身体状态，尤其是心血管要健康，因为这对心脏并非完全没有危险。和所有新技术一样，一开始时只能做很轻微的血流限制，如果没有不良反应，可以在每次训练时逐步增加强度。

有纳米尺的限制血流仪器可以测量血液束缚情况。

可以使用举重绑带轻松限制手臂和大腿血流。

健美运动员在不知不觉间已经限制血流了

　　血流限制在肌肉训练中不算新鲜事。健美运动员运动负荷重量越大，肌肉的局部血流量暂时性减少得越多。科学研究表明，当负荷相当于最大负荷重量40%时，所训练肌肉的血液循环会开始受到严重限制。在采用血流限制方法时，可以以一半的负重获得同样的效果。

　　研究表明，如果保持持续张力，负荷重量相当于最大负荷重量的54%，产生的代谢效果（肌肉缺氧，乳酸等代谢废物产量大幅增加）比负荷重量为最大负荷重量74%时更强。不过负重和张力带来的合成代谢反应并不相同。负重会通过增加代谢激素的（肌肉的）胞内分泌和旁分泌，如机械生长因子［MGF,是胰岛素样生长因子–1（IGF–1）的一种剪接异构体］等直接刺激肌肉生长。而持续的张力会通过减少肌肉生长抑制素（一种限制生长的抗代谢激素）的胞内分泌起间接作用。限制血流也能够增加生长激素的分泌，比常规训练要高不少。

　　我们了解了两种不同的增肌机制。运动员可以将两者结合起来使用，而不单单只做极限大负荷训练或是燃烧肌肉。这再次证明了交替进行大负荷训练和更轻负荷的充血练习是更有效的锻炼方式。

限制血流作用的局限性

　　一位日本体育教练曾说，他观察到通过这种方式增加力量，技术使用者的形体没有任何视觉上的进步。哪怕研究人员在显微镜下能观察到肌肉纤维变得粗大，其整体视觉效果也不明显。

　　这很好理解：哪怕会充血，限制血流也不会像大负荷那样引起肌肉纤维的结构性变化。限制血流并不能代替经典的肌肉训练，只是充实健美运动员训练的一种方法。虽然从理论来说，使用限制血流锻炼是更简单的肌肉健美方式，但实际上如果锻炼得当，限制血流是一种很痛苦的训练方式。研究人员对久坐人群进行为期6周的卧推训练跟踪，对限制血流与大负荷练习的效率进行比较。结果显示其肱三头肌发生了如下变化：

　　■ 负荷为最大负荷的75%时，肱三头肌增粗9%。

　　■ 负荷为最大负荷的30%且限制血流时，肱三头肌增粗5%。

　　胸肌锻炼的效果差异更明显：

　　■ 进行大负荷训练的，胸肌增粗16%。

■限制血流训练的，胸肌增粗 8%。

绑带只能对手臂或大腿进行局部血流限制。而使用训练矫正带（Bowtie）可以让胸部也获得局部血流限制。但背部、肩部和腹部只能获得非常间接的效果，不可能达到真正的血流限制。为了弥补这一局限，戴上限制氧气进入的呼吸面罩锻炼变得受欢迎。尤其是耐力运动员，他们经常使用这种方法，在肌肉健美中也可以用这种方式来使全身缺氧，从而间接使肌肉缺氧。

训练矫正带（Bowtie）能限制胸肌血流。

限制血流并非没有危险

这是限制血流练习法中很重要的一个部分，但很少被提及。我们的身体结构并不是为限制血流而设计的。因此太过强烈的血流限制可能会破坏血管系统的完整性。研究也表明，限制血液循环会增高动脉血压。如果佩戴很紧的健美腰带，会限制呼吸并引起高强度的肌肉充血。在这些情况下，张力会暴增。因此这是一种强化肌肉训练法，需要特别缓慢地推进，以便让身体逐步适应，绝非初学者可以立刻尝试的。

结论

由于健美运动员已经限制了血液循环并造成缺氧，所以比起久坐人群他们可能较难从血流限制中获得更多的好处。这也说明如果他们完全照搬限制血流技巧并不会有什么作用。不过，可以将这种技巧与其他方法相结合。比如，在两次大负荷训练之间的唤醒训练时，可以用来消除肌肉特别是深层肌肉的疲劳。在关节、肌肉或肌腱受伤时，如果还想要继续训练的话，限制血流也会非常有用。如果无法调动身体的某一部分，将电刺激与限制血流相结合可能是个不错的方法。

振动和摆动的技巧

过去十年间，健身房满是振动器材，而如今被摆动器材取代了。摆动器材对大脑的损伤要小得多，但同样有效。

我们接下来要讨论的是非自主反射性收缩。在最大强度下使用时，这些器械比它们看起来要猛烈得多。不过，这并不意味着使用这类器械锻炼比负重训练更好或可以代替负重训练，有些应用方式可以补充肌肉训练中的主动收缩作用。这里举一些例子。

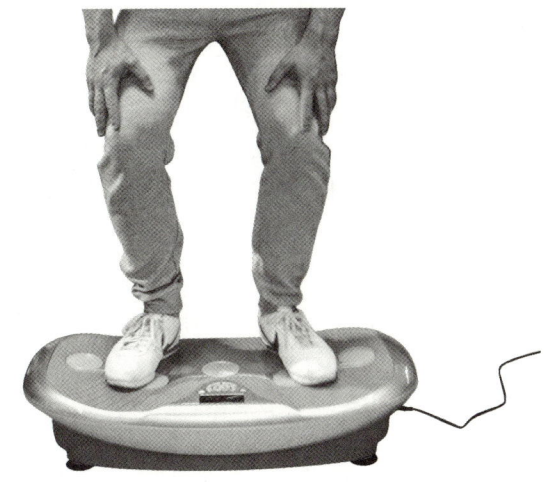

摆动平台样例

减脂功效

使用这些设备的短短几秒钟内，体温就能非常快速地上升。这种卡路里燃烧如果可以持续上几分钟，会有助于减掉脂肪，效果与一组同样时长的有氧运动相当。

热身时使用

在平台上花上 10 秒或 20 秒可以让你从头到脚都热起来。热身比较困难的时候，比如在冬天，振动器械可以轻易帮助你克服这一困难。

超量恢复时使用

如果振动足够强，只需要很短一段时间就可以让肌肉超量恢复。可以在进行如大负荷深蹲或硬拉等训练前使用。问题是由于振动，超量恢复和肌肉疲劳之间的界限就变得比卷烟纸还薄。所以这种技巧要么能获得很好效果，要么会让你更疲惫不堪，以至于干扰整个训练过程。因此，只有在确切知道如何操作时才能使用这项特别的技术。

后疲劳状态下使用

在结束肌肉训练后立刻利用振动耗尽肌肉力气是更好的做法。结束大腿训练时，可以通过振动让大腿进行被动收缩。这样肌肉会感到强烈且持续的疲劳，在两次训练间必须休息更长时间。反之，如果振动强度较低可以加速恢复。

促进组间恢复

在平台上花上几秒钟时间能加速传统肌肉练习间的恢复速度。不过与超量恢复一样，加强与破坏运动表现之间的界限非常微妙。

受伤时训练

如果没有不良反应，由于振动结合了被动收缩与等长收缩，可以在不加重疼痛的前提下进行训练。比如，能加强肌腱锻炼效果。如果运气好，尤其还配合电刺激时，使用这类器械甚至可以加速修复损伤。

结合血流限制与振动的大腿练习

锻炼胸部、肩部和肱三头肌的练习

恢复的秘诀

准确定义过度训练的概念

过度训练是一个非常通用的术语，需要尽可能准确定义，从而有利于解决影响恢复的薄弱环节。过度训练是两次训练间缺乏休息时间造成的，但"过度训练"的表述并不能说明什么问题。

准确来说，过度训练有好几种类型。在力量训练中，主要有以下三种：

1. 肌肉缺乏恢复。
2. 神经缺乏恢复。
3. 关节（包括肌腱和韧带）缺乏恢复。

例如，肩部酸痛表明在肌腱或关节还没有完全恢复之前就又进行了训练。

恢复时间的差异

　　肌肉恢复相当快，但神经恢复需要更长时间。关节恢复需要的时间可能会更长，有时候我们会故意忽视，哪怕有轻微疼痛也还会继续训练。我们可能在杠铃锻炼中表现良好，但肌腱却训练过度了。也可能因为神经没恢复好力量不足，但肌肉已经完全恢复了。还存在许多其他方面的过度训练问题，比如因为免疫力下降经常生病，但这类问题主要影响的是耐力运动员。

如何区分肌肉恢复不足和神经恢复不足？

　　在基础训练中，神经恢复不足现象尤其显著。比如，在卧推时重复次数比上次训练时少了一两次。这种情况在胸部孤立训练中出现的概率最大。不过当我们知道如何区分神经恢复和肌肉恢复时，也就不会觉得奇怪了。最近的一项研究通过测量肌肉训练 24 小时、48 小时和 72 小时后的力量大小，对此进行了说明。

　　进行孤立训练后平均需要 48 小时恢复力量。而基础训练后恢复时间至少还额外需要一天。动作越复杂，恢复起来就越艰难。由于卧推只涉及两个关节，而硬拉至少涉及三个关节，因此卧推练习后恢复起来更快。

　　哪怕肌肉本身已经恢复了（因为从孤立练习中找回了力量），但由于几个大肌群难以同时发力，神经恢复不足也会导致力量不足。因此，如果希望训练某块肌肉，可以穿插进行孤立训练，这样能进一步增加两次基础训练动作的间隔时长，但能让同一肌群更频繁地得到锻炼。

两次冲击

　　众多研究指出，受过训练的运动员在大负荷训练后力量恢复分两个阶段。24 小时内会快速恢复，随后持续数天里可能表现下滑。我们在《肌肉健美训练解析（进阶篇）》中曾解释过这种生理现象。不过这给第二天的强化训练提供了机会，可以通过多次数，甚至很多次数的孤立练习来重塑前一天锻炼的肌肉，从而弥补薄弱处。如果你感觉不到这两个阶段，且运动第二天感觉肌肉似乎"废了"，那么这种技巧显然不适合你。另一方面，这一技术可能对如肱二头肌等部位有效果，但不适用于大腿，也需考虑关节是否能承受两次冲击。因为就像我们在上文中提到的，关节恢复与肌肉和神经恢复是完全分开的。如果在大腿训练后 24 小时感觉膝盖很"脆弱"，那么再通过股四头肌锻炼，哪怕是很轻量的锻炼去使用膝盖就不是个好主意。

　　此外，我们并不建议对所有肌肉系统地使用这一强化技巧。它只应该用于弥补薄弱处，用在一两块落后的肌肉上。因此，只能在有限时间（如 1 个月）内使用，随后再应用到另一薄弱处上或是完全停止。用在强壮肌肉处就没有什么必要了。

训练后的神经损伤

与关节和肌腱恢复一样，神经恢复也是特别慢的。大家可能会疑惑为什么神经恢复要比肌肉恢复时间长那么多。若是进行大负荷训练的话，恢复时间就更长了。

高强度的训练不仅会损伤肌肉细胞，也会对训练调动的神经网络有同样影响。下面我们将解释为何神经恢复分为两个阶段。我们可以把神经网络比作汽车的液压制动系统，不过在训练时，随着一组组练习损耗的是神经递质（在我们的例子中就相当于制动液）。想象一下每次刹车时，汽车就会消耗一些制动液，刹车的功效就会逐渐降低。这与训练时随着一组组练习产生的神经疲劳是一样的。

对于汽车来说，只需要重新将制动液加入系统就能使刹车完全恢复效力。我们的身体训练后通过休息能让神经系统重新充满神经递质。

对两阶段神经恢复的解释

不过，在进行大负荷训练后神经要完全恢复是很缓慢的。理论上来说，神经系统应该在 24 小时内恢复，但在部分恢复后，情况又会回落。

科学研究完美阐释了神经恢复的这一悖论。在高强度训练后，自主肌肉力量减少了 38%。当科学家用电流直接刺激同一肌肉时，训练后的收缩强度减少了 19%。肌肉的这一

力量只需要 2~3 天就能恢复。但是运动员的肌肉产生的自主力量减少要持续 7 天以上时间才能恢复。

对神经网络的损伤

恢复速度上的差异可以用来衡量对神经网络本身造成的损害程度。训练影响了髓鞘，且神经肌肉连接丧失了密封性。在高强度训练后，对肌肉产生的影响也同样发生在神经网络中：纤维轻微受损。但随着时间的推移，损伤只会越来越严重，而不是自我修复。

髓鞘的作用是什么？

髓鞘覆盖着神经纤维，起隔离作用并保证神经信号传导速度达到最佳。高强度肌肉训练会破坏髓鞘，暂时减弱神经信号的传导速度，还在整个神经系统中造成了一些泄漏点。这些现象解释了为什么我们不能日复一日地以最大强度重复同样的练习。所以，为了在比赛当天达到最佳力量状态，举重冠军在比赛前两周甚至三周都不会进行最大强度练习。

有一些物质负责神经的再生，比如精氨酸，这是一种蛋白多糖，可以作为神经肌肉连接处（神经末端与肌肉末端之间的连接）的调节器。精氨酸还在突触再生中起作用。而肌肉锻炼会加速精氨酸分解，导致力量丧失并减慢神经肌肉连接处的再生。医生将这种暂时的神经损伤等同为神经功能丧失。这

里讨论的是非病理的情况，只需要休息几天就可以全部恢复正常了。

肌肉训练是如何损伤髓鞘的？

高强度训练会以两种方式损伤髓鞘：

1 **机械性损伤**：由于肌肉收缩阶段会"压迫"神经，且消极阶段时又拉伸同一神经，神经可能会产生损伤。髓鞘因为被过度使用而受损。

2 **化学性损伤**：高强度肌肉锻炼会引起炎症、分子氧化并产生损害髓鞘的代谢废物。

就像肌肉损伤不会在训练后立刻出现，神经损伤也是在剧烈运后几天才会慢慢出现，因此恢复时间也延迟了。

缓慢的神经再生

幸好肌肉训练也能产生促进神经再生的因子，如神经生长因子（NGF）来修复泄漏点。但是，因为修复速度慢，锻炼同一块肌肉时，高水平运动员两次高强度训练间相隔的时间比初学者要长。

为经常变换动作辩护

神经损伤也解释了为何一块肌肉一直重复做同样的动作会逐渐丧失知觉。比如，进行了几周背部划船练习都感觉不错，但随着练习次数增多，会觉得动作似乎失去了效果。如果总是使用同一神经肌肉网络，由于它没能完全再生，神经肌肉网络会疲劳并降低运动员的知觉。

如何促进神经恢复？

与身体做功相对应的是睡眠。如果肌肉锻炼使神经系统感到疲劳，那么睡眠应该是可以促进神经系统再生的。但实际情况要更复杂一些。

体育锻炼对睡眠质量有什么影响

人们可能本能地认为运动带来的疲劳有助于改善睡眠，但事实并非如此。实际上，运动员是睡眠质量最差的群体之一。在他们之中睡眠障碍发生的概率高于一般人群。运动员睡眠质量与睡眠时长都有所下降。当然，这只是平均情况，实际上存在着诸多差异。虽然少部分运动员睡眠质量较好，但大部分体重较重的运动员睡眠质量往往较差。

力量运动尤其受影响，因为体重越重，睡眠时呼吸暂停的风险越高。颈部、背部或肩部的疾病也会干扰睡眠。

由此可以得出结论，体育运动很容易对睡眠产生相对负面的影响，同时，体育活动会消耗身体机能。在这样的情况下，尤其是对于肌肉健美中很成问题的神经恢复来说，高质量睡眠是特别重要的。睡眠不足对进步造成阻碍，因为会减缓恢复速度，并对健康造成不良影响。此外，严重的睡眠障碍通常是过度训练的一个明显且普遍的征兆。如果睡眠时间更长，运动表现会得到提升。

褪黑素的关键作用

褪黑素是促进"睡眠"的主要激素之一，但其作用远不止如此。褪黑素还对神经恢复起作用，能保护神经系统的完整性（抗分解代谢作用），同时又有利于神经网络再生的特定干细胞的增殖（合成代谢作用）。在一些研究中，研究人员故意破坏了动物的神经元网络，从而观察到褪黑素有保护髓鞘和神经传导的作用。

褪黑素不仅通过特定的抗炎作用保护现有髓鞘，还通过加速髓鞘合成促进其更新。除了褪黑素，维生素 C 和胆固醇等营养物质也在髓鞘分子的合成中起着不可或缺的作用。髓鞘的膜富含饱和脂肪，并且其 25% 以上由胆固醇组成。胆固醇对于髓鞘的再生至关重要，它对肌肉恢复也一样重要。若脂肪摄入量骤降，比如在节食期间，只会减缓神经的恢复。

体育锻炼对褪黑素有什么影响

既然褪黑素对运动员有如此重要的作用，我们会期待通过肌肉训练促进其分泌。但不幸的是情况并非如此。在体育运动后，褪黑素分泌会有一个短暂峰值，我们会想休息。但因为峰值太过短暂，并不能让我们整晚安眠。那有必要利用分泌峰值小睡片刻吗？答案是肯定的，不过前提是得有相应的时间且要保证不会妨碍晚上睡觉。另一方面，晚上锻炼会推迟夜间褪黑素上升的时间，从而推迟入睡时间。

至于体育运动对褪黑素的整体影响，研究结果争议很大。一些研究表明，体育活动会使褪黑素浓度高于平均水平。也有研究认为没有任何影响，甚至还有研究显示褪黑素浓度会有所下降。

不过这样不一致的影响是正常的，因为研究对象是数量有限且并不相同的个人。正如我们已经知道的那样，有些人通过运动能睡得更好，而有些人睡眠质量下降。要从这些人的情况中取平均值并在此基础上建立一个适用于所有人的规则，是不太严谨的做法。

如果只测试睡眠质量差的运动员的褪黑素分泌情况，研究这样更同质群体的平均值要更有意义。而对于这一群体，肌肉训练会对褪黑素分泌有负面影响就显得合乎逻辑了。

如果你睡眠质量差，进而神经恢复异常缓慢，可以通过两种膳食补充剂进行改善：一是色氨酸，它是合成褪黑素的物质；二是蒙莫朗西酸樱桃提取物，可以部分补偿褪黑素不足的情况，且相较于服用药物褪黑素，这是一种更天然的方式。

不要把神经恢复与肌肉恢复混为一谈

睡眠之所以能帮助我们恢复身体，尤其是力量，主要得益于它对神经系统的恢复作用。不过，并不能从中断定更适合在晚上锻炼肌肉。相反，由于在晚上缺乏营养物质，特别是蛋白质的摄入，肌肉容易失去氨基酸，这是夜间代谢，不过幸好只是很小的规模。

两种睡眠调节机制

主要有两种睡眠调节机制,且二者相对独立。当身体健康时,睡眠由内部时钟调节。当身体在受感染的情况下,免疫调节器生产过多,这一机制就短路了。由于直接作用于神经系统,免疫调节器会引起疲劳感。不过,我们并不一定会睡着,也可能会睡得不好或睡得太多。所以,正常的困意与免疫干扰引起的疲劳之间还存在干扰项。高强度的训练可能会引发免疫系统的波动,在某种程度上就像感染。

高强度训练会导致表皮生长因子(EGF)等因子的过度生产,但要引起睡意并不需要如此大量的因子。"健康状态"的困意不与褪黑素等引发睡眠的激素相结合,而是被"生病状态"的困意所干扰。当这种情况发生,就意味着需要减少训练频率和负荷重量了。

更好理解酸痛

我们经常会搞错酸痛的感觉,从而建立起许多反直觉的假设,最终导致错误结论。

一个适用于各种情况的认识

当肌肉不受张力时,几乎无法察觉到肌肉酸痛。只有当肌肉收缩或按压肌肉时,酸痛才会出现。收缩越强,酸痛感越强。

同样,酸痛感的强度在一天之中也有波动。通常在半夜时疼痛会加剧。在感冒时能明确感觉到疼痛的波动,晚上,当我们尝试睡觉时,发炎引起的不适是最痛苦的。原因很简单:免疫细胞的抗炎活动在晚上达到高峰期。

矛盾的是,在醒着的时候关节和腰椎的疼痛更强烈,而肌肉疼痛会减弱。至少对于关节来说是这样。一种名为隐花色素的蛋白质可以缓解关节的局部炎症。这种蛋白质在晚上抗炎作用比较强烈,到了早上就减轻了,进而我们的身体以及关节的疼痛变得更明显。

从逻辑上讲,同一处组织损伤的疼痛强度应该是全天不变的。但事实并非如此。这些疼痛,尤其是疲劳引起的疼痛具有双重性。

酸痛感受两种要素影响:

1 局部(或外围)要素,会直接影响训练的肌肉。

2 中心要素,调节大脑对肌肉疼痛感的感知。研究表明,大脑会通过神经促进对疼痛的感知。而当肌肉放松时,这种降低疼痛阈值的机制就不会起作用，而当肌肉受到张力时会出现。此外，这种机制很特别，只影响受损的肌肉。在大脑的中心层面起疼痛调节作用。

有一种特别简单的办法可以利用有关痛觉的第二点发现，即收缩酸痛的肌肉。一开始会很痛，然后肌肉会逐渐生热，疼痛会减缓，甚至可能完全消失。不过，并不是因为肌肉发热了酸痛就真的消失了。酸痛只是隐藏起来了，一旦肌肉冷却下来痛感还会重新出现。

一个科学长期未解之谜

医生可以对反映肌肉损伤程度的标志物进行检测来观察体育活动后身体的变化情况。这里所说的标志物即血液中肌酸激酶（英文缩写为 CK，一种肌肉酶）的水平。在正常情况下，肌酸激酶水平相对较低。然而当肌肉受到损伤时，肌酸激酶会从肌肉"泄漏"到血液中去。因此我们可以间接推断，血液中的肌酸激酶水平越高，肌肉纤维受到的损伤越严重。

从理论上来说，如果我们认为肌肉酸痛是由肌肉损伤造成的，那么肌酸激酶的峰值应与酸痛感的峰值相吻合。然而，鲜有研究显示这两个峰值是一致的。大部分情况下，要么肌酸激酶的峰值在酸痛峰值之前或之后出现，要么在酸痛感非常强的情况下肌酸激酶的水平还保持正常。也有可能肌酸激酶水平很高，却没有酸痛感。

最近的一项研究非常清楚地表明，这些

理论上应该紧密关联的因素，实际上并不相关。有些健美运动员以非常大的强度只练习卧推的消极阶段动作，尽可能让胸肌受到破坏，使其尽可能达到最大程度的酸痛。运动员会在锻炼后 48 小时感受到酸痛的峰值。而肌肉损伤的峰值（即肌酸激酶的峰值）要在锻炼 3 天后出现，而那时酸痛的强度已经减轻一半了。

两周以后，同一组健美运动员又重复了相似的练习。肌肉酸痛的峰值出现在运动 24 小时之后，而肌酸激酶水平没有提升。因此，肌肉没有受损时也可能感到酸痛，而肌肉受损时也可能没有什么酸痛感。肌肉受损程度与肌肉酸痛程度并不相关。但从理论上来说，这不正常！是不是哪里出错了？除非酸痛感并非来源于肌肉本身。

意想不到的酸痛位置

可能和人们认为的完全相反，肌肉纤维本身的收缩只是产生酸痛感很小一部分原因。"酸痛感"实际上主要位于筋膜，也就是外围包裹着肌肉的膜上。在这层肌肉膜（筋膜）上，分布着许多对疼痛很敏感的接收器，比肌肉本身上要多得多。平均而言，筋膜所受神经支配是肌肉收缩部分的六倍（因此前者的敏感度也是后者的六倍）。

研究人员以一种极其精确的方式为实验者注射某种物质，从而引起疼痛来确认这一点。在高强度肌肉训练后的几天里，当该物质被注射到筋膜上时，疼痛会倍增，而若是注射到肌肉本身上时，疼痛感相似。疼痛的筋膜证明训练使其受到损伤。而筋膜得到修复后酸痛才会消失，与肌肉本身的再生和增长无关。

肌肉纤维会由于训练受损，需要得到复原和加强。然而，在感到肌肉酸痛时，大部分的疼痛并不是收缩的肌肉产生的。

有什么实际影响？

从上述医学发现中，我们可以得出几个结论：

1 当酸痛位于肌肉和肌腱交界处而不是肌肉的中心时，需要特别注意。因为这意味着训练的拉伸部分动作幅度可能过大了。如果继续进行这样的训练，发生肌腱炎的风险会增高，甚至会导致肌肉撕裂。

2 肌肉可能还会继续感到酸痛，但其实已经恢复了，只不过出现了某种筋膜疼痛的"回声"效应。而这种疼痛的消退速度往往比肌肉本身损伤的消退速度慢。

3 当某一肌肉的酸痛峰值过去以后，

要再次锻炼它就不必犹豫了。只需要避免过度拉伸或是用过重负荷进行大幅度动作，导致过度使用筋膜。以更小的幅度进行锻炼，特别是减小拉伸阶段幅度，是非常合适的。

我们发现肌肉的局部生长因子，如神经生长因子（NGF）以及环氧化酶-2（COX-2），也会加剧疼痛感。

在神经系统的生长因子，如胶质细胞源性神经营养因子（GDNF）身上，我们也可以发现同样的现象。GDNF有双重作用，会加剧局部痛感，同时又促进产生肌肉力量的神经再生。

因此，尽管再次训练酸痛部位是很痛苦的，这种策略也能很有效地触发有利于增加力量与增长肌肉的相关因子的产生。不要屈服于使用过大负荷的诱惑，因为在再生过程中，肌腱以及肌肉的整个胶原蛋白鞘都被削弱了。

4 用泡沫滚轴或是网球进行按摩可以促进筋膜的再生。

对肩膀后部与肱三头肌的自主按摩

对腘绳肌和臀肌的自主按摩

可以免受酸痛吗？

做完一些会特别"酸痛"的训练后，若是没有感觉任何肌肉疼痛，运动员的受虐倾向会让他感到失望。然而，正如我们已知的那样，酸痛造成的中心层面的痛苦会让大脑欺骗我们。重要的是要确保自己认知的真实性，以免因为假设的酸痛并不存在而得出错误结论。有些人认为他们从来没有感觉到过酸痛。果真如此吗？可以借助四种控制技术来帮助我们有效确认这一点，主要包括：

1 使用网球或泡沫滚轴进行按摩，并尽可能压迫局部，对局部造成强压力。

2 进行简单按摩。

3 借助电刺激，放大疼痛的神经信号。

4 再次锻炼同一肌肉。

理论上，最理想的状态是在晚上反复进行测试，每次测试大概是在训练 30 小时、40 小时、60 小时之后，按理说会出现酸痛，但这显然并不实际。我们建议在早上测试冷却状态的肌肉。

通常，测试结果会揭示肌肉"酸痛"，尽管我们之前没什么感觉。测试可以控制：

1 感觉的真实性。

2 所得结论的准确性。

3 训练后恢复的速度。

确保肌腱和关节恢复

肌肉训练或体育活动之后，构成肌腱的胶原纤维会发生深层的结构变化。然而，这种再生是很辛苦的，因为肌腱主要由细胞外基质（90% 为胶原）构成，但血管很少。因此，肌腱是再生速度最慢的身体组织之一。

肌肉和肌腱的合成代谢不均等

在大腿训练后，肌肉的合成代谢速度在 24 小时内增加了 2 倍，肌肉胶原的合成代谢速度增加了 2.5 倍，但肌腱的合成代谢速度只增加了 0.7 倍。肌肉用 3 天时间基本就能完成重组，但肌腱重组却远没有完成。之所以会有这样恢复速度上的差异，是因为肌腱的合成代谢反应比肌肉的合成代谢反应慢。这意味着肌腱再生速度落后，且花费的时间比肌肉要长。

增强软骨的潜力有限

同时，研究显示软骨的增强能力很快就达到了极限。比如，高水平的举重运动员髌骨软骨只比久坐人士厚 14%，这表明关节对于加之于其上的过重负荷适应能力非常有限。更糟糕的是，关节恢复速度比肌腱恢复速度还要慢，损伤风险很大。

有什么共同点？

筋膜、肌腱、韧带和关节的恢复速度都很慢，原因有哪些呢？有结构性的原因，这些组织的血管很少，还有一个原因就是运动员很少关注这些组织，但它们是非常重要的。

健美运动员通过大量补充蛋白质来加速

肌肉恢复，那么蛋白质是如何给关节和肌腱提供再生所需的原材料的呢？

由于"经典"的蛋白质（乳清、酪蛋白、鸡蛋等）由氨基酸组成，优先针对的是肌肉组织。对促进筋膜、肌腱和关节中受损胶原蛋白的再生效果显然差很多。

筋膜由胶原蛋白构成，酸痛与其中的胶原损伤密切相关。在感到酸痛时，增加胶原蛋白摄入是一个比较明智的做法。因为筋膜由结缔组织构成，其中富含胶原蛋白。肌腱、韧带和关节也是如此。

会存在胶原蛋白不足的情况吗？

胶原蛋白占人体所有蛋白质的 30% 左右，主要组成肌腱、筋膜、韧带、皮肤等。显然摄入蛋白质时也应该包括这种特别的蛋白质。然而，胶原蛋白摄入经常被运动员忽视。

理论上来说，身体应该能通过其他蛋白质合成自身的胶原蛋白，以满足自身的整体需求。研究表明，人体中的胶原蛋白会先改善表层皮肤并促进指甲生长，若不从外部摄入，身体会因为没有足够多胶原蛋白来满足组织的全部要求而试图节约胶原蛋白。

在年龄与体重相同时，与我们的祖先相比，他们的体力活动要比我们多得多，他们受到的关节损伤却要比现代人少很多。这进一步支持了我们缺乏胶原营养物质的这一假设。因为我们的祖先会吃动物的皮、内脏，喝以软骨为汤底的汤，所以膳食中富含胶原蛋白。而如今我们不怎么吃这些东西了。

所有人都是这样吗？也许并非如此。有些人的膳食可以满足其需求，但对于很多人，特别是运动员来说，就并非如此了。这导致运动损伤恢复速度变慢，也会引起诸如肌腱炎等疾病。

运动员对胶原的需求会更大吗？

出于恢复需要，肌肉锻炼会增加对胶原蛋白的需求。实际上，肌肉对剧烈运动最初的一个反应就是通过积累胶原蛋白防止高强度工作造成的损伤。

有研究表明，第二次训练后酸痛和损伤没有第一次训练那么强，主要是因为肌肉优先强化了胶原膜，以增加对肌肉训练造成的轻微损伤的抵抗力。

肌腱总是持续再生，且在体育运动后再生会加强。因此，两次训练间隔时间太短或需求量增加时，缺乏胶原蛋白会使肌腱恢复不足，就会出现肌腱炎。

缺乏原材料时，肌腱能够回收自己的胶原。虽然这是一种很节约的技能，但对于恢复速度来说，这并非最佳方式。肌腱的氨基酸有限，促使整个再生过程减慢。而同时运动员又会自主增加训练频率，又减少训练间的恢复时间。

没有胶原蛋白的供给，肌腱重组会很慢或是不完整，可能导致受伤。短暂的轻微疼痛可能转化为肌腱炎，且之后无法摆脱。

定期并持续补充胶原蛋白，可以大大降低关节疼痛发生的概率，但这并不意味着能用胶原蛋白水解物替换所有的蛋白质，因为胶原蛋白重组的氨基酸对于肌肉的收缩成分来说不太有效，因此需要两种不同的蛋白质来源（经典蛋白 + 胶原蛋白）。

结论：在进行某项体育运动之初就应该像服用"经典"蛋白质那样服用胶原蛋白，因为对其需求量会比你从前以为的量多得多。不要等到感觉不足时再增加对胶原蛋白的补充，尽早服用会带来好处。

每组练习时间超长可以加速恢复吗？

在力量运动中，由于肌腱做功很多，所以肌腱恢复是需要重点思考的问题。健美运动员可以选择各种类型的动作进行练习，因此哪怕得了特别影响运动的肌腱炎，也可以选择能规避疼痛部位的练习继续训练。而力量运动员无法这样做，因为他们不能练习太过偏离比赛要求的动作。

因此，他们会以很轻微的强度做既能锻炼肌肉又能锻炼肌腱的孤立动作，并将动作重复上百次。不过科学似乎也为力量运动员促进肌腱再生的这种努力提供了支持，肌腱中的血流与恢复速度有直接关系。

我们可以使用弹力带或小负荷做一组100次或200次的重复练习，在家就可以进行此项恢复训练。锻炼项目与书末（详见第204页及其后内容）提到的热身准则中推荐的是一样的。根据你想加快恢复速度的特定肌腱，每天选择一到两个针对性练习。

在患肌腱炎的情况下，最理想的情况是能针对疼痛的肌腱进行锻炼，但每次重复动作时以不会感觉到肌腱的炎症带来的疼痛为

标准。但并不总是能实现这一点。在动作时，必须控制只能感到特别轻微的疼痛，否则这种技巧的弊大于利，结果适得其反。

我们在《肌肉健美计划解析（进阶篇）》中推荐说，要弥补薄弱处必须尽可能加强锻炼，每组动作重复100次。但此处肌腱恢复的逻辑有所不同，更重要的是在疼痛可控的范围内让肌肉达到良好充血效果。

通过针对性补充更好恢复

要对恢复进行管理，可以将其分为两个非常不同的部分：

1 在锻炼过程中，对训练进行调整，使其能精准适应当天肌肉的紧张程度。如果身体已经感觉累了，就限制训练量，避免让身体疲惫不堪。

2 锻炼之后，必须通过良好的营养摄入、休息、轻度唤醒练习以及按摩来帮助身体尽快恢复。

还有一个常常被忽视的方面是营养补充。虽然在肌肉恢复时会考虑到这一点，但营养补充对缓慢且精细的神经与关节恢复来说更为重要。下面列出了一份恢复时使用的最佳营养品清单。

针对肌肉恢复：

1 肌酸

2 蛋白粉

3 支链氨基酸（BCAA）

针对关节恢复：

1 胶原水解物

2 N- 乙酰氨基葡萄糖（NAG）

3 软骨素

针对神经恢复：

1 含矿物质的吡酮酸钙，如吡酮酸钙镁

2 马黛茶

3 甘氨酸

4 蒙莫朗西酸樱桃提取物

5 丝氨酸

更多信息，详见我们出版的《运动员膳食补充指南》。

第三部分

肌肉训练

增大肩宽并保护肩膀

肩部与下背部是肌肉训练中最容易出现病痛的部位。肌腱、韧带、软骨以及起稳定作用的小肌肉比三角肌本身更容易受伤。

肩部疾病其实并不神秘，并非因为偶然或是运气不好造成的，而是我们主动强迫肩部移到它没办法到达的位置上造成的。了解了这些生物力学上的错误，你才能更好预防和治疗这类问题。在本章中，我们会用很大篇幅来解释这些错误。

肩部疾病的特征

下面我们将讨论给肌肉训练造成不良影响的两个主要问题：

1 撞击综合征。

2 肩膀前部不稳定。

撞击综合征

撞击综合征主要影响冈上肌腱与肌肉。因为在肌肉健美中特别流行锻炼冈上肌，我们不得不修改肌肉训练的动作。冈上肌主要有两大功能：

1 当肩膀运动时，与肩袖的其他肌肉一起维持肱骨在盂窝上的稳定性。

2 在侧抬臂动作中起作用。

对于不同个体，冈上肌参与动作的情况差异极大。这种差异对受伤风险以及这些疾病造成的疼痛都有影响。如果冈上肌主要作用是抬臂而很少参与稳定肩部，可能受伤了也很难察觉到。因为抬臂时，三角肌会接替其工作。相反，如果冈上肌主要用于稳定肩部，任何损伤都可能引起严重的疼痛。

冈上肌是一块脆弱的肌肉

即使不做任何运动，冈上肌也特别容易被磨损。因此，在 40 岁以上的久坐人群中，患有冈上肌撕裂的人数至少占 40%。其中一部分人的症状为丧失活动能力且疼痛，而对另一些人来说，这种疾病对他们的日常生活没有影响。

即便什么都不做，冈上肌也会自行退化。由于力量运动员通过大负荷训练过度使用冈上肌，这会大大加速冈上肌退化。这也是为什么在各种肌肉运动中要保护这块脆弱的肌肉是一个在本书中反复出现的主题。

冈上肌损伤的两种类型

运动医学专业的医生发现主要有两大类冈上肌腱损伤。70% 的情况，损伤影响肌腱与肱骨关节直接相连的地方，只有 30% 的情况损伤出现在滑囊处。但在进行肌肉训练的人群中，75% 的疾病都是后面这一种小概率情况。这清楚表明了肌肉健美造成的冈上肌疼痛是由肩峰下摩擦导致的。由于动作强度过大，运动员不得不将手臂举过头顶，从而造成肩峰下摩擦。

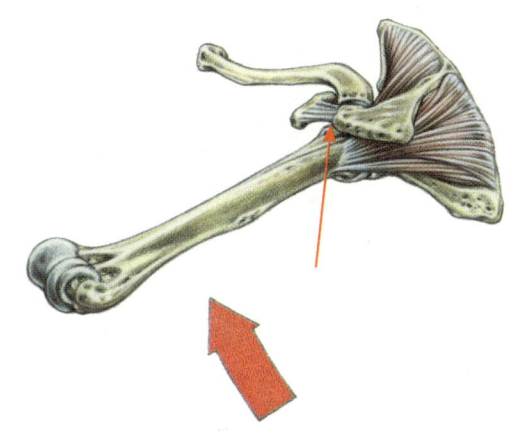

以俯视角度来看，可以发现当我们抬臂时（粗箭头所示），冈上肌可能会摩擦肩峰（细箭头所示）。

当进化与退化同时发生

如果将现代人的肩关节与类人猿的肩关节仔细比较，我们可以发现两者有很大差异，也正是这个差异对运动员有很大的影响。必须好好理解这样的差异，因为它让我们必须改变肌肉锻炼的习惯，这也正是本书的重中之重。类人猿和大猩猩的肩峰没有遮盖，且肩胛骨关节盂朝上。这种骨骼结构使它们的关节能有非常高的关节灵活度，特别有利于向上抬手，便于从一根树枝移动到另一根树枝。

当人类成为两足动物之前，还是树栖动物的时候，不管是用四足在地面上行走还是在树枝间移动，都要大量使用三角肌（尤其是三角肌前部）。

而向两足动物进化时，移动对肩部灵活性的需要就大大降低了，因为我们是用腿而不是手臂来移动，所以不再需要一直将手臂举在空中，肩峰也得到进化，以便更好保护肩部。从某种程度上来说，肩峰得到了优化，关节变得更稳定了，但同时也丧失了一部分灵活度。

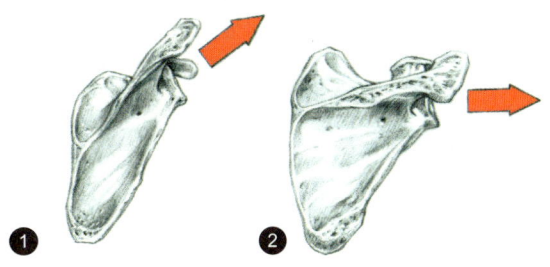

❶ 猴子的肩胛骨会前倾从而留出足够的空间，以免阻挡冈上肌。

❷ 人类的肩胛骨缺少前倾幅度，限制了活动空间，从而会更好阻挡冈上肌。

我们祖先的肩部结构是为保持手臂悬空而设计的。

摩擦的诞生

肩峰的覆盖性越好，保护作用越强。当我们将手臂举过头顶时，冈下肌肌腱可能会撞到肩峰弓。如果每天不负重重复十几次这个动作，或许后果不太严重，但健美运动员每次进行大负荷肩部和背部训练时，都需要撞击这块肌腱至少上百次。随之产生并积累起来的微小创伤可能会引发炎症，最终变得疼痛。

有的人肩峰是钩状的，这会减小肩峰下的空间。与不是钩状肩峰的人相比，这一特点会加强摩擦。还有一些人的肌腱更粗，很容易被摩擦到，最后发炎。

这就解释了为什么有的运动员不受肩峰病痛影响，另一些运动员则非常容易受到影响。他们的肩部会不能动弹，却无法解释疼痛来源于哪里，又是什么原因导致的。这也是为什么会有"运气不好"的说法。而我们认为这种说法更多是因为缺乏对解剖学知识的基本了解。因此，根据自身形态个性化地选择锻炼动作是非常重要的。

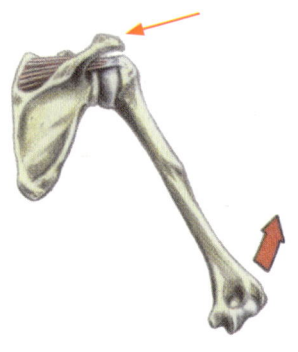

钩状肩峰缩小了给冈上肌的空间。而钩状部分只会随着年龄增长而增长，使情况更糟糕。

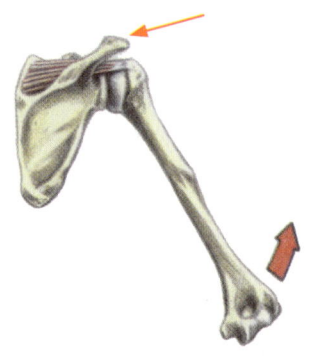

这种形态的肩峰给冈上肌一定的空间。然而随着年龄增长可能会合拢。

以画家为例

画天花板时必须将手臂举过头顶，所以画家经常患撞击综合征。不过，画笔或是滚筒刷并不太重！因此，造成伤害的主要原因并不是负荷重量而是手臂上抬的姿势。当然，如果两种情况都存在，即经常以大负荷做手臂上抬动作，这只会加快疾病出现的速度。

若是存在这双重风险因素，出现疼痛只是早晚的事。

相比之下，那些只是手臂前伸的画家（画壁画而不是画天花板），患病概率就小得多。没有完全举起手臂与完全举起手臂之间的差别很大。特别是要训练肩部和臀部肌肉时，必须要充分利用这一解剖学特点。

对于运动员来说，如果从事的运动项目需要他们举起手臂（如投掷运动员），那他们是最容易遭受肩部疼痛的。不仅在职业生涯中，在结束职业生涯以后也是如此。

后天性撞击综合征的原因

除了"先天"原因导致的撞击综合征之外，肱骨头向前和向上移动时也会引发这种疾病。运动员在训练时比起向后拉动（肩膀后部、斜方肌中部、冈下肌和菱形肌等）肌肉，更多向前拉动（胸肌，肩膀前部等）肌肉，会造成肌肉不平衡，从而导致骨骼位移。这样就人为减少了肩峰下的空间，加重了冈上肌腱的摩擦。

此外，还有许多因素会导致后天性撞击综合征：

- 肩袖肌肉损伤导致的肩部不稳定。
- 韧带过度拉伸，收紧三角肌。
- 盂唇受损。
- 斜方肌上部过强而下部太弱。

所有这些因素，每项都可能改变肩胛骨的运动轨迹或使肩膀位移，从而增加患上撞击综合征的风险。占得因素越多，患后天性撞击综合征的风险越会成倍增加，即使从先天条件看你可能本不会患病。

通常，运动员面临着各种叠加情况：或多或少先天性的撞击综合征，而继发的后天性撞击综合征又会加重病情。通过加强向后拉伸肩膀的肌肉使肩膀重回正中位置，对缓解运动员肩部疼痛大有裨益。因此，加强起

稳定肩部作用的冈下肌，能减少撞击风险或是减小撞击幅度。

哪些动作最容易诱发后天性撞击综合征？

显然，肩推是最容易出问题的动作。手臂在脑后举得越高，动作就越危险。因此，颈后推举风险要比颈前推举高，但颈前推举仍然是个很危险的动作。更糟糕的是，肩推器械会让手臂同时向上与向身后抬。问题不在于时不时做那么一次练习，而是在于在没有真正注意到的情况下进行锻炼，不断累积手臂举过头顶的动作次数。

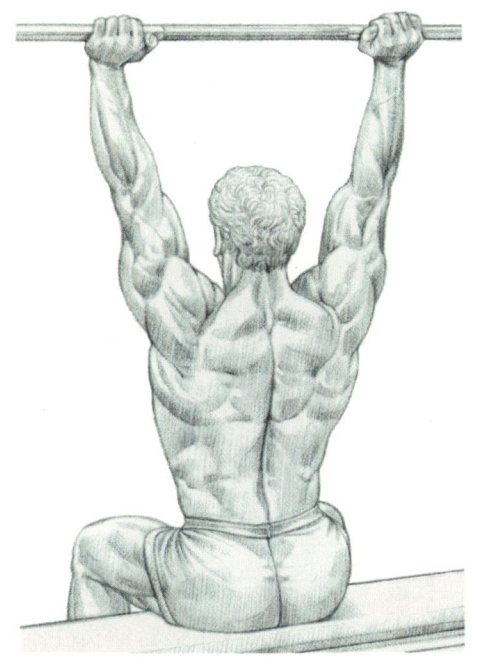

做肩推时，越将负重举至身后，动作危险性越高。

都是休息的问题

理论上来说，只要在两次训练之间给关节留出足够的休息时间，让关节完全恢复，做颈前推举时就不会引起任何问题。但同画天花板的画家一样，运动员总是会"再加一遍"，导致肩部无法完全恢复。

例如，进行背部训练当天，要是还做了引体向上或是高滑轮下拉，就要抬起手臂，就会增加创伤。而锻炼手臂当天，很可能会做肱三头肌练习，将手臂抬过头顶，又会增加肩部压力。而一些锻炼肱肌的动作也会需要上举手臂。

锻炼胸部肌肉时，可能会做屈臂上拉动作。哪怕是躺在训练凳上做的，屈臂上拉动作也还是需要将手臂举过头顶的，因此也需注意该动作。哪怕使用上拉机或是利用高滑轮站着做这个动作，也同样需要注意。锻炼腹部肌肉时，单杠悬垂举腿也会让手臂位于头部之上。

若是单独看每个动作，它们都不是特别危险。但是第一天做一项训练，第二天换另一个动作训练，以此类推，这样会持续对肩关节造成轻微损伤，使其无法在两次训练间完全恢复。

从健身的第一天起就要将预防损伤放在首位

随着锻炼年份的积累，病痛会成为限制进步的一大因素。初级或中级运动员并不关心这一点。直到某次感觉不适，让我们无法

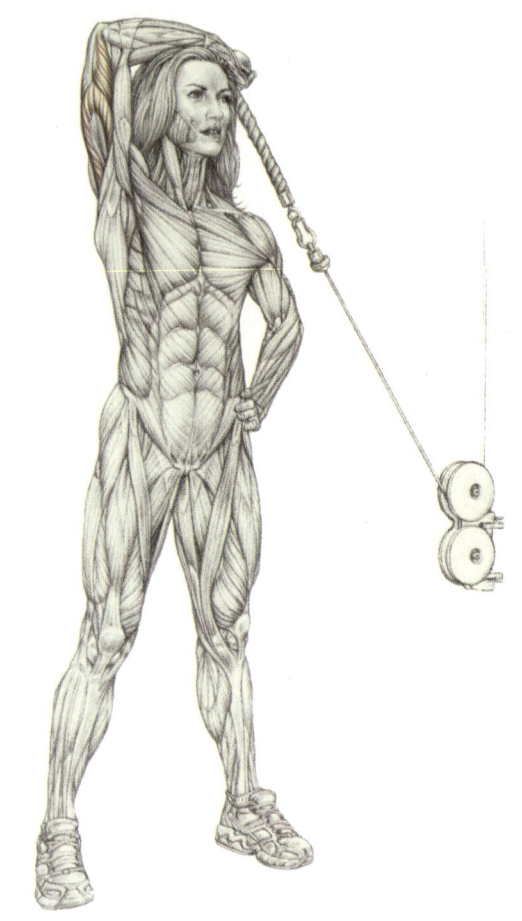

许多锻炼肱三头肌的最佳动作都是通过上举手臂完成的。

按意愿训练，才会意识到之前忽视了病痛。换句话说，已经为时已晚了。

请记住，肩部损伤发生的概率占所有肌肉损伤的36%。某项针对平均进行了9年肌肉锻炼的人的调查显示，26%的人在最近三天出现过肩部疼痛，74%的人表示在最近一年时间里出现过肩部疼痛。

人类的身体构造使我们不再能频繁上抬手臂而不造成任何病痛。这并不是什么很深奥的、鲜为人知的解剖学知识，只不过是一个非常基本的生物力学知识。但很遗憾还是有很多运动员因此受伤了，甚至更糟糕的是，还可能影响到了他们周围的人。

需要严谨

首先要采取的措施是从你进行的练习里明确识别出那些对肩关节有损伤的练习，避免不经思考，日复一日地连续进行这些练习。如果你特别想做肩推，也是可以的，但前提是要放弃那些无用的举臂练习，用不会对肩关节造成损伤也更有针对性的训练动作。这样，在两次训练间你的冈上肌能拥有足够多的时间从冲击中恢复过来，而不会在锻炼其他肌肉时对它造成额外损伤。

代替动作

训练肩部的代替动作

在向上抬臂时，只要抬得略低些对于避免肩关节损伤就很有效。比如，在肩推时，与其使用倾斜度为 90° 的垂直凳，不如使用倾斜度更低，更平坦的斜凳。倾斜角度越小，伸展手臂时，肩关节的损伤就越小。

当然，这样对胸肌上部的锻炼会多一点，对三角肌的锻炼会少一点。但这没什么关系，因为健美运动员更需要锻炼胸肌上部，并且胸肌上部很发达而三角肌锻炼不足的情况很罕见。理想情况是，上斜推胸就足够合理锻炼肩膀前部了。也可以做炮台架训练（Jammer），在本书第 86~88 页我们会介绍这种训练方式。

站姿划船会让冈上肌腱撞击肩峰，建议如果已经患有撞击综合征的人，就不要做这个动作。如果没有任何病症的人，做这个动作时手不要抬过胸部的高度。

同样，在手臂前抬时，不要将手臂完全举过头顶，当抬臂略超过与地面平行状态时就停止动作。

轻微前倾而不是保持躯干挺直，更能避免肩关节损伤。

站姿划船会让冈上肌腱撞击肩峰。

做高滑轮站姿划船时，需要根据肩关节和三角肌的感觉调整肘部高度。

训练背部的代替动作

在所有背部训练中，可以不做引体向上或下拉动作。如果没有任何疾病，保守的做法是进行一次下拉练习，随后做一次或两次划船（或硬拉）训练。这两个动作不怎么需要抬臂，可以避免冈上肌受损。肩部越疼，就越不应该做引体向上。这里说的不是引体向上的组数，而是练习频率。因为，在所有的背部训练中做上几组引体向上，还是会减缓肩部疼痛的恢复速度。最好是在一次训练时多做几组，在第二次做引体向上之前，进行多次只做划船动作的训练。在讲背部训练的章节中（详见第92页及其后内容），我们会更详细地解释这一方法。

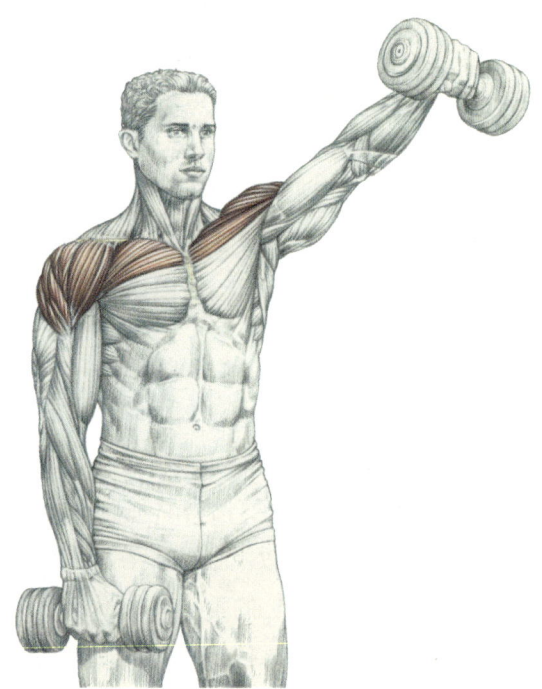

向前抬臂时，不要将手完全举过头顶，从而避免冈上肌肌腱在肩峰上摩擦。

训练手臂的代替动作

有许多肱二头肌和肱三头肌的训练动作都不需要抬臂，优先做那些动作。

训练胸部的代替动作

将可调节高滑轮调至经典练习的三分之二高度做屈臂上拉，用此练习代替哑铃屈臂上拉或是器械练习。这样，抬臂时手臂始终在身前，不会超过头顶，能大大减少损伤。采用长杆和宽握距（至少要与肩同宽，甚至更宽），在动作下降阶段能更好收缩，同时能相对限制动作上升阶段的拉伸幅度。

用可调节高滑轮练习屈臂上拉，能尽可能减小冈上肌腱在肩峰上的摩擦。

训练腹部的代替动作

使用臂屈伸训练椅，不需要身体悬空，手臂上举，也可以同样锻炼腹肌。

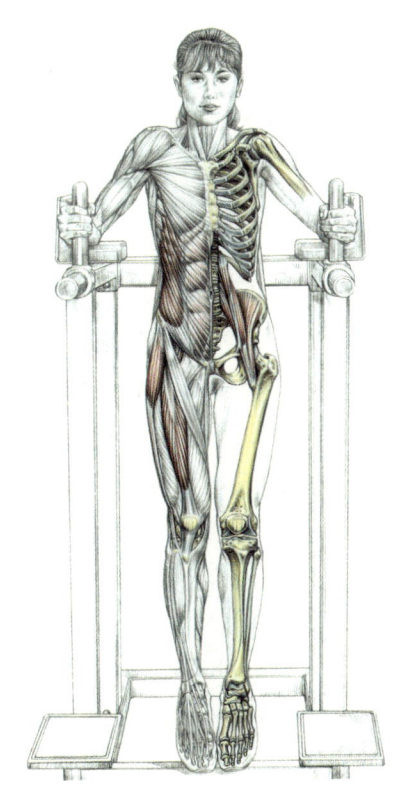

使用臂屈伸训练椅，无需让身体悬空也可以锻炼腹肌，是一个很好的替代选项。

肩膀前部不稳定

影响肌肉锻炼的第二大肩部疾病是肩膀前部不稳定。有 71% 的运动员受此影响，而同龄的久坐人群中只有 19% 的人受影响。导致这一疾病的两大罪魁祸首是（使用器械或单杠的）颈后下拉以及颈后推肩。如果你喜欢这类练习且不想放弃它们，练习时要注意不要将杠铃降得太低，以免让韧带和关节过度松弛。实际上，杠铃下降越多，越容易过度拉伸。而过度拉伸会把韧带拉得过长，很容易转变为肩部不稳定。同样地，如果你感觉自己的肩膀在"晃动"，就不要拉伸肩膀或是手臂了，因为肱二头肌和肱三头肌的部分肌腱也是用来稳定肩膀的。

拒绝不恰当旋转

没有人是坚不可摧的，在肌肉训练中需要牢记这一点，因为总是强迫肩部运动，受损是早晚的事。而肩部可以承受多少次重复练习才会感觉疼痛，是因人而异的。

为了避免过量，我们的目标是"节约"使用肩部，限制对肩部完整性最有害的动作，避免那些在肌肉训练中很经典但没有必要的旋转动作。

为了更有针对性锻炼肩膀侧面，哑铃侧举动作是这类旋转里最常见的。我们经常听说，开始做这个动作时，必须让两手抬升至与地面水平。而抬升手臂的过程中，需要将大拇指越来越往下旋转，就像是我们要往瓶里倒水一样。动作结束，下降手臂的过程中，

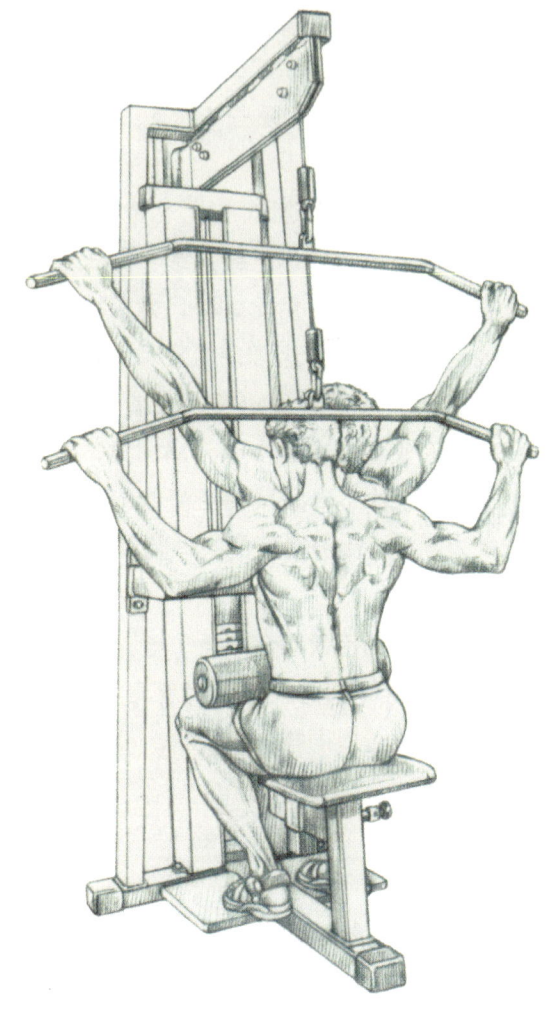

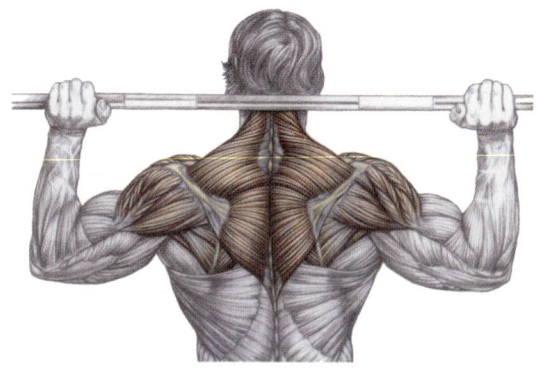

颈后下拉以及颈后推肩很容易让肩部韧带过度松弛。

又向反方向转动。要做到这种变化动作，就要做到以下三点：

1 关节具有良好的稳定性，这样手臂在肩胛骨关节盂上能有很强的推力。

2 尽管动作使得肌肉张力以及关节摩擦力更强，但也要求手臂必须能上抬。

3 这还不够，我们还要求肱骨进行转动。

这三种要求本身似乎不会直接引发疾病，但必须将其放在我们让肩部做的成千上万个动作中来分析这个问题。这看起来好像微不足道，但积少成多，会对肩部造成损伤。如果动作一开始就直接让拇指朝下，我们的肩膀就不会因为腕部转动而受伤。而腕部本身也很容易受到轻微损伤。如果一开始就能摆好手的位置，肩膀后部以及侧面的连接处的动作效率会更高。

肩部训练中的问题

"如果我既不用绳索也不用器械做侧举，我就感觉不到我的肩膀动作，哪怕做单侧动作也没有感觉。"

侧抬臂动作由冈上肌以及三角肌外侧部分发力。如果通过麻醉手段人工阻断控制冈上肌收缩的神经，会让三角肌工作量增加约50%，从而我们可以得出结论，冈上肌接替了三角肌的部分工作。所以说这两块肌肉之间存在竞争关系而并不是协同动作。

近期研究表明冈上肌做功程度因人而异。也有些人是斜方肌上部与三角肌竞争。

所有这些原因解释了为什么有的运动员在侧抬臂时感觉不到肩膀，因此也无法通过此动作锻炼三角肌外侧，因为冈上肌或斜方肌上部做功过多，占据了上风，所以阻碍了肩部发展。

如果通过侧抬臂增加了力量却没有增加肌肉量，很可能是因为你的形体结构不利于募集肩部肌肉。

为了更好锻炼肩膀侧面，建议通过以下方式以让它最大限度地孤立做功：

■ 将滑轮放在膝盖偏上的高度或使用器械。

■ 使用哑铃或滑轮锁住躯干，坐在倾斜度约为 70° 的训练凳上。

■ 用专门的带子解放双手和前臂。这也是我们在手臂相关章节中所说的用来孤立练习肱二头肌的工具（详见第 83 页及其后内容）。

在做单边练习时，看哪种方式感觉更好：

1 想要动作开始时阻力更大，向侧抬臂相反方向倾斜身体，这样手臂能在一开始就获得最大阻力。

2 想要动作开始时阻力更小，向侧抬臂同侧倾斜身体，这样能尽量减小手臂最开始所受阻力。

将滑轮放在膝盖偏上的高度有助于更好对肩膀侧面进行针对性锻炼。

使用弹力带转动肩膀

特点

这些孤立练习主要是针对肩袖肌肉的。除了加强肌肉以外，还可以在训练前以正确的方式让肌肉热起来。

动作描述

▶ 内旋

呈站姿，双手垂于体侧，双手外旋握住一条长但弹力较弱的弹力带，张开双臂拉紧带子。在不放松带子的情况下，转动手腕和肩部，将大拇指朝向从外侧转到内侧。将带子缠绕在小指上，当两个拇指相对时，回到起始位置。

起始姿势，双手拇指朝外。

终止姿势，双手拇指朝内。

▶ 外旋

呈站姿，双手垂于体侧，双手内旋握住弹力带，张开双臂拉紧带子。在不放松带子的情况下，转动手臂，将大拇指朝向从内侧转到外侧。将带子缠绕在大拇指上，当两个小指相对时，回到起始位置。

起始姿势，双手拇指朝内。　　　　　　　　　　终止姿势，双手拇指朝外。

注释

做这两个动作时，可以将带子放在身前或身后，选择感觉更好的方式即可。

关注要点

根据拉伸带子的力量强度调整阻力大小。

在不强迫肩膀的情况下尽可能以最大幅度做动作，进行多次数练习，每组动作必须重复 20~50 次。

尽管很多健美冠军都会进行此项练习，但它远不能满足肩袖和肩部热身需要。

⚠ 注意

对于很多人来说，哑铃绕肩动作训练无效，最坏的情况会导致损伤。弹力带练习能很有针对性地训练旋转肌肉且不会让肌肉受损。

优势

在健身包里随时准备一条弹力带用于热身是很方便的。单用这条弹力带就能完成一些使用自由负荷、器械或滑轮无法完成的练习。

局限性

很难测量弹力带提供的阻力，因此也很难准确再现相同的阻力。

危险性

这个练习其实没什么危险性。反倒是如果没有在每次训练前都好好热身肩袖肌肉，长此以往，这个错误会让我们付出代价。

炮台架推举（Jammer Press）

特点

这个基础练习能锻炼所有肌肉，它是一个针对全身肌肉的练习，特别能锻炼到肩膀前部、胸肌以及肱三头肌。由于它的优势在于能规避三角肌的典型疾病，在这里我们主要将其作为肩推练习使用。

使用特定器械进行单侧炮台架训练

动作描述

站在器械上，一条腿在前另一条腿在后，保持良好稳定性，抓住手柄。以脚尖为支撑，挺直背部，推动器械伸展手臂。除了最后几次反复动作以外，不要完全伸直手臂，持续保持张力。回到起始姿势。

变化动作

越来越多的炮台架与深蹲架融合在一起了。与单一的训练器械相比，炮台架的优势是能够调节手握高度，为调节肩部肌肉和胸肌募集比例提供了许多可能性。器械的手柄位置越高，对肩部肌肉的募集越多。手柄位置越低，对胸肌的募集越多。

如果用单一器械练习，只能通过变化躯干前倾幅度稍稍改变两个部位做功的比例。躯干越向前倾，对肩膀前部的募集越多。躯干越挺直，对胸肌的募集越多。

使用深蹲架和可调节的炮台架训练

如果缺少专门的运动器械，也可以通过以下方式复刻这一动作：

1 使用两个相对的滑轮，手柄位置大概在胸肌高度。

2 单臂或双臂进行 T 杠划船。

3 使用奥林匹克杠铃，其中一端放在地上，靠着墙角或哈克深蹲机。

在所有情况下，都可以两臂一起锻炼或是做单侧训练。

在大多数情况下，都可以站着或坐在训练椅上锻炼。

使用可调节滑轮进行双边炮台架训练。

1 起始姿势　　**2** 终止姿势

T 杠炮台架

优势

该动作可以锻炼三角肌，同时因为不必像肩部基础练习那样完全高抬手臂，所以能最大限度地减少患撞击综合征的风险。

只需要用一个杠铃，就可以用炮台架画出圆形轨迹，如果使用杠铃、哑铃或是一些器械练习肩推，运动轨迹几乎是方形的。相比之下，圆形的轨迹更符合生理学且更不容易造成损伤。

站姿做推肩练习时，比起经典的坐姿动作，身体能更直接地发挥全部力量。

局限性

在推肩时，三角肌孤立运动要差很多。如果在拉伸阶段手臂下降得太低会对肱二头肌长头肌腱造成损伤。

危险性

与推肩练习时一样，背部向后弓起时力量更强，但这会减少三角肌做功并可能妨碍腰部的整体性。

简易版单臂哑铃侧平举

特点

该孤立练习主要针对三角肌中部，最后也会使用到肩膀后部。与经典侧平举相比，该动作减少了患撞击综合征的风险，若使用更大负荷同样能进行力量锻炼。

动作描述

站在倾斜度为 75°~90° 的训练凳前，一只手扣住椅背确保稳定性良好，另一只手以几乎中立的位置（大拇指内旋 20°）握住哑铃。

动作开始时，躯干轻微前倾，尽可能将哑铃抬高。在动作结束时，最大限度地鼓起胸廓，背部轻微向后弓，降下哑铃，重复动作。

提醒事项

肩部越挺直，在侧平举时手臂下降幅度越小。可以微微前倾躯干，让哑铃在身前移动，从而弥补一部分不足。

变化动作

如果没有任何肩部疾病，可以让躯干微微前倾进行爆发式练习，可以使用更大负荷。尽量将手臂向上向后抬。

相反，如果肩部疼痛的话，应避免所有冲刺型的动作，有控制而不是以爆发性的方式抬起负荷。在手臂抬到与地面平行高度之前就停下来。

做侧平举时，小指可以略高于拇指，或是拇指始终高于小指。不要来回转动手臂。

除了使用哑铃，也可以将低滑轮调整到一半高度进行锻炼。可以使用经典练习中的手柄，但如果你很难感觉到肩膀做功，也可以在腕部系带练习（详见第 131 页）。

不管采用哪种变化动作，身体前倾

20°~30°，手始终撑在训练椅上，让拇指朝向地面，这样能在整个动作中更多地锻炼肩膀后部。

注释

　　如果没有训练椅，空着的手可以放在大腿上。虽然这样不如靠着训练椅稳定，但能避免偷懒，进行更严格的锻炼。

　　在大负荷训练时，最好能很好支撑在一个固定点上，从而缓解背部压力并借力放松，同时保持平衡。

起始姿势

终止姿势，肩部内旋小指比拇指略高。

终止姿势，拇指朝上，肩部不内旋。

如果没有训练椅，可以把空着的手放在大腿上。

❶ 起始姿势　　**❷** 终止姿势

关注要点

比起完全按照经典侧平举练习，不如让手臂做圆弧形运动，将手从身前拉伸状态略微后移到收缩状态。而经典侧平举则是尽可能在身体轴线上运动。

对抗撞击综合征

做侧平举时，我们将手臂抬过水平高度，并且转动手腕让拇指朝向地面，这样的动作更容易出现撞击综合征。

当拇指朝下时，肱骨大结节带动冈上肌撞击肩峰。顾名思义，大结节体积较大。这块大骨头大幅度抬升了冈上肌肌腱，在进行经典侧平举时导致肌腱较快受到撞击且撞击强度较猛烈。

在此动作中，比起保持拇指朝下，不如让拇指指向天花板。这时，由肱骨小结节带动冈上肌肌腱撞击肩峰。而顾名思义，小结节的体积较小。在侧平举时，撞击出现得较迟且强度较小。

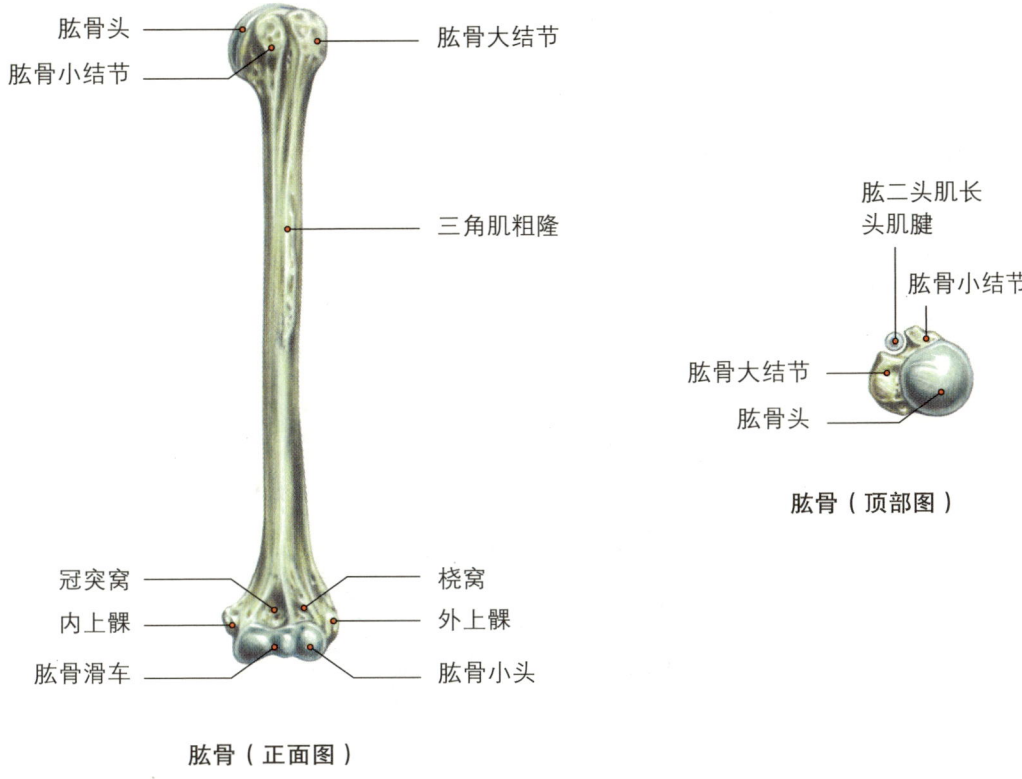

肱骨头
肱骨小结节
肱骨大结节
三角肌粗隆

肱二头肌长头肌腱
肱骨小结节
肱骨大结节
肱骨头

肱骨（顶部图）

冠突窝
桡窝
内上髁
外上髁
肱骨滑车
肱骨小头

肱骨（正面图）

优势

将手撑在训练椅上，特别是当我们为了更有针对性锻炼肩膀中部和前部的连接处而将躯干前倾时，这样做能减轻腰部负担。

局限性

可以两臂同时做此项练习，但很难实践且会破坏动作轨迹，造成撞击综合征。我们

的一大目标应该是避免此症状出现。此外，如果没有支撑且进行大负荷训练，很容易失去平衡。因此，需要进行单臂练习。

危险性

如果把手臂抬得太高，会促使冈上肌撞击肩峰。因此手臂不应该随着躯干前倾。

解决背部肌肉复杂性的问题

　　背部肌肉可能是全身肌肉中最复杂的了。此外，大概在除了小腿之外的所有肌肉群中，背部的形态在视觉观感和功能上都起着非常重要的作用。

　　从美学角度来说，很多人都希望背部在肩膀处是最宽的并且向下延伸很长直到臀部。因此"长背部"很受欢迎。但从解剖学上看，实际情况往往是相反的。

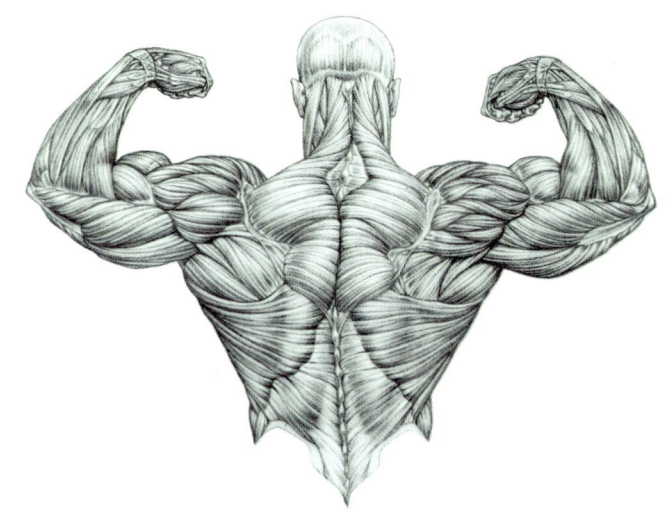

背部肌肉是全身肌肉中练起来最复杂的。

背部肌肉的形体解剖学特点

宽背部vs窄背部

　　在躯干长度相同的情况下，如果背阔肌在肱骨上的附着处在手臂上延伸得很远，背阔肌上部可以很宽阔。相反，如果其在肱骨上不向远处伸展，背阔肌可能就比较窄。这样几毫米的差异带来的不仅仅是视觉上的影响，背部的力量也会受到影响。

　　背阔肌肌腱在肱骨上附着的位置越高，就越难以募集背阔肌。在做引体向上和划船练习时，手臂会弥补背阔肌募集不足。相反，背阔肌肌腱在肱骨上附着的位置越低，就越容易募集背部肌肉，手臂对背部动作干涉就越少。

　　附着点伸得远时能提供更好的杠杆作用，有利于引体向上和划船表现。在硬拉时，力量大小与其说是受附着点位置的影响，不如说是更多受肌肉募集的结构影响。实际上，

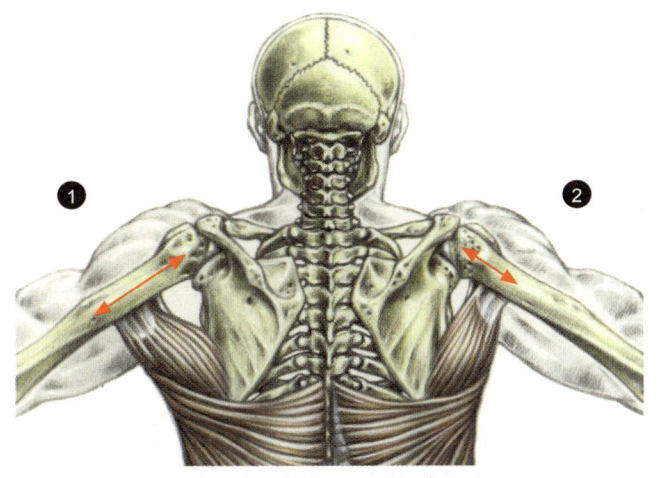

❶ 背阔肌和大圆肌在肱骨附着位置低。
❷ 背阔肌和大圆肌在肱骨附着位置高。

背阔肌在肱骨上延伸的距离越远，做硬拉时就越能感觉到肌肉募集。而如果背阔肌在肱骨上延伸得没有很远，那么在所有上背部肌肉中，主要由斜方肌参与动作，背阔肌就更难介入了。在练习的部分，我们会给出一些有助于弥补做功不平衡的解决方案。

可以预测每个动作中个人背部肌肉的做功情况吗？

如果背阔肌、斜方肌下部或大圆肌力量较弱，自然会想知道最有利于针对性锻炼这些部位的动作是什么。有很多所谓的"科学"研究分析了每个背部动作的效果。但很遗憾没有一个研究考虑到了：

- 前臂长度。
- 内旋或外旋的能力。
- 背阔肌在肱骨上附着的位置。

- 肩胛骨的灵活度。
- 调动背部肌肉时，肩部或手臂占主导的倾向。

这么多的因素一个接一个，会彻底改变每个人背部肌肉募集的结构。这就解释了为什么你看的研究越多，越觉得它们之间似乎相互矛盾。而且一旦拿起杠铃开始锻炼，很难根据那些结论辨别自身情况。所以，最好还是根据自己的感觉而不是所谓"研究"来进行判断。

臂长的影响

手臂很短，由于背部肌肉填充了空间会显得更魁梧，尤其是做背部姿势时。相反，手臂长会让人感觉手臂和躯干之间存在"空洞"，显得背部不够发达。

肩宽的反常影响

如果肩部较窄，会加强背部肌肉发达的印象。在静止状态时，背部宽度几乎等同于三角肌宽度。背部肌肉发展也会更快，因为需要填充的空间更少。

相反，如果肩部较宽，就会让人觉得其背部比三角肌窄。背部就不会显得那么健硕。可能单独看起来背部还算发达，但如果在竞赛等情况下，将一位宽肩部的运动员和一位窄肩部的运动员进行比较，就会奇特地感觉前者的背部似乎显得没那么发达了。

为什么背部肌肉在竞赛中尤为重要？

腹部很长而背部位置较高，穿衣会更加凸显身材的"V"字感，但对于健美比赛来说，这样的效果不是最好的。健美比赛是按照背部的超重情况来评判的，原因很简单，背部是肌肉最后发展的部分。哪怕是专业精英，许多运动员背部肌肉发展也没有出色的业余选手好。背部肌肉的这种现象在所有的身体部位中是最突出的。

由于背部差异显著，裁判更容易据此对运动员进行排名。尤其是要对精英运动员进行评判时，往往很难断定谁的手臂肌肉最健美，因为肱二头肌和肱三头肌的形状可能非常不同。相反，要区分背部就容易得多。一些选手的肌肉要么干度不够，要么体积不够，或者有些选手两者都有所不足。若是如此，选手排名会降得比较低。这样更容易在每次竞赛中选出优胜者。

日常生活中不常使用而难以感知到的肌肉

许多健美冠军都很难发展自己的背部肌肉。哪怕你对竞赛没什么兴趣，这个情况也值得引起注意。背阔肌、大圆肌以及斜方肌下部可能是最难锻炼的肌肉，因为我们天生难以感觉到它们做功，所以也难以增大这些肌肉。

如果在单杠下拉或是划船练习时不能很好感受背部运动，那么不妨试试组合器械。组合器械已经彻底改变了背部训练的方式。它可以让初学者以圆周运动轨迹做收缩运动，从而能更好地让人感受到肌肉募集。那些基础动作运动轨迹都是线性的，而要获得对肌肉的良好感知力，如果做线性动作得花上数个月甚至好几年。

如果用组合器械进行单侧练习，其优势就更明显了。问题是并不是所有人都能有此类器械。好在使用高滑轮和低滑轮复制圆周运动很容易。唯一的问题是减速滑轮可能会很快让大负荷感觉起来变轻，降低运动功效。不过，可以不断增加新的铁片，或者可以在配重片顶端放上一到两个哑铃。不管是哪种情况，都需要确保配件足够稳定，不会在锻炼过程中散开。

背部疾病的特征

背阔肌很少会拉伤，相比来说背阔肌上部肌腱拉伤发生频率更高，发生率最高的是下部附着处拉伤。这些拉伤主要是由过度拉伸或是反复的大负荷练习导致的。但在肌肉训练中最严重的问题还是引体向上造成的间接肩部损伤。

引体向上与冈上肌受损

引体向上要将手上举，对于冈上肌来说是最危险的动作之一（详见第 39 页）。该姿势减小了肩峰下的空间，可能导致冈上肌腱磨损。因为要进行大量引体向上练习，对于体操运动员和攀岩运动员来说这是非常常见的疾病。

不过，引体向上的变化动作就没有这样的危害了。虽然所有的引体向上方式都会增加冈上肌疾病风险，但其中宽握距或以旋后位（小指相对）的握杠方式是最危险的。由此可以推断，中握距旋前位（拇指相对）的握杠方式，造成的损伤是最小的，但这也并不意味着不会造成任何损伤。

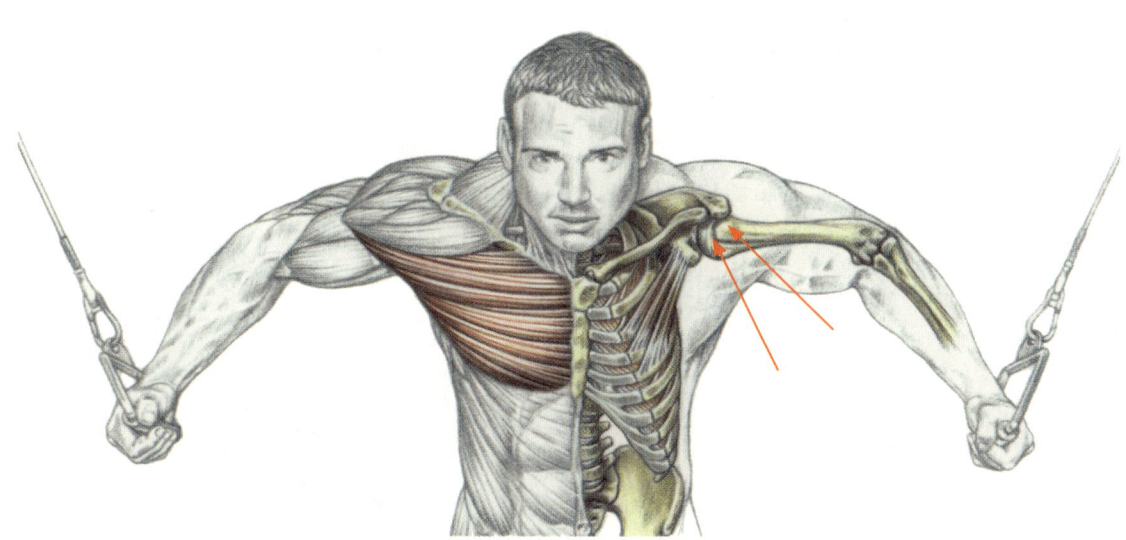

时间一久，手臂悬空的姿势引起肩部疾病的风险很大。

从病理性角度分析划船动作之于下拉动作的优势

比起下拉动作，划船动作导致疾病的风险要小得多。正如我们已经论述过的那样，手臂抬得越高，越容易"损耗"肩膀。反过来说就是：手臂抬得越低，就越能减少对肩膀的损耗。与引体向上不同，划船动作不需要将手臂抬得太高，所以划船动作对于肩部来说就没那么剧烈了。

哪怕你不受肩部疼痛困扰，在两次引体向上练习之间穿插一组完全基于划船动作的练习也是个好主意。这样能让肩关节有更多恢复时间。

尽管划船动作对肩部损伤比较小，但是当我们伸展手臂，特别是以旋前握姿练习时，还是会对肱二头肌造成潜在威胁。对于腰部来说情况正好相反，因为划船动作会压迫，甚至是压垮腰部，而下拉动作能减轻脊柱压力，所以对腰部来说划船动作比下拉动作风险更大。

混合动作的优势

借助滑轮和器械，我们可以将引体向上和下拉动作相结合，从而减少对肩膀的损耗。哪怕是在颈前下拉动作中，如果保持躯干后倾和胸廓鼓起，就能限制冈上肌摩擦。虽然这个姿势能更好保护冈上肌，但会造成肌肉工作中心从背阔肌和大圆肌组合向斜方肌中部和菱形肌组合转移。

颈前下拉动作中，如果保持躯干后倾和胸廓鼓起，就能限制冈上肌摩擦。

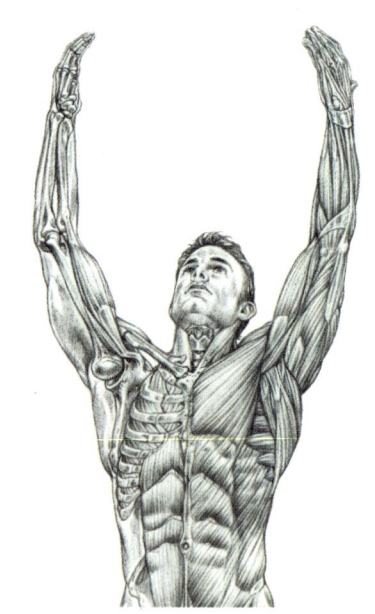

在背部的基础练习中，绝不能完全伸直手臂。该图例展示的是安全范围内手臂的最大伸展幅度。超过这个范围，两块肱二头肌区域可能会撕裂。

双侧运动效果与单侧运动效果

下拉练习中

使用器械或高滑轮进行下拉练习时，需要上举手臂，而单臂练习和同时举起双臂练习的拉伸情况是不同的。在双侧练习中，不管两手分开多远，肩关节都必须用力才能很好拉伸背阔肌，如果背阔肌在肱骨上的附着位置很高就更需如此了。

而进行单侧时，只要练习方式得当，拉伸的危险性要比双侧练习小。

当然我们一再强调，在背部训练时绝不能完全伸直手臂，避免拉伤肱二头肌。当手臂在伸展状态时，要避免从消极阶段到积极阶段动作时速度过快，因为由此产生的突然停顿对不得不承受冲击的肩部韧带来说伤害性很大。最终，肩部韧带可能会变松弛，导致肩部不稳定。

单侧练习时，不必完全伸直手臂，也可以更好拉伸背阔肌。拉伸阶段时，应该将躯干略向锻炼的手臂一侧倾斜并向侧面摆动，而不是让肩部来工作。收缩阶段时，躯干向锻炼的手臂一侧倾斜幅度应该更大，这样能加强收缩。

这样一来，单侧动作幅度更大，也更有成效，且危险性也更低。借助骨盆摆动，不必完全伸直手臂就能够很好拉伸背阔肌。如果背阔肌在肱骨上的附着处位置较高，那么就很难调动这块肌肉。而单侧动作还有一个好处就是能更好弥补由此导致的背阔肌做功不足。

在收缩阶段时，躯干向侧面摆动幅度越大，就越能有针对性地锻炼背阔肌下部，这块区域是特别难练到的。两相对比，也就可

做单侧背部下拉时，向侧面摆动躯干结束动作，能加强收缩。

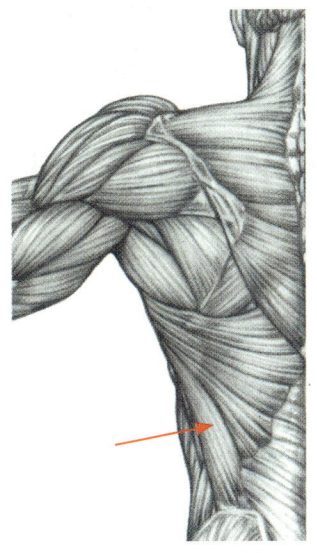

单侧练习中，收缩时因为躯干向侧面倾斜能有针对性地进行特定区域的锻炼。

以理解为什么对于难以锻炼背阔肌下部的人来说，双侧练习效果不好。因为同时锻炼两侧时，躯干是不可能向侧面摆动的。肩部和肱二头肌的拉伸程度既不够，也更危险。

划船动作

在划船动作中也有类似的区别，但程度较轻。做同一类型的划船动作时，单臂练习和双臂同时练习针对的区域还是很不相同的。

在双侧练习时，划船的消极阶段会更强烈地拉伸斜方肌中心区域以及菱形肌，而背阔肌受到的拉伸可能就减少了。而在单侧练习时，就没那么针对背部中心区域进行锻炼了。

如果肩部较窄，特别是肩胛骨灵活度还不高的情况下，建议采用单侧练习，这样可以避免两个肩胛骨彼此太快锁紧。

对肩胛骨灵活度好的人来说，尤其躯干还向收缩的手臂同侧旋转时，单侧练习有利于锻炼背阔肌下部。

在臂部划船运动中，双侧练习能更有针对性地锻炼背部中心区域。

背部训练中的问题

"背部是我脂肪最多的肌肉群。当我要脱水时，这块区域是最后的脂肪堆积处，也是最顽固的。怎么办？"

人体的胖瘦程度与脂肪最多的部分一致。通常，特别是在增重期，我们以腹部的情况作为肌肉干度的判断依据。但对于许多运动员来说，背部或是下背部积累的脂肪比腹部要多。而在增肌或控制饮食的时候，总是要以脂肪最多部位的情况来判断身体进步的情况。如果全身除了如背部以外的地方都很精干，那么有必要牺牲大量的肌肉量来减去这最后一小块顽固的脂肪。如果脂肪更均匀地全身分布，而不是有一块特别容易先累积起脂肪的区域，那么我们控制饮食时牺牲的肌肉会更少。

应该在赛季之外的时间，而不是到脱水的最后阶段再考虑这个问题。除了专门的背部训练以外，我们建议每次训练结束以后，将滑轮放到一半高度做一组面拉，每组重复100次。这样可以避免背部积累太多脂肪。如果脂肪主要堆积在斜方肌下部，在做此动作时需要特别收紧肩胛骨，虽然这样会减少对背阔肌的锻炼。如果脂肪遍布整个背部，那肩胛骨不要收得太紧，这样可以很好锻炼整个背部。如果脂肪主要聚积在腰部、臀部或是腘绳肌上部，那么在每次训练结束以后都要用腰部训练椅做躯干上抬练习，每组重复100次。

与常规看法相反，科学研究表明通过专门训练某块肌肉，有可能减少局部脂肪。但这样减少的脂肪是很少的。重点在于持之以恒，6个月、1年后就能看出区别。并且这种方法不需要特别严格控制饮食，损失的肌肉也更少。

如果肩胛骨灵活性不足，无法后拉肩膀，那么做划船练习时，使用蝴蝶形束背可以帮助你增加收缩的幅度。

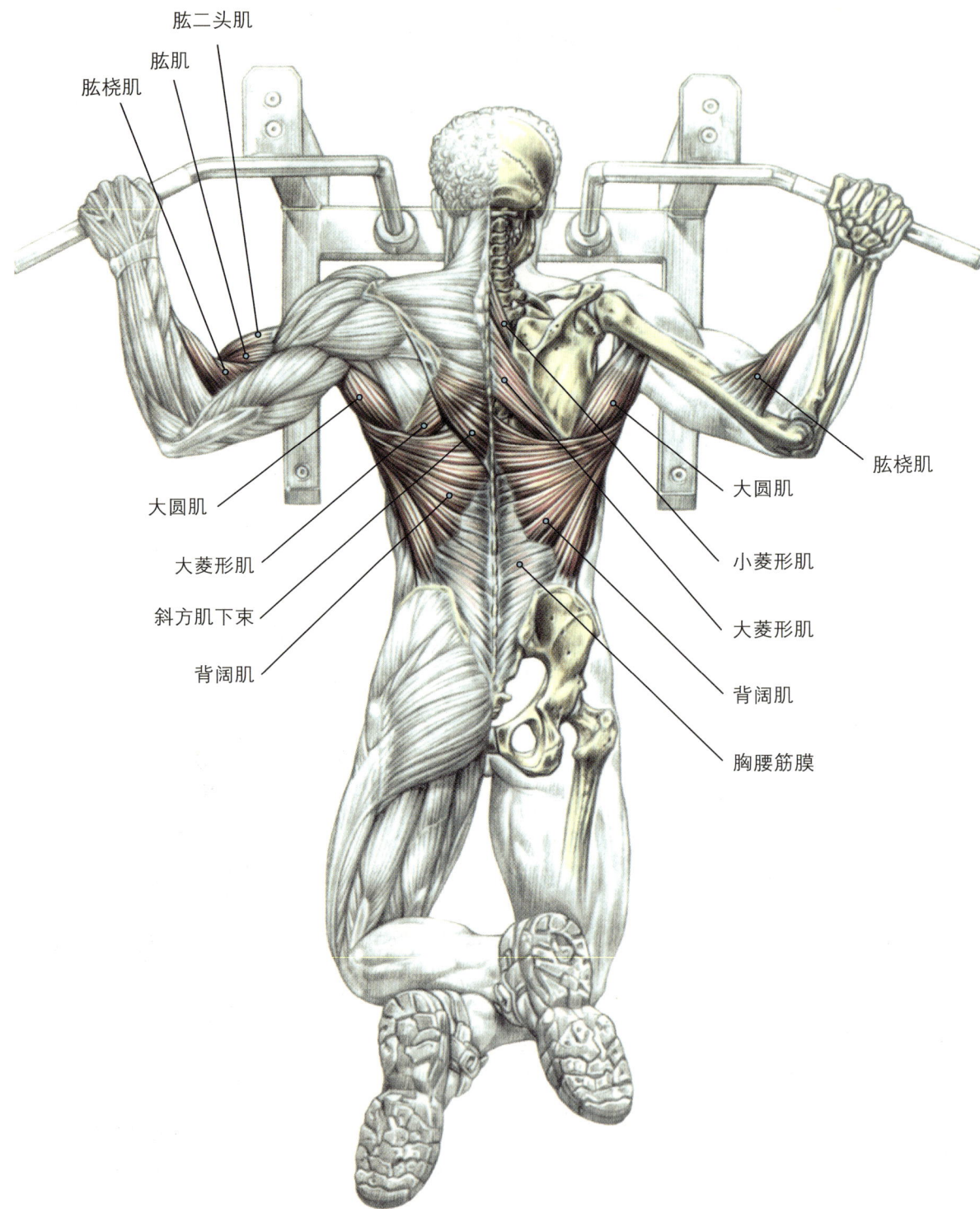

肱二头肌

肱肌

肱桡肌

大圆肌

大菱形肌

斜方肌下束

背阔肌

肱桡肌

大圆肌

小菱形肌

大菱形肌

背阔肌

胸腰筋膜

抓举

特点

这一基础练习能调动全身所有的关节。因此，它可以从多种角度锻炼几乎所有的肌肉。虽然我们把它放在肩部的相关章节，但是也可以用来刻画臀部等部位。

动作描述

抓举组合了三个特别经典的肌肉训练动作：

1 最开始是硬拉动作。两脚间距较小，膝盖朝外，两手以宽握距正手（旋前）握杠。上抬时尽量保持杠铃贴近身体。

2 当杠铃抬至股四头肌中部时，进入第二阶段，也就是狭义上的抓举。大腿和脚尖下压，同时拉伸手臂，躯干后倾以最大程度地加速杠铃上升，将其提到肚脐位置。在此基础上，继续用手臂上拉杠铃，同时下蹲，在蹲下时将手臂举过头顶。

3 在下蹲姿势基础上，做深蹲。杠铃举过头顶站起身。

起始动作　　　　　中间过渡阶段　　　　　伸展双腿

关注要点

动作开始时，可以让手臂最大程度发力，将下背部向后反弓，而不是固定住肩胛骨。这样能尽可能地俯身抓住杠铃。开始动作看似简单，但每节椎间盘受到的压力都会大幅增加。为了锻炼肌肉而不是试图打破记录，最好在动作开始时尽可能收紧肩胛骨，并挺直下背部。

注释

肌肉协调性对串联起抓举的三个组成"阶段"起着关键作用。因此抓举需要特别强的技术。

举重训练对于身体形态的要求是很高的，因为举重实际上是各种不同动作的串联。由于每一阶段都很复杂，适合举重的良好身体形态在人群中是很罕见的。比如，许多举重冠军是弓形腿且较短，能够限制膝盖所受张力且在向上或向下运动时能保持稳定性。这些都不是可以通过训练获得的身体素质。生来要么有要么没有。

如果说弓形腿的帮助很大，相反的情况就起反作用。如果腿是 X 型，即两腿相对（膝外翻），那么由于缺乏稳定性，这个动作就会变得特别危险。导致的结果就是灾难性的摔倒，我们在互联网视频里能看到许多这样的情况。

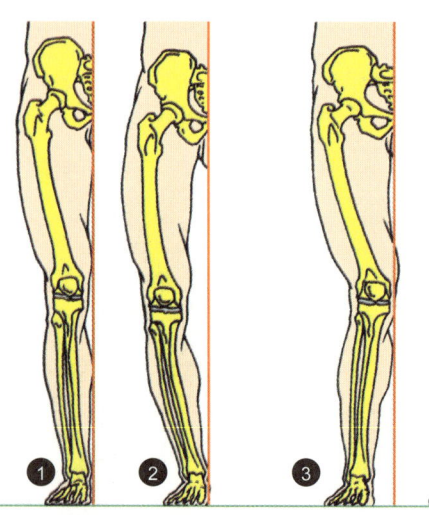

① 相对笔直的腿（膝盖正常）
② 举重运动员典型的弓型腿（膝内翻）
③ X 型腿（膝外翻）导致动作全程都不太稳定

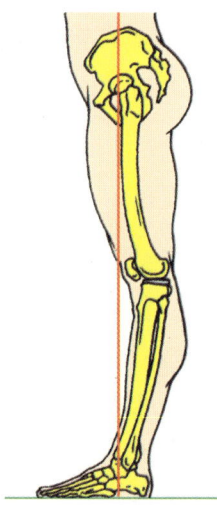

如果膝盖后顶得特别多（膝过伸），站立着将负荷举过头顶的姿势就变得尤为危险。膝过伸的情况常见于女性。

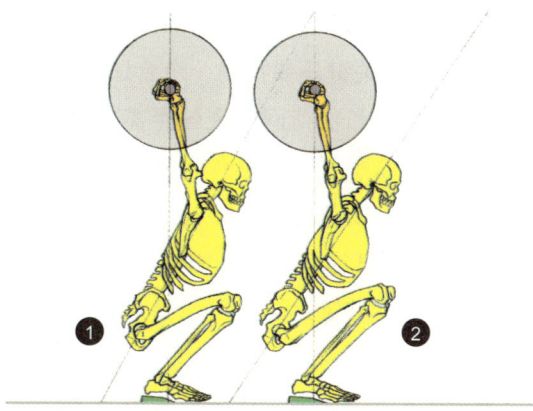 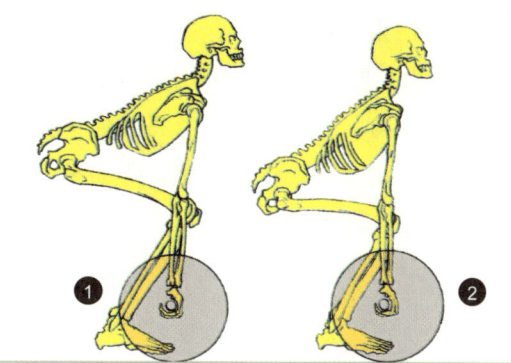

其他形体特征的例子。

1 股骨越短，为了保持身体平衡就越不能采取比较极端的姿势。

2 股骨越长，就越需要将躯干前倾并将手臂向后伸展。这两种姿势对于背部和肩部来说都是很危险的。

1 手臂长能让起始动作做起来更容易，因为髋部下降幅度比手臂短的人要小。

2 相反，在动作上升阶段，推举动作对手臂长的人来说会更困难和危险。

注释： 我们已经论述过髋部与股骨的骨骼结构及其对骨盆稳定性的影响（详见第19页及其后内容），而骨盆稳定性也会影响抓举表现。

变化动作

1 没有人要求你必须完整地练习动作。所以，为了更有针对性地锻炼背部，可以将杠铃举至锁骨位置就结束动作，而不做后续练习。这种变化动作相当于硬拉＋站立划船的爆发力训练，不仅简化了动作，也能更好地锻炼背部。

2 可以把杠铃放在相对更高些的支架保险装置上，而不是放在地上。这样能更有针对性地锻炼背阔肌和斜方肌，从而减少对腰部的使用。

优势

仅用这一个动作，就可以锻炼全身肌肉及其协调性。

局限性

由于抓举练习既复杂又危险，曾一度不被使用，包括在肌肉训练中也是如此。凭借交叉训练，如今抓举练习才再次流行起来。

但需要注意，很多时候流行并不意味着就是合理。低次数大负荷的抓举练习，可以让我们更专注于动作执行的技巧。如果相对减少负荷但重复更多次数，就很难专注于执行情况，也会导致越来越多动作马虎的情况。为了控制风险，一旦肌肉不能将肢体保持在恰当位置就应该停止该组训练。不要等到没办法举起杠铃时才停下来。

危险性

与将手臂举过头顶的动作一样，抓举会让肩部受损。

这个动作技术要求很高，人们似乎总是高估了动作的好处而低估了其自身危险性带来的弊端。并不是说一个动作很流行就可以不考虑合理性了。举重不是随便就能上手的，而需要通过长期的技术学习才能掌握。

背阔肌专项硬拉

特点

该基础练习可以锻炼整个背部，相较于经典杠铃硬拉，它的主要优点在于能更加强化对背阔肌的锻炼。

动作描述

将一个小直杆杠铃或 EZ 杆杠铃固定在一个低滑轮上。双手打开与肩同宽抓住杠铃，然后向后退。关键是要找到一个合适的角度，也就是找到脚和负荷间的最佳距离。如果距离特别远，似乎可以让动作幅度更大，但这样一来在收缩姿势时就不能让手臂贴着躯干了，会大大降低锻炼效率。如果距离特别近，手臂就离得不够远，这样就只是复制了经典硬拉动作。

缓慢将躯干前倾，保持背部挺直，轻微向后弓起。略微弯曲双腿增加下降幅度，随后将手臂靠近躯干，抬起躯干而不是直接竖直上半身。保持收缩的姿势至少 1 秒钟，在放下负荷前尽可能收紧肩胛骨。

关注要点

与经典硬拉不同，在该动作的拉伸阶段手臂在身前伸得很长。抬起躯干时，背阔肌的作用是将手臂靠近躯干。所以，在起始姿势时手臂离躯干越远，就越能锻炼背阔肌。如果背阔肌在肱骨上的附着处伸得不够远，在经典硬拉动作中就很难锻炼这块肌肉。在经典硬拉中，手臂可以略微远离躯干，但比该变化动作幅度要小得多。因此，该变化动作对背阔肌较弱的人来说很有意义。

低滑轮硬拉，能更有针对性锻炼背部肌肉。起始姿势。

结束动作时，尽可能收紧肩胛骨。

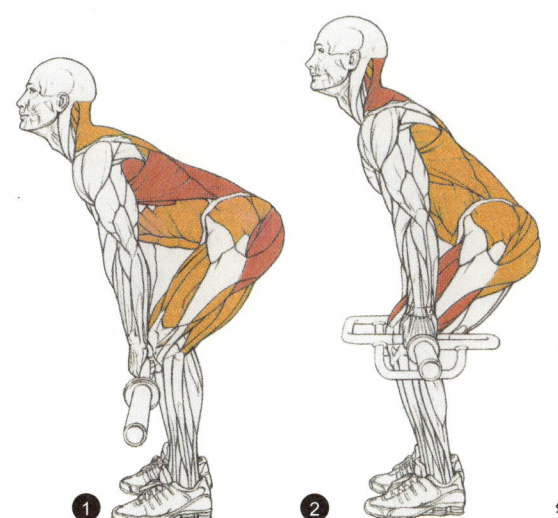

❶ 杠铃在身前越多，就越能锻炼背阔肌。

❷ 相反，杠铃离身体越近，对背阔肌的锻炼就越少。

注释

这个动作的独特之处在于，在拉伸姿势时要尽量将手臂向远伸，而在收缩姿势时要尽量将手臂靠近躯干。这样做的目的在于获得极致的动作幅度，特别是在拉伸阶段的时候。需要保持背阔肌的张力，在感觉到背部张力放松之前就结束下降动作。这时主要是大腿后侧和腰部承担了主要工作。如果在动作下降阶段感觉腘绳肌过度拉伸，那么无需犹豫，可以把腿再多弯一点。

和经典硬拉一样，采用旋前位而不是旋后位握杠。因为旋后位握杠对肱二头肌来说很危险。如果握不太紧可以使用绷带。

和所有新的练习一样，最好在训练结束的时候做这个动作。此时通过其他背部练习，大脑和肌肉的链接达到最佳状态，可以很好感知背阔肌做功。只有对该动作足够熟悉之后，才能把它作为训练开始时让背部预疲劳的练习。

超级组（super-set）

这是进行超级组训练的绝佳动作，因为它并不依赖肱二头肌发力。可以结合经典的背部基础练习，在预疲劳阶段或疲劳后进行。

变化动作

❶ 可以使用腰带深蹲器械（Belt Squat）进行此项练习。

❷ 在超大负荷的训练时，可以用某些带铁片的水平腿举器械的平衡杠代替滑轮。

❸ 如今有越来越多硬拉器械。做练习时需要离器械远一些，使得手臂能比经典动作中更向前伸。

❹ 可以使用杠铃架辅助练习，这样在起始动作时能让杠铃距离脚踝 10 厘米、20 厘米远。若是使用自由杠铃是做不到这一点的。

越向上抬，越需要让背阔肌发力，让手臂靠近躯干。

优势

该练习结合了背部锻炼和肱二头肌锻炼。在锻炼背部时，如果你对肱二头肌感知强烈而对背部肌肉感知较弱，该练习就特别适合你。

局限性

因为负荷会把人向前拽，可能会使人滑倒，所以双脚必须牢牢抓地。需要有一双好的运动鞋且地面不能打滑。

危险性

由于该动作中躯干需要前倾，会对下背部造成压力。因此在做此练习时，要比在其他硬拉练习的变化动作中更加注意不能向前塌腰，要使用腹部核心的力量。

俯卧直腿上摆（Reverse Hyper）

特点

　　该孤立练习只调动髋关节，有针对性锻炼腰部、腘绳肌和臀肌。其特点在于拉伸了腰部并放松了腰部压力。

动作描述

　　用绑带或器械的泡沫轴固定双脚。俯卧在训练椅上，两臂悬空。腰部发力向后抬腿，抬得越高越好。保持收缩的姿势1秒钟，然后再放松两脚让腿尽量前伸。随后重复动作。

俯卧直腿上摆，起始姿势：腿部在身下前伸越多，腰部受到的拉伸越强。

双腿固定在两个海绵滚轴之间。

在终止姿势时，要尽可能保持腿部伸直，才能达到最佳锻炼效果。

关注要点

在拉伸姿势时需要注意将双脚前伸，至少要伸到胸肌位置，如果身体柔韧性特别好甚至可以伸到头的位置。

理论上来说每次都可以用单腿进行俯卧直腿上摆练习，但该动作做双侧练习效果更好。

使用绑带进行俯卧直腿上摆练习。

变化动作

有两种不同的练习俯卧直腿上摆的方式：

❶ 大负荷练习。该变化动作的目的是通过尽可能大的负荷在拉伸阶段来"放松"腰部，尽管这意味着会大幅减少收缩阶段的动作幅度。

❷ 较轻负荷练习。主要目的是增加收缩阶段的运动幅度，使用轻很多的负荷来锻炼腰部和腘绳肌。

在俯卧直腿上摆中有两种固定腿的方式：

ⓐ 绑带：可以使用绑带将脚踝固定在杠杆上，可以给脚部最大的自由度。

ⓑ 泡沫轴：可以用泡沫轴固定脚踝，这样会限制所有脚部的自由活动。

一般来说，如果你喜欢其中一种固定方式就不会喜欢另一种。如果用泡沫轴固定双脚，当躯干伸直，平行于地面时，会给腰部带来冲击。而使用绑带的优势就是可以避免这样的冲击。

注释

没有腰部训练椅也可以做俯卧直腿上摆，但这样的锻炼效果会差一些，因为没有拉动两脚在躯干下前伸的负荷，所以在消极阶段时肌肉只储存了少量的弹力。当要抬腿时就会很困难，因为肌肉在一个比较弱的姿势状态。不过，可以将弹力带固定在身前提供阻力。

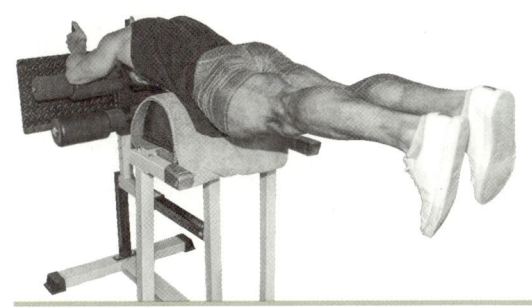

使用腰部训练椅进行俯卧直腿上摆练习。

窍门

有些训练椅可以调整倾斜角度，但很少见。如果你的训练椅是直板的，可以在最靠近杠杆的凳子腿下垫上小铁片或小木板，这样能在动作的下降阶段获得更好的拉伸效果。使用弹力绳再加上负荷，可以将双腿在器械下拉得更远，这样能增加动作幅度以及肌肉拉伸幅度，从而加强运动效果。

提醒事项

当上半身俯卧时腿部悬空，腿部本身的重量就会在训练结束时拉伸背部。如果你的训练目的如此，那器械就不是必须的，只需要采用动作本来的起始姿势即可。在起始姿势时，腰部训练椅也可以用来"放松"背部，使背部悬空与地面垂直。

两种情况下背部和大腿的姿势都是相同的。但在俯卧直腿上摆中，由大腿重量拉伸背部，这样可以避免头部朝下。而使用腰部训练椅练习时，由躯干重量拉伸背部。

优势

俯卧直腿上摆是一种独特的腰部锻炼方式，因为运动的是腿。在经典腰部练习中（硬拉、腰部训练椅躯干上抬等），主要是躯干运动给腰部提供张力，而大腿或多或少是固定的（只伸展膝盖或膝部放松）。

局限性

很少有适合练习俯卧直腿上摆的训练椅，因为使用大部分训练椅时都做不到将两脚伸到胸部，能伸到头部的情况就更少了。

危险性

俯卧直腿上摆的锻炼效果没我们认为的那么神奇。虽然腰部得到了锻炼和加强，但当腿部与躯干在同一轴线上时，该动作对背部来说并非没有任何危险。此外，虽然在拉伸过程中，朝向天花板的椎间盘被放松了，但朝向椅背部分的椎间盘很容易挤压在一起。

德拉威尔式耸肩

特点

该练习更有利于对附着在肩胛骨的斜方肌上部进行孤立锻炼。经典耸肩动作有利于锻炼附着在锁骨的斜方肌上部。

动作描述

站在辅助训练架下，带负荷的杠铃放在肩膀后部高度的支架杠上。将杠铃放在斜方肌上部尽可能最低的位置。斜方肌上部收缩抬起杠铃，使杠铃脱离安全装置。收紧肩胛骨，保持收缩1秒钟，随后放松斜方肌放下杠铃。一旦负荷下降了十几厘米之后，再次收缩斜方肌上部，重复一次动作。一组练习完成后，不要忘了将杠铃放回安全装置上。如果有需要可以用手辅助或大腿发力。

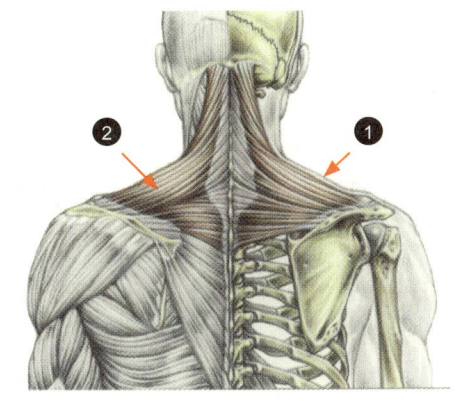

1 经典耸肩动作锻炼的区域。
2 德拉威尔式耸肩动作锻炼的区域。

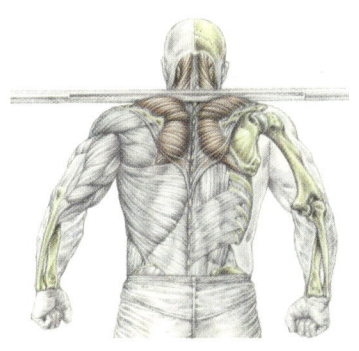

使用辅助训练架进行德拉威尔式耸肩。

起始姿势，尽可能降低肩膀，但要注意别让杠铃滑落。

终止姿势，尽可能抬高斜方肌。

关注要点

将负荷直接放在肩膀上，这样有利于切断从手传递的阻力。通过释放双臂，能提高斜方肌上部的旋转能力。相较于经典耸肩，运动幅度大大增加了。

注释

最好不要单独进行此项练习。比较理想的状态是能有一位伙伴在动作一开始替你解开安全装置，在动作结束后帮你将杠铃放回去。此外，伙伴还能保证杠铃不会从你的斜方肌上滑下去。

变化动作

如果没有指导或辅助训练架，也可以用以下方式进行练习：

■ 使用站立式小腿训练机，肩膀放在海绵支撑垫下。

■ 使用站立式深蹲机。

优势

该动作的推举角度对锁骨的压力比经典耸肩动作要小得多，而后者可能会因为压迫颈部神经系统导致轻微头痛。

能专门加强斜方肌上部的后侧，从而增加其厚度且使三角肌向后鼓起，同时可以让人感觉肩部更宽。

局限

很难单侧练习此动作，一两次或许可以，但并不能长期如此。我们认为双侧练习效果更好，能促使肩胛骨相互靠紧。

危险性

尽管在德拉威尔式耸肩中，无法承受与经典耸肩动作同样大的负荷，但可以使下背部保持压力。特别是如果我们将躯干略微前倾，就能更强烈地针对上斜方肌靠下的部位进行锻炼了。

杠铃应该尽量放在斜方肌下部以免损伤颈椎。

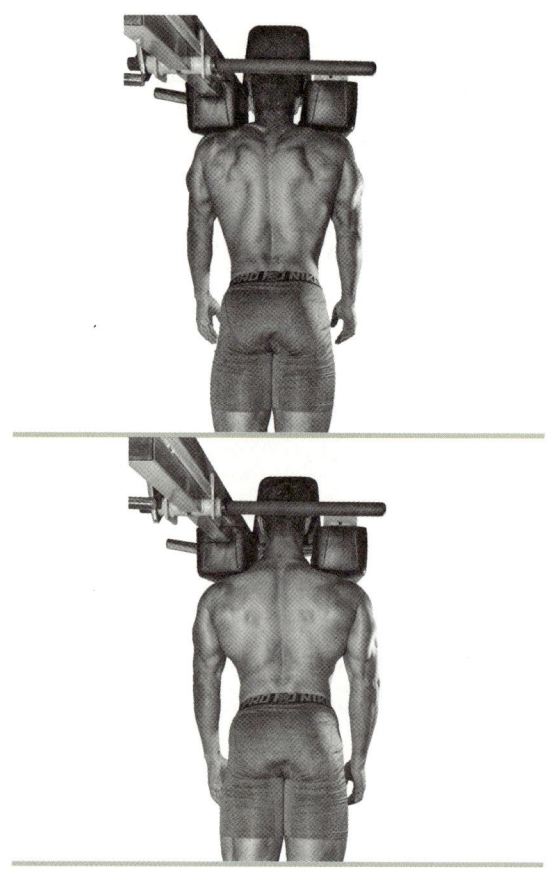

某些锻炼大腿和小腿的器械可以用来练习德拉威尔式耸肩。

针对性训练胸部

如果仔细比较数千名健美冠军，就能发现他们都有着非常不同的肌肉结构。很难找到真正结构相同的两个人。解剖学特征显然会影响肌肉对各动作的反应方式，而胸部的解剖学特征造成的影响尤为显著。

虽然胸肌不算很大的肌群，似乎只是单独一块结构紧凑的肌肉，但胸肌形状和发展情况千差万别。实际上，整块胸肌很难整体均匀增厚。虽然有些运动员可以用一个动作锻炼到几乎整块胸大肌，但这是很少数的情况。对于绝大多数练习者来说，在锻炼胸大肌时运用的区域似乎是随机的。接下来我们会解释为什么会如此，更重要的是如何解决这类问题。

也不要忘了在肌肉训练中特别容易发生胸大肌拉伤，这可能是健身中排名第一的可见损伤，超过了肱二头肌撕裂伤。因此，我们有义务在此解释如何避免这类损伤。

为什么胸肌发展如此不平衡?

许多运动员的胸肌外侧比中部发展得好，或是胸肌下部比上部更发达，这是因为胸肌募集是按区域而不是整体进行的。

如果胸肌整体进行收缩，那么锁骨部发展不会延迟，且胸部内侧和外侧应该一样发达。科学研究表明，同一块肌肉内，纤维是分区域做功的，这明确解释了为什么会出现肌肉发展不平衡的现象。同一块肌肉不同区域的纤维收缩强度不同，尽管这一点听起来很反常，但已有很多科学研究证实了这一点。因为肌肉募集并不均匀，锻炼最多的纤维比锻炼少的纤维更快增厚，所以肌肉不是整体增厚的。

虽然很多"简单"肌肉锻炼中这种现象不很明显，如肱二头肌，但在有棱角的肌肉上这种现象会被放大许多。胸大肌是由许多的多层次肌节组成的，在肌肉运动时每个肌节或多或少都独立反应。以下三方面原因可以解释为什么胸肌发展不平衡：

- 神经
- 肌肉
- 形体

胸肌的解剖学特征

神经支配：外科医生的难题

神经支配并不像看起来那么简单，在许多肌肉中都是如此，对于胸肌来说就更是这样了。从视觉上看，人们只意识到肌肉形状因人而异，殊不知神经支配也是如此，从而进一步导致肌肉募集结构差异。如果你是一位外科医生，你会发现这些特殊之处并非无关紧要的小事。每个人的神经"线路"之间差异很大，但你不会想以此为借口切错神经的。

有两条支配胸部肌肉的神经：

■ 内侧神经，控制胸肌下部的收缩。

■ 外侧神经，要么只控制胸肌上部，要么控制整块胸大肌。

神经的类型各不相同，这导致其控制收缩的能力有所不同。从神经旁生出更细小的神经分支，从而能更好覆盖整个胸部肌肉。

外侧神经只控制胸肌上部还是控制整块胸大肌，胸部训练产生的效果是不同的。次级的神经分支结构也会有所影响。神经控制自身的影响在肌肉发展过程中显现，要不是整体发展（对少部分人来说），要不是某些区域比其他区域更发达（对大部分人来说）。

是否可以专门锻炼胸肌中部？

一些运动员的胸骨几乎无法辨认。这是因为这部分人群的胸大肌两侧靠得特别近，甚至有可能右侧胸大肌触碰到了左侧胸大肌。两侧靠得近有利于伸长肌肉，从而有利于胸大肌发展。对于两侧胸大肌几乎在中心位置相碰的人群来说，胸大肌很少会成为他们的薄弱处。

相反，如果胸大肌各部分在两侧胸骨上的附着点间距较远，会在胸部中间形成一个"洞"。可以通过对胸肌中部的局部锻炼来填补这个洞吗？可以通过增厚肌肉来实现，但肌肉不会伸长。只能按照肌肉本身的长度来训练。

胸肌的附着情况还需要考虑到深层的细分情况。如果你锻炼胸肌中部有困难的话，理解这一概念是特别重要的。

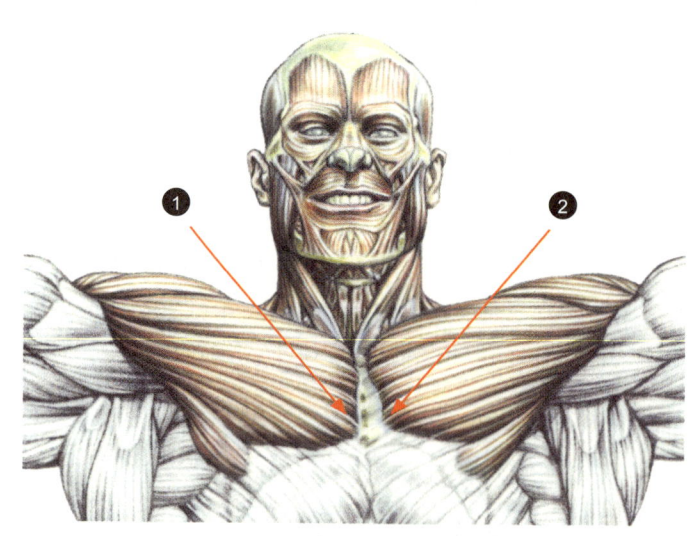

❶ 胸大肌很好覆盖着胸骨。　❷ 胸大肌在胸骨上附着的位置比较远，造成空洞。这种结构不是疾病导致。

哪怕胸大肌浅层肌束看起来一直延伸到胸骨，也可能有一些深层肌束完全没有到达胸骨。这些深层肌束更多附着在肋骨上而不是胸骨上。深层和浅层肌束的总量以及其附着的结构情况决定了胸肌中部的形状。长短不一的各层肌肉相叠，导致动作更多或更少地针对胸肌中部，从而对其增厚情况产生影响。

可以把交叠的肌肉层看作田径运动场上的各条跑道。想象一下在不能换跑道的情况下在这里赛跑。在同样的跑步速度下，位于中间跑道的运动员在绕圈跑时有很大的优势，能比其他在外侧跑道的运动员更快跑完一圈。外侧跑道的运动员需要跑得距离更远，跑完一圈需要更长时间。

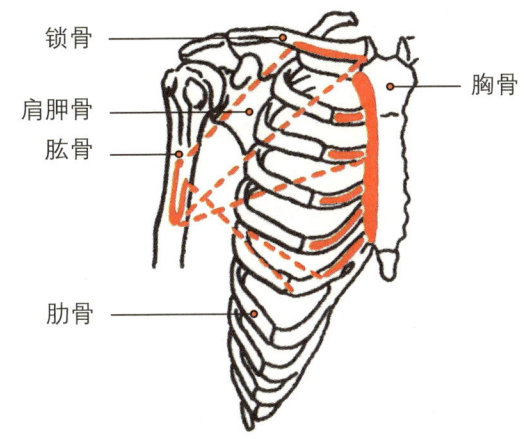

胸肌内侧不仅附着在胸骨上，也附着在肋骨上（红色区域对应不同的附着点）。

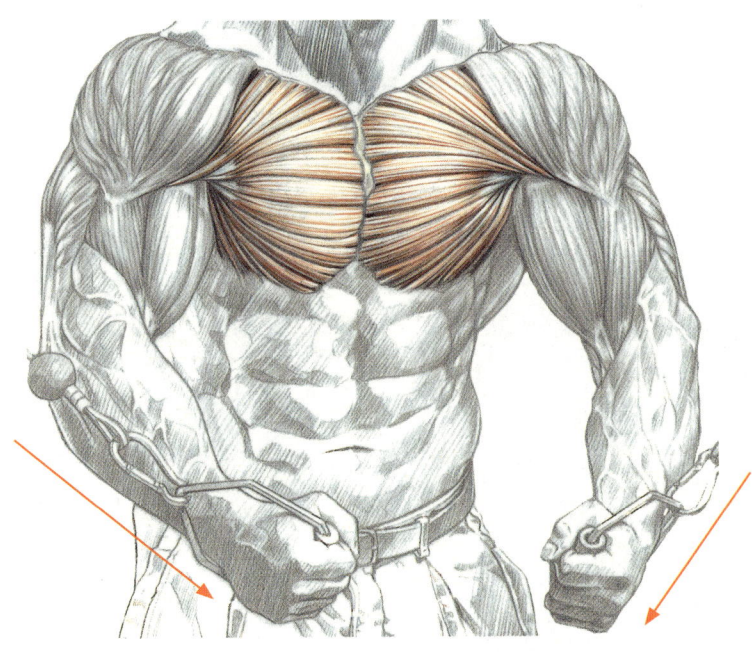

比起浅层肌束，附着在肋骨上的胸大肌深层肌束要最大限度地缩短，所需的动作幅度更小。而附着在胸骨上的胸大肌浅层肌束要最大限度地缩短，需要双手交叉才行。

对于胸大肌深层肌束也是如此，要完全收缩所需的动作幅度比浅层肌束小。而浅层肌束想完全收缩所需的动作幅度更大。举例来说，在卧推动作中，如果深层肌束完成收缩，浅层肌束才完成了一半收缩。还需要多多收紧双手，如窄握距握推，或使用聚合式器械或哑铃做推举才能完成胸大肌浅层肌束收缩。虽然这个例子有些夸张，但有利于巩固对上述观点的印象。

结论： 在锻炼胸部时，双手收得越紧，确实就越能锻炼胸肌中部。

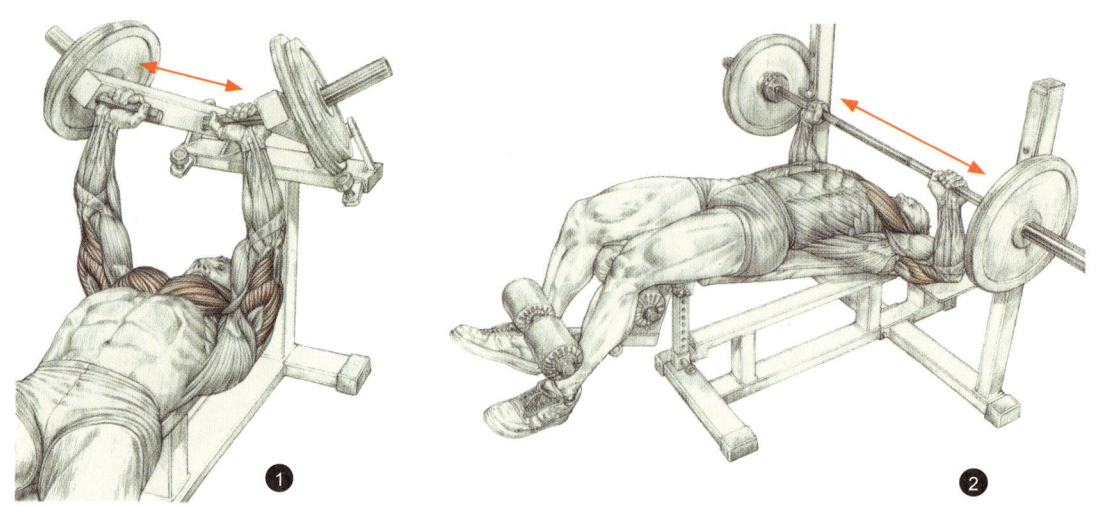

比起杠铃推举❷，使用聚合式器械❶练习有利于在收缩时更好收紧双手，从而能更好锻炼胸肌中部。

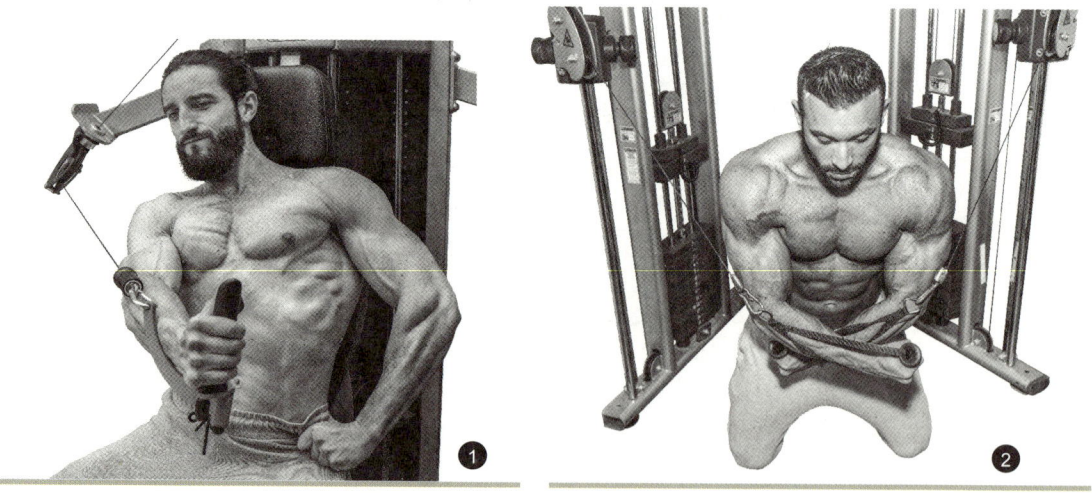

与拉伸阶段相反，在收缩阶段时，不管是做单侧练习❶还是双侧练习❷，都需要在身前交叉双臂，从而做到尽可能以最大幅度收缩胸肌。

优质训练器材的特点

辅助胸肌训练还是自由负荷练习：哪种方式更能增肌

有一群加利福尼亚的医生曾比较过用自由杠铃做握推与使用辅助训练架做同样动作时肌肉的激活情况。总体来说，与使用辅助训练架练习相比，使用杠铃锻炼时对肌肉的激活效果更强。不过，胸部锻炼效果相差不大。而锻炼效果差异主要体现在肩部，尤其是肩膀外侧。肩膀前部的锻炼情况也有所不同。

若一位运动员想尽可能减少在健身房锻炼的时间，建议专注做杠铃握推。但对一名健美运动员来说，如果胸肌是其薄弱项，且推肩练习似乎已经做得太多了，特别是运动员还想主要追求肌肉的局部发力而不是分散发力的话，答案就略有不同了。对于健美人士来说，并不需要一丝不苟地遵循"使用自由负荷锻炼的肌肉比器械训练要多"的理念来练习。

窄训练椅比宽训练椅更好吗？

进行胸部训练时，关于训练椅最佳宽度的问题存在争议：

■ 使用窄训练椅更好？因为可以更好拉伸胸部，从而增加动作幅度？

■ 还是使用宽训练椅更好？因为可以减小动作幅度？

从商业的角度来说，窄训练椅的支持者更占上风：

卧推训练椅和器械的椅背都特别窄。平均宽 25~35 cm。我们也许会问为什么会这样。训练椅，特别是训练器械上的训练椅应该是每个人都能使用的，尤其需要考虑到女性群体。其次，从美学角度和制造成本考虑，作为标准且唯一的尺寸，窄椅背肯定更具优势。

不必多说，上述这些都算不上什么好原因。确实，特别是在哑铃训练时，使用窄训练椅可以让手肘降得更低。这样能更好进行预拉伸，从而在抬起负荷准备做下一次重复动作时能更好感受到肌肉收缩。但有利也有

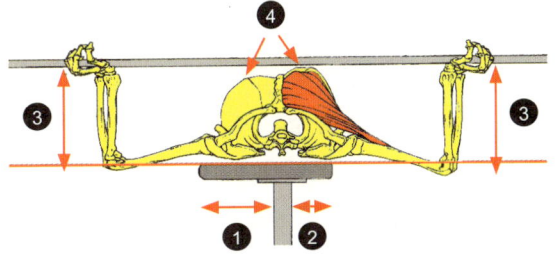

❶ 宽训练椅可以很好保护肩部。

❷ 窄训练椅对肩部的固定作用要小些，更大的活动自由度可能会引发疾病。

❸ 在推胸练习（包括地板卧推练习）时，前臂长度决定了运动幅度。图中左侧前臂短，减小了运动幅度。右侧前臂长，增加了动作拉伸阶段的动作幅度，但同时也增加了受伤风险。

❹ 在推胸练习（但不包括地板卧推练习）时，胸廓大小会影响运动幅度。图中左侧较小的胸廓使得杠铃不得不下降得更低。右侧宽大的胸廓减小了动作幅度，更有利于使用大负荷锻炼，同时将受伤风险尽可能降低。

弊，有效的预拉伸和会导致胸大肌附着处出现轻微肌腱拉伤的预拉伸之间的区别很小。越是进行大负荷练习，越是会缩小这一差距，这也解释了为什么在一定强度下训练时，会普遍存在胸大肌拉伤的现象。

另外，训练椅越窄，椅背稳定肩胛骨和肱骨的作用越小，使用窄椅背做大负荷练习时对肩部损伤也更大。

仰卧推举的再度流行

由于商业原因训练椅通常较窄，运动员采取了相应对策。肩部越宽，由于肩部支撑不足，使用窄训练椅练习就越危险。

为了防止出现胸大肌拉伤以及肩部病痛，地板卧推（FloorPress）再度流行起来。在没有训练椅之前，卧推练习都是躺在地上做的。尽管这样不是很舒服，但地板可以完美地支撑肩胛骨并稳定肩部，有利于预防病痛。

此外，由于肘部可以很快触地，动作幅度大大减小，这能将胸大肌拉伤的风险降到最低。但值得注意的是，在地板卧推中，动作减小的幅度取决于前臂长度。那些特别优秀的"训练椅使用者"一般前臂较短，这样他们的运动幅度就比较小。对他们来说，做地板卧推时只会减少几厘米的动作幅度。但前臂长的运动员动作幅度最多可以减少一半。但地板卧推的动作幅度也是可以调整的：可以将几块健身垫叠在一起然后躺在上面练习（详见第126页及其后内容）。

锁骨宽大的运动员会发现，在此动作中

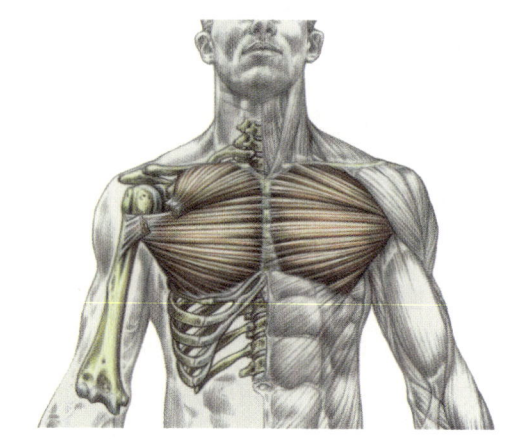

造成典型胸大肌拉伤的原因只有一个：为了过度拉伸肌肉，手臂降低得太多了。

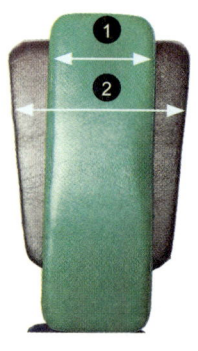

❶ 经典训练椅的宽度。
❷ 为了符合大部分人需要而逐渐加宽的宽训练椅。

由于肩胛骨稳定性有所加强，他们能更好感觉到胸肌运动，从而减少对肩部的使用。实际上，肩部越宽，在胸部训练时就越难稳定肩胛骨。肩部会向前晃动而不是很好地靠在后面，从而接替了胸部肌肉的一部分工作。因此，肩部越宽，在胸部训练时会更多使用到肩部而减少对胸部的锻炼。

相反，肩部较窄的运动员想保持两侧肩胛骨相贴，遇到的困难要小些。肩部能很好地靠在后面，在做推举动作时胸肌得到锻炼，且肩膀前部不会不合时宜地干预运动。窄训练椅就很适合这类人群。

窄训练椅不适合肩部宽大的运动员，因为这样不仅会减少对胸部的锻炼，还会增加肩部、肱二头肌以及胸肌受伤的风险。有些器械品牌会出售超宽的训练椅，但并不常见。要将窄训练椅加宽到舒适的程度，需要在上面垫上三五个健身垫，这样训练椅每边大概可以增宽5厘米，合起来有10厘米左右。

使用训练矫正带（Bowtie）优化胸部做功

肩部越宽，就越难保持肩胛骨相贴，因而三角肌难以很好向后拉伸。但在胸部运动中如果想要完美地锻炼胸肌，这是一个先决条件。胸廓越塌，肩胛骨分得越开，在动作中就越多使用肩部而不是胸部做推举。经验表明，哪怕固定肩胛骨的肌肉特别发达，也无法约束太过灵活的肩胛骨。因此，做推举动作时有必要通过其他方法来更有针对性地锻炼胸部。

肩部训练矫正带是一种灵活的起固定作用的护套，有助于保持肩部向后。换句话说，它可以部分弥补肩部宽大的运动员在形体上的不足。

在练习时佩戴这类训练矫正带更有利于定位运动部分，从而能增加对胸肌的锻炼。

然而，由于它同时抑制了肩部的自然旋转，可能会增加患撞击综合征的风险。这也是为什么佩戴矫正带的训练和不佩戴矫正带的训练要交替进行的一个原因。

每组练习后进行拉伸时，血流限制比较微弱且是间歇性的。在锻炼时保持尽可能长的血流限制时间，效果会更显著。如在受伤的情况下，要想减轻负荷重量，这是很有用的办法。

如果没有训练矫正带，可以使用最宽的举重绑带或是护膝带。参照训练矫正带的样子以8字型收紧绑带。如果用一条绑带不足以向后固定肩膀，就再绑一条。

如果一根训练矫正带不够，可以再加一根。

力量腰带对胸肌的影响

　　在如深蹲或硬拉等腰部训练中，使用力量腰带可以减轻动作对腰椎造成的压力。由此人们可能推断说力量腰带对除了如上斜动作以外的胸部训练用处不大。

　　但这其实是对力量腰带好处的一种有些错误的认知。通过稳定躯干，腰带能间接地让胸廓更"硬挺"，从而能够略微增加对胸肌的锻炼。哪怕这样做的帮助不是很巨大，但为什么要舍弃尝试的机会呢？从长远来看，这些微小的好处积累起来能创造不同。这也是为什么我们推荐使用腰带进行胸部训练的原因。

胸肌训练：该坐着练还是躺着练？

　　头朝下而不是朝上时进行体育活动，不管是手臂还是腿部的力量都会减少35%~48%。这是因为肌肉收到神经信号的效果会因为姿势不同而有所变化。

　　虽然躺着运动时情况没有那么极端，但也可以理解为什么有的运动员一旦躺着进行训练，就觉得自己没有发挥全部力量。但这也是卧推的典型姿势。

　　尽管躺姿并不会限制一些人发挥全部肌肉力量，但有些人的力量确实会被削弱。能以坐姿进行锻炼的器械很受后者欢迎。在胸部练习中，坐姿推举也比躺姿更容易获得力量。

　　躺姿会减小胸廓体积，改善呼吸能力。坐在训练器械上或躺在训练椅上时，试着以最大限度做深呼吸，你会发现躺着做比坐着做要更困难。躺姿带来的阻碍也解释了为什么对于部分运动员来说，以躺姿进行胸部训练是最难的，比坐姿训练要难。如果肩胛骨难以相贴，建议坐在器械上锻炼胸肌，而不是使用训练椅或是模拟卧推的需要以躺姿使用的器械。在坐姿状态时，受到重力影响，手臂和肩胛骨被向下拉动，而不是被拉向两侧。因此比起躺姿状态，在坐姿状态下更容易找准位置。

　　这样就能理解为什么研究表明，比起使用躺姿器械，使用坐姿器械进行杠铃或哑铃练习能更好地帮助我们有针对性地锻炼胸大肌。从另一方面来说，比起杠铃或器械训练，哑铃训练能更好地锻炼肩膀前部。这是器械锻炼的一大优势，至少对部分人来说是这样。

为什么在一组练习中会觉得负荷越来越重？

比如在卧推练习中，第一次做动作时可能会觉得负荷好像比较轻，往后就会觉得负荷变重了，最后一次动作时可能会觉得负荷有千斤重。但实际上从第一次动作到最后一次动作，负荷重量始终没变。是对负荷的感知发生了变化，你的大脑欺骗了你吗？

肌肉越感到疲劳，越需要由韧带承受负荷，这里具体指肩部和肘部韧带。而韧带含有机械感受器，能不断测量其受到的张力。韧带承受的压力越大，机械感受器就会向大脑发出负荷越来越重的信号。这个信号并非误导，如果从韧带的角度分析，在练习过程中负荷确实变重了。

使用器械单侧锻炼胸肌

从初次训练开始，一些人就能强烈感受到胸肌的动作情况。但很遗憾只有少部分运动员是如此。胸肌上部可能是最难感知的肌肉区域。要克服由于神经原因导致的肌肉做功困难，最好的方法是进行单侧练习（一次锻炼一侧手臂）。

相较于同时关注两侧手臂，大脑能更好地关注单侧手臂。在双侧练习时，大脑的任务更加分散，因此也就更困难。这有点像试着同时用两只手写字，对大脑来说这比用一只手写字难得多。如果不要求左右手同时写字，哪怕不是左撇子也可以用左手单手写字。

如果要完成的任务很难，大脑就需要将全部精力集中在上面，尽最大可能避免出现分神的情况。在肌肉收缩时也是如此，一次只锻炼一侧手臂能改善锻炼效果。

此外，单侧练习有利于肩胛骨稳定，从而优化肩部位置调整，还能增加对胸大肌的锻炼，减少肩膀前部做功。对于感觉自己肩部锻炼过多而胸部锻炼不足的运动员来说，这是很有效的锻炼技巧。

如果没有器械或滑轮，很难单侧锻炼胸部。不过可以使用哑铃代替。秘诀在于需要从轻负荷锻炼开始。如果做地板卧推就更简单了（详见第 126 页及其后内容）。

这样做的目的是让自己习惯保持身体稳定，因为进行单手推举时，很容易失去平衡。如果稳定性不足，很容易感觉没办法做该练习，因此不应该一开始就用大负荷。

缓慢进步

如果以双侧训练为主锻炼了 5 年甚至 10 年时间，立刻换成单侧训练的话可能会感觉很奇怪。甚至运动表现可能会下降，感觉做了不少无用功。如果你花了很多年时间让肌肉和神经系统习惯了双侧同时训练，那就需要一些时间来适应单侧训练。

不要认为单侧训练表现能与双侧训练表现相当，至少一开始不可能。这也是为什么需要逐步接触单侧训练。一开始使用轻负荷练习，训练结束时就自然而然地掌握了技巧，学会怎么摆两脚和空着的手来达到完美的稳定状态。一旦掌握了这一技巧，就可以增加负荷重量了。

单侧训练有利于更集中地感受之前难以感知的肌肉募集。一旦建立起大脑与肌肉的连接，就会发现单侧训练能更好感知肌肉，同时还能使用更大负荷练习。

偏心训练提高单侧运动效率

在双侧训练时，应该保持躯干在器械正中间，这样两侧肩膀才能以同样的方式在靠背两侧活动。但这不一定就是好事。当然这样动作幅度能比较大，特别是在拉伸阶段。但正如我们已经解释过的那样，拉伸到最大幅度是比较危险的，不利于保护胸大肌肌腱和肱二头肌长头肌腱，也不利于维护肩部的整体性。

而做单侧训练时最好：

❶锻炼右侧时重心向训练椅左侧移动，锻炼左侧时重心向训练椅右侧移动。在这样的姿势下，肩胛骨能得到完美的支撑。最开始，这样限制了动作自由度，可能会感觉不太舒服，甚至起不到锻炼效果，但对于有经验的运动员来说，如果肩部宽大，这种锻炼

要想完全发挥单侧训练的优势（❷和❸），身体姿势不能与双侧训练（❶）一样。

方式会越来越有好处。

2 向锻炼的手臂一侧轻微旋转身体。这样，在锻炼右侧时膝盖向右转30°甚至45°，而不是朝着正前方。如果使用的是非复合式的旧款训练器材，就更有必要这样做了。通过单侧练习，且躯干姿势更加合理，可以将直线运动轨迹的旧器械变成聚合式器械，从而能更有针对性训练胸肌中部。使用聚合式器械时也可以运用该技巧，特别是如果发现收缩时器械没办法把手臂带到足够中间位置时，这样做能加强聚合式训练效果。

重温一下，使用聚合式推举器械的训练效率取决于动作的幅度，尤其是收缩时的幅度。使用聚合式器械时，向前推的同时将手拉回中心位置，而不是像使用老式器械那样直接前推。这样能增加大概三分之一的收缩幅度。这样能更加高强度地锻炼胸大肌（由于在经典推举中，手在身前收得不够紧，因此该区域很难锻炼）。

右手臂练习推举时，躯干向右转，这样不光由器械，躯干本身也能带来聚合效果。拉伸给肌腱带来的风险也较小，并且因为手臂更朝向中心，收缩效果更好。

这样会对背部造成损伤吗？并不会，因为一开始使用的负荷较轻，并且脊柱不会因为身体略微转向一侧就扭曲。其实并不只是旋转躯干而腿部保持垂直，而是以同样的方式转动躯干和腿。

只有使用器械才能从这样偏移的姿势中受益。

胸肌上部孤立耸肩（甘地式耸肩）

特点

以一种新颖的发力角度做胸肌上部孤立训练。在镜子前练习耸肩，会发现胸肌上部往往会收缩。而该孤立练习的深层理念就是在减少锻炼斜方肌的同时增加胸肌募集。

动作描述

建议使用躺姿卧推器械练习，或使用上斜或坐姿的胸肌训练器械练习。站在训练器械手柄前，俯身抓住一个手柄。保持手臂伸展的同时直起身体。让负荷将手臂往下拉。要想找到正确的运动轨迹，选择最能拉伸胸肌上部的轨迹。胸肌上部拉伸得越多，恢复时收缩得就越多。

胸肌上部薄弱的人最大的问题是练习时这块肌肉没有得到很好拉伸，因此也限制了它在收缩阶段的肌肉募集。为了提升拉伸效果，需要离器械更远或略微向侧面移动或将身体向后仰。

当手臂不再能下降时，只使用胸肌上部的力量抬起负荷。同时将三角肌拉回中心位置，就像是要让肩膀绕着胸骨并靠近胸骨一样，而不单单是抬起手。运动幅度只有十多厘米，达到收缩状态后保持几秒钟姿势再放下负荷。

使用坐姿胸肌训练器练习的起始姿势。

达到收缩状态后维持姿势 1~2 秒钟。

关注要点

这是一个很难掌握的练习。在我们看来有必要单侧训练，这样才能最大限度地将注意力放在锻炼的肌肉上。此外，在收缩状态时可以用空着的手摩擦胸肌，促进大脑和肌肉间产生连接。如果第一次尝试失败了并不意味着就该放弃。随着时间推移，你会感觉到对胸肌募集越来越多，斜方肌募集越来越少。

注释

学习该动作的一个目的是让神经系统更敏感，从而能更好的让胸肌上部募集。如果最开始练习时，特别是并不能很好感觉到肌肉的时候，最好能做每组 20 次或 30 次的大组数训练，让肌肉产生灼烧感，而不是依靠刚建立起的神经反馈来更好感觉肌肉募集。

变化动作

1 如果没有训练器械，可以用弹力带来练习。可以把带子固定在地上、身前或身侧，用来调整胸肌锻炼的幅度。使用弹力带练习的好处是，手腕转动起来更不受约束。要做到这一点，需要将拇指从拉伸状态的旋后位转到最后收缩时指向大腿。这需要在收缩过程中将手旋转 180°。

2 如果锻炼时感觉不到阻力，可以在手臂下垂的状态下这样不负重转手，从而自主给胸肌上部一个较强的收缩。

使用弹力带练习甘地式耸肩的起始姿势和终止姿势：手臂旋转幅度越大，胸肌上部收缩幅度越大。

学习甘地式耸肩时不负重练习，起始姿势。

终止姿势，保持几秒收缩。

优势

这是唯一一个能完美地孤立训练胸大肌锁骨部的动作，去除了肱三头肌，特别是肩膀前部的所有干扰。

局限性

几乎不可能使用自由负荷复制这一练习。哪怕是用低滑轮练习也不够理想，因为不能完全符合胸肌上部的轨迹。

危险性

如果将躯干向后倾，要注意保护腰椎，不要弓起下背部。

地板卧推

特点

该基础练习与卧推锻炼的肌肉是相同的，但对胸部和肩部的拉伸较小。相对地，该动作加强了对肱三头肌的锻炼。由于该动作帮助举重选手解决了卧推训练造成的一些问题，如今再次流行起来。

动作描述

在哈克深蹲机的同一块地面上铺健身垫，躺在垫子上。将杠铃从支架上取下来，像做卧推时那样降低杠铃，直到肘部触碰地面。伸展手臂推举杠铃，随后重复动作。

关注要点

因为减小了动作幅度，所以能够承受的负荷重量一下增多了。如果以该练习开始训练，不要像经典卧推练习那样推举得太快。初次练习时，因为地板卧推比较简单，可以利用这一点增加重复次数让身体适应它。第二次训练时再增加负荷重量。

注释

不要混淆地板卧推和半程卧推。虽然可能动作幅度是一样的，但地板卧推能保护整个肩胛骨，而使用卧推训练椅无法做到这一点，因为训练椅通常太窄了。

变化动作

1 辅助训练架很适合用来练习地板卧推。但很遗憾，因为有些型号的器械脚太高了，所以没办法将杠铃降得足够低。

2 可以弯曲膝盖抬高臀部，让身体与地

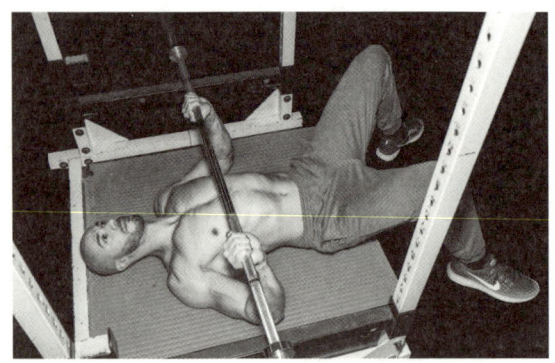

使用哈克深蹲机和自由杠铃做地板卧推的起始姿势。

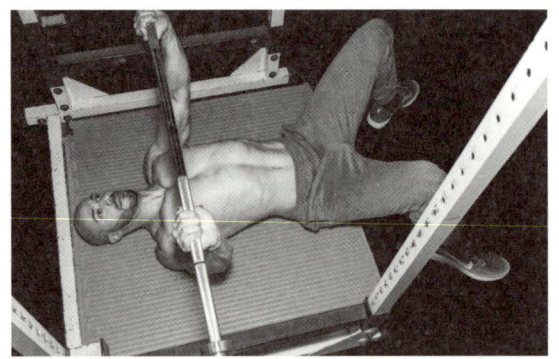

在终止姿势时，至少保持胸肌收缩状态1秒钟。

面形成一个下斜的三角形。虽然这样的下斜姿势好像对下背部有危险，但只要将压力分配到上背部和肩部而不是脚部就不会有危险。但不管怎样还是要用腰带。如果你觉得用腰带勒得难受，就不要练习此变化动作。

相较于经典下斜卧推，地面下斜卧推，特别是使用辅助训练架练习的好处是能更好保护肩部，且比起躺在类似雪橇车的下斜训练椅上，姿势更加稳定。

3使用哑铃练习地板卧推而不是使用杠铃练习的情况越来越多。该变化动作能在保持稳定性的同时给单侧训练提供可能。

使用辅助训练架练习地面下斜卧推的起始姿势。虽然我们的模特没有戴腰带，但我们建议要戴腰带训练。

使用哑铃做单侧地面卧推的起始姿势。

在终止姿势时，尽量将哑铃举到中间从而最大限度收缩所有胸大肌纤维。

如果采用窄握距做地板卧推，就转变为强化动作，能在卧推中进行"锁定"（lock-out）练习，增加肱二头肌做功。

优势

地板卧推为肩胛骨提供更好的稳定性，如果你肩部宽大，做这个练习就特别有益，动作幅度减小，也能降低肩部受伤和胸肌撕裂的风险。

局限性

地板卧推的动作幅度取决于前臂的长度，可能不是很合理。可以在背部下面垫上几层健身垫，可以增加一点高度。这样，肘部要触碰地面需要下降的距离更多，能额外增加几厘米的运动幅度。没办法以上斜姿势做地板卧推。

危险性

必须控制降低负荷的速度，以避免负重手肘猛烈地撞到地面上受伤，通过承受更大负荷，减少了一些胸部和肩部受伤的风险，那么为了保护腕部，建议佩戴护腕。腕部压力并不取决于动作幅度，而取决于杠铃的重量。

让肱二头肌、肱三头肌和前臂更坚韧

由于疾病的问题，训练的年限越长，在训练手臂时就会面临越多障碍。在肌肉训练中用到手臂的情况特别多。但从解剖学来看，手臂有结构性弱点，因而能力有限，没办法一直增加锻炼它们所用的负荷重量。

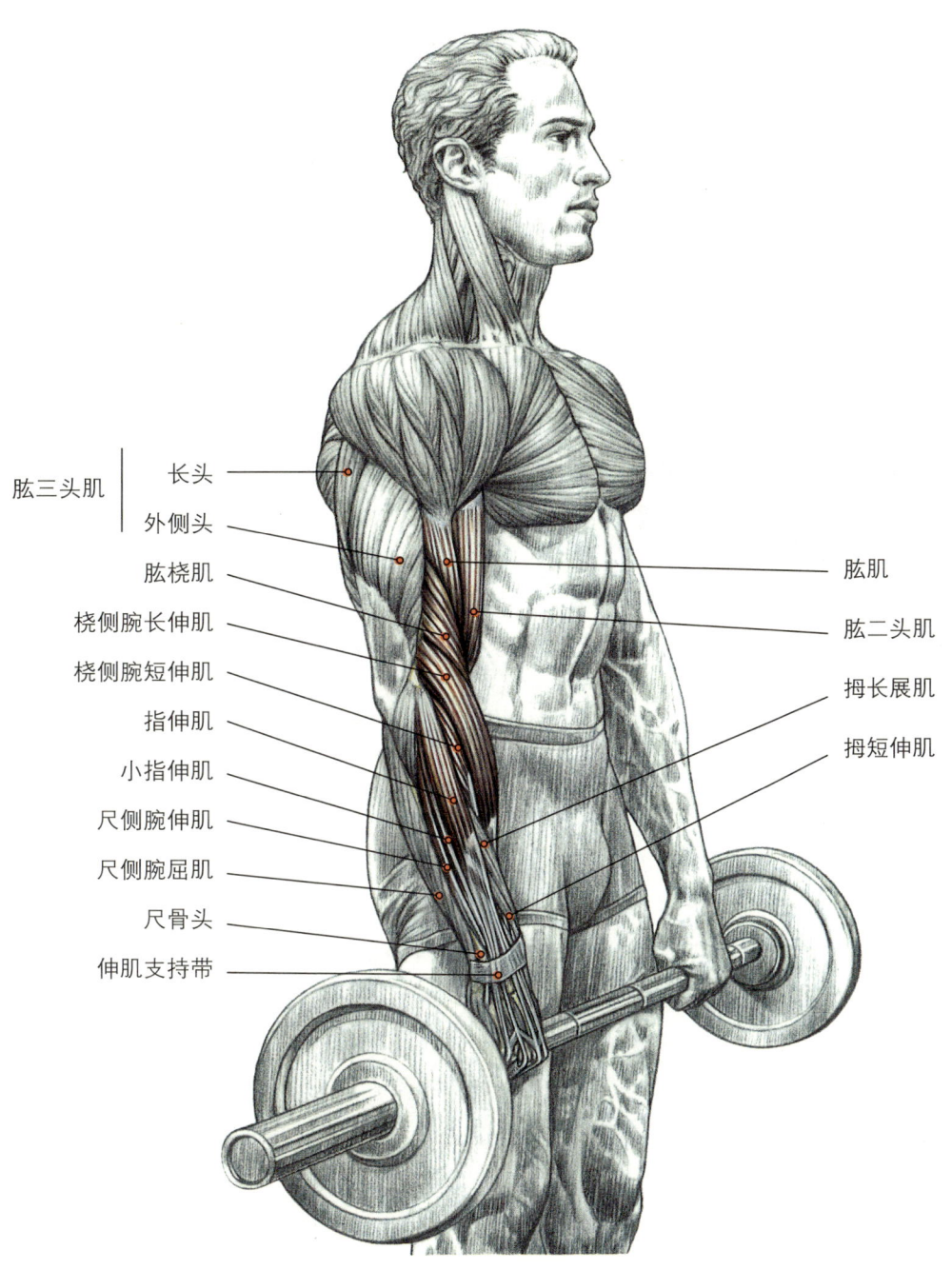

肱三头肌 {
长头

外侧头

肱桡肌

桡侧腕长伸肌

桡侧腕短伸肌

指伸肌

小指伸肌

尺侧腕伸肌

尺侧腕屈肌

尺骨头

伸肌支持带

肱肌

肱二头肌

拇长展肌

拇短伸肌

前臂的各种重要小肌肉，这些位置患病风险不断增加，可能导致不能好好锻炼肱二头肌。

肱二头肌训练中的问题

"如果前臂不适如何锻炼肱二头肌？"

哪怕前臂有病痛，也有几种可以用来锻炼手臂的方式。

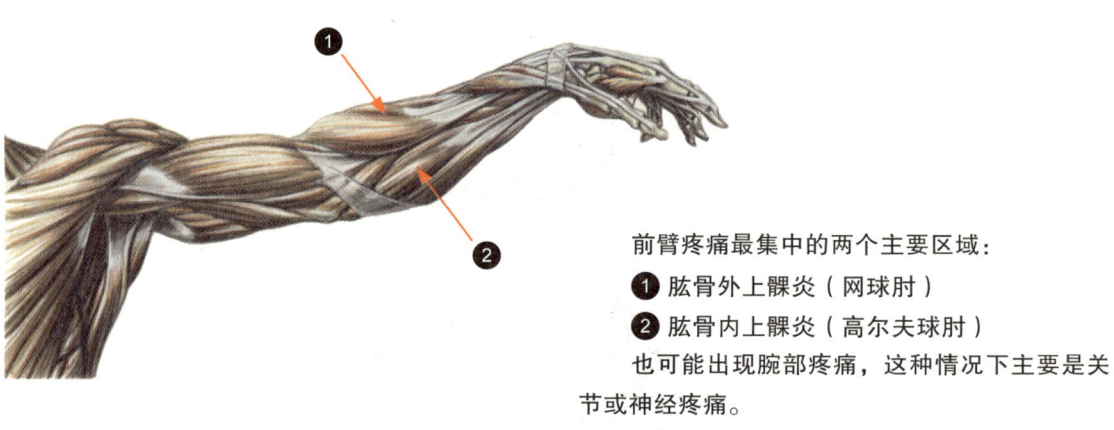

前臂疼痛最集中的两个主要区域：

❶ 肱骨外上髁炎（网球肘）

❷ 肱骨内上髁炎（高尔夫球肘）

也可能出现腕部疼痛，这种情况下主要是关节或神经疼痛。

可能会有两种身体反应：

❶ 做杠铃或哑铃弯举时感觉手臂很疼，但是可以使用滑轮或是一些器械练习。

→只要疼痛没有消退，就不用自由负荷练习弯举。

❷ 哪怕使用滑轮或器械练习，前臂还是很疼。

→遇到这种情况，需要给腕部施加阻力，避免手的作用。使用如无握力训练带（Flexsolate）或孤立训练带（Lsolator）等细长的带子，或是使用风筝牵引带（在体育用品商店就能买到）。初次练习时，进行高组数轻量训练，学习在放松前臂的同时孤立锻炼肱二头肌。一旦掌握了这种技巧，就能逐渐增加练习的负荷重量。

遇到这两种情况，血流限制训练法可能比较有效，因为能使用更轻负荷练习（详见第53页"血流限制训练法的好处是什么？"及其后相关内容）。电刺激是第三种可行的方法，因为这种方法训练时也不需要前臂有任何干涉。如果将电极放在疼痛的地方，设置特别温和的"抗疼痛模式"或"血管模式"程序对其进行刺激，对缓解疼痛也很有效。

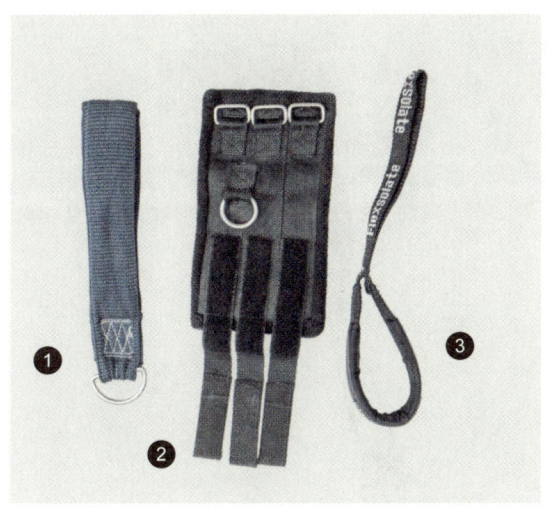

①风筝牵引带，**②**孤立训练带，**③**无握力训练带。使用这些带子以后，前臂肌肉的作用只能居于次位。因为前臂肌肉不再发力，所以疼痛能减轻很多。

通过避免手腕收缩，可以更好感受肱二头肌做功。

"有些人想增加肱肌肌肉很容易，为什么我不行？"

虽然肱肌是一块很简单的肌肉，但你也可能会疑惑为什么有些运动员能比其他运动员更好感受和锻炼肱肌。

除了肌肉长度不同外，造成差异的主要原因在于神经。解剖学研究表明，可能有三条不同的神经控制肱肌收缩。这只是理论上来说，实际情况要复杂得多，他们通过以下几种方式控制肱肌收缩：

- 25%的人由一条神经控制肱肌收缩。
- 70%的人由两条神经控制肱肌收缩。

- 5%的人由三条神经控制肱肌收缩。

可以理解，由三条神经控制收缩的人更有可能：

- 很好感知肱肌募集。
- 不管手部采用什么姿势，在屈臂时更容易锻炼肱肌。
- 有力收缩肱肌。
- 最后，能增大肱肌。比起肱肌短的情况，肱肌长的话增肌效果更明显。

相反，如果只有一条神经支配肱肌，就必须更努力地练习，效果还会大打折扣。为了弥补这一点，建议进行更大强度的肱肌孤立练习。

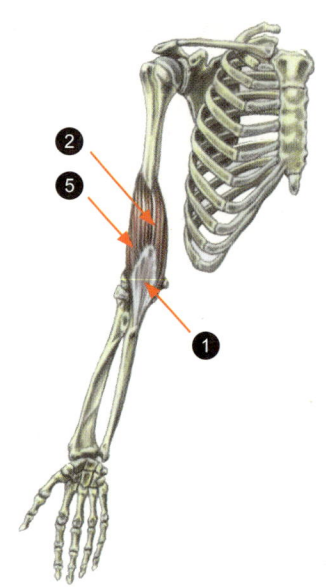
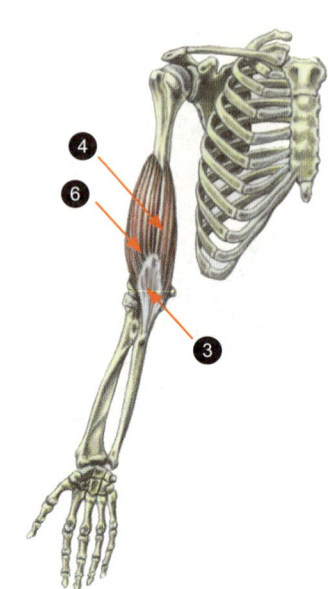

与肱二头肌一样，每个人的肱肌长度也不同，而长度会影响肱肌发展的能力。肱肌可能特别短，因为肌腱较为伸展❶或在肱骨上的附着点较低❷。肱肌也可能较长，或在肱骨上的附着点位置较高❸❹。肱肌不一定按照中轴线均匀生长，可能内侧更突出，就不那么引人注意❺。可能外侧更突出，视觉效果就更强❻。

"在单臂哑铃弯举中，有些人会朝前笔直地举起哑铃。而我会将哑铃举到另一只手臂那侧，哪种方式是正确的？"

在单臂哑铃弯举中，如果手过度内旋，往往就不容易笔直地举起哑铃。

手自然会向侧面移动，前臂越长，就越容易这样。

如果手过度外旋，手就更能朝前抬起负荷，特别是前臂较短的情况。基本上我们会建议好好利用自然状态的姿势，而不是以改变锻炼角度为由强迫手臂那么做。如果想调

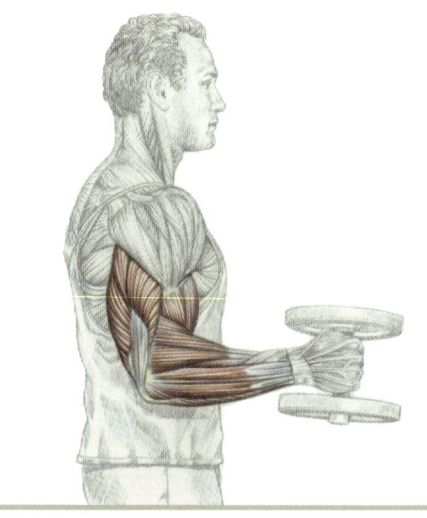

哑铃是锻炼肱肌的主要针对性练习，但如何按照自身解剖结构以恰当方式训练呢？

整锻炼的肌肉，建议换一个练习，比如做反向弯举，而不是采用一个不适合自己解剖结构的姿势，尤其是使用大负荷的情况下。

前臂越长，就越容易向侧面而不是向前举起哑铃。

肱三头肌训练中的问题

"我希望能更有针对性地锻炼肱三头肌外侧头。但因为外侧头较短，很难锻炼到这块肌肉，要让肌肉发达就更难了。"

这是一个反复出现的问题，使用惯常的方法很难解决。虽然有些医学研究表明肱三头肌的部分练习能更好锻炼外侧头而不是长头，但可能这些结论不适用于你。我们一直在本书中详细解释这类研究对于实际情况的解释是有很大局限性的。对于个人来说，如果在有多个肌头的肌群中，有一头发展较为落后，那么通常这些研究结果就很难适用于这个人。

但也还是有能立刻见效的解决方法的，也就是用电刺激。通过电刺激，可以立刻获得多年肌肉训练都无法达到的效果：能很好地孤立锻炼你想锻炼的肱三头肌肌头。使用电刺激可以马上更好感知到外侧头，就像是人生中第一次体验那样。在之前外侧头一直沉睡着，通过电刺激才被唤醒。

要使用这一方法，需要将两个电极放在肱三头肌外侧头的特定位置上。需要购买比通常出售的电极更小的电极。如果体育用品商店没有，可以在医疗辅助用品商店购买。可以在两次肱三头肌训练之间使用，或是训练前使用，甚至可以在两组练习间使用。不只可以在肱三头肌上使用这种技巧，所有肌肉都可以用（详见第53页"血流限制训练法的好处是什么？"及其后相关内容）。

将电极放在肱三头肌外侧头上单独刺激这块区域

"我的肱三头肌长头不太突出，好像位置在手臂太内侧了，而不够向外。该怎么办？"

部分运动员的肱三头肌长头十分突出，哪怕当手臂垂于体侧时也是如此。长头朝手臂外侧四分之一圈方向，看起来很健壮。通常这类肱三头肌长头的上部靠近附着处的地方肌肉更厚，这也表明附着在肩胛骨上的肌腱比较短。

肱三头肌长头可以让肩膀后部向外突出看起来更显眼。你肯定会注意到，当肱三头肌充血良好时，肩膀后部看起来更出色。因此，做肱三头肌和肩膀后部的超级组并非毫无意义。所以，要想让肩膀后部更发达，就需要增加肱三头肌长头的肌肉。

如果长头肌肉不变厚，怎么才能看起来更突出呢？那就需要增加大圆肌的体积。由于大圆肌肌肉量增加，会将长头向手臂外侧推，让肱三头肌格外突出。反之，如果大圆肌是你的薄弱处，也会让长头上部变得平坦，降低视觉效果。因此，大圆肌突出有利于掩饰肱三头肌长头不足。

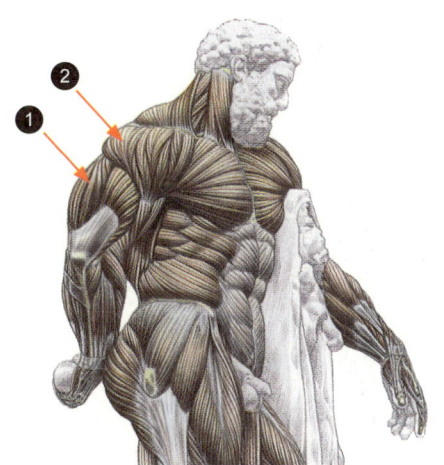
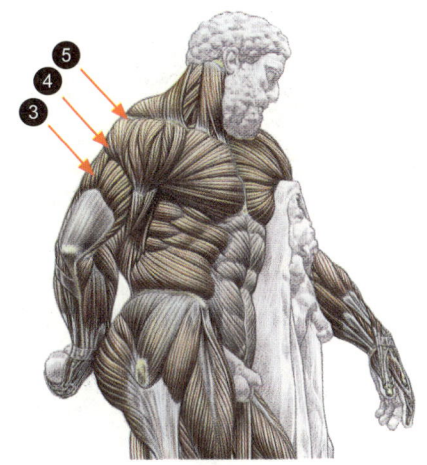

❶肱三头肌长头较长，朝向外侧，视觉上看效果更好。❷也给了肩膀后部推力，使其更为突出。肱三头肌与肩膀后部的连接处也很突出。❸肱三头肌长头较短且特别内收，就削弱了视觉上的效果。❹肱三头肌与肩膀后部的连接处很不突出，因为肱三头肌对肩膀后部的推力较小，显得肩膀比较平坦❺。

　　大圆肌专项练习也可以让肱三头肌更突出，从而间接让肩膀后部更突出（大圆肌孤立练习详见《肌肉健美训练解析（进阶篇）》）。

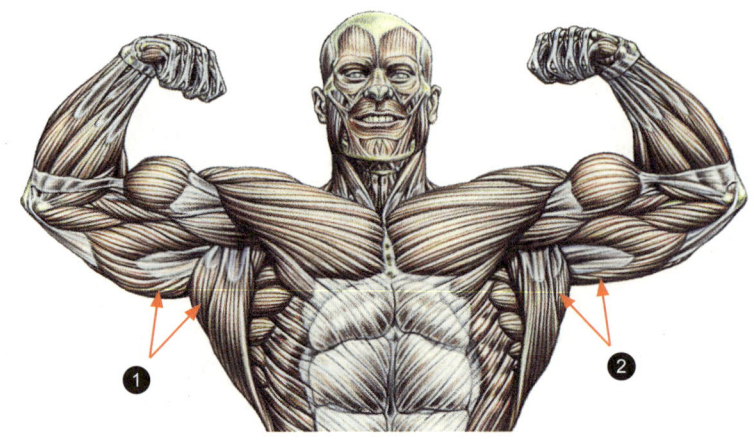

肱三头肌肌肉量相同时：

❶ 发达的大圆肌将肱三头肌长头推向外侧，能更加突出长头。

❷ 大圆肌不发达则无法凸显肱三头肌长头的肌肉量。

"肘部疼痛时如何锻炼肱三头肌？"

应对这类问题的最佳方法就是血流限制训练，再配合短暂的休息时间降低肌肉力量，才能促使肱三头肌哪怕在负荷很轻的情况下还可以高强度工作（详见第53页"血流限制训练法的好处是什么？"及其后相关内容）。会出现两种可能的情况：

1 自由负荷练习特别容易引起疼痛

使用减速效果特别好的滑轮，做高组数练习，可以很好锻炼肱三头肌而不会损伤肘部。在练习部分我们介绍过，该动作比其他动作对肘部带来的疼痛相对更小，肘部越疼，越需要考虑以血流限制的方式进行训练。

在肘部佩戴橡胶质地的护肘或使用力量训练用弹力带可以缓解肌腱和关节疼痛。第

器械上的滑轮越多，减速效果越好，在锻炼肱二头肌时前臂越不容易疼痛，锻炼肱三头肌时肘部越不容易疼痛。

二个好处是可以减少拉伸时的动作幅度，因为护具增加了肘部厚度，使得肘部比前臂更快止动。拉伸幅度减小也有利于保护关节。此外，护具能给肘部保暖，特别是冬天的时候，这点很重要。可以发现健美冠军经常使用这些护具，尤其是在大负荷练习的时候。因为经过了一定年限的肌肉训练以后，肘部很容易出现问题。

使用半高的滑轮练习屈臂上拉，可以在不活动肘部的同时锻炼肱三头肌长头。当然，该动作对于肱三头肌锻炼来说并不完整，但既然能在不引发肘部疼痛的情况下练习，还是比什么都不做好。如果出现这种情况，也需要至少停止一段时间的胸部、肩部和背部训练，让肘部能有恢复时间。

2 所有活动肘部的动作都会引起疼痛

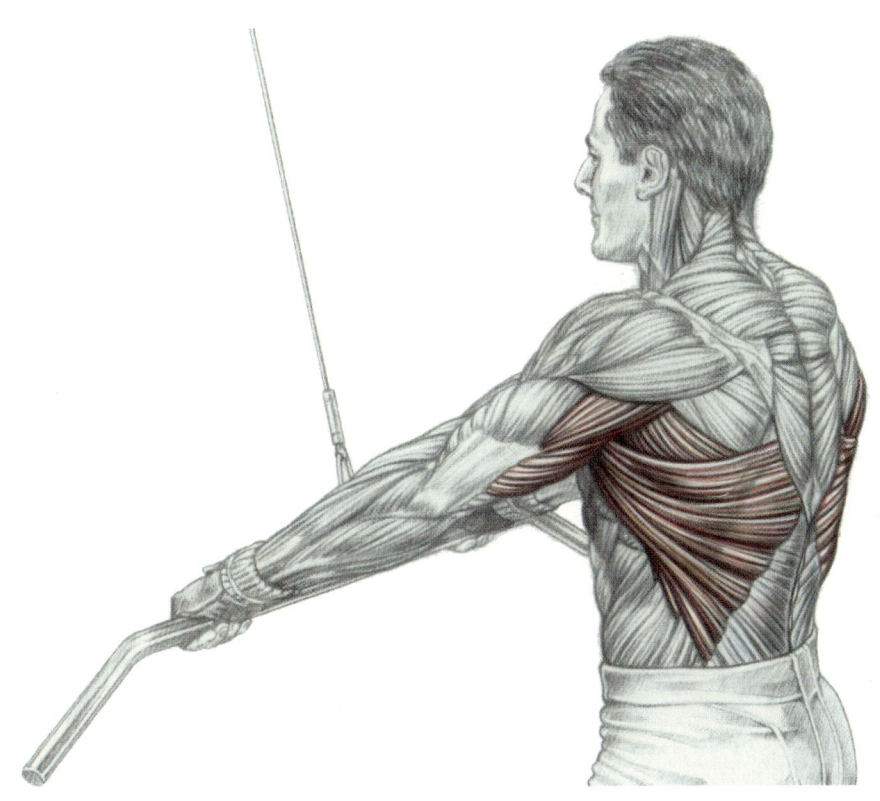

背阔肌、大圆肌和肱三头肌长头肌肉的结构决定了它们要协同工作。

手指伸展

特点

　　该孤立练习针对指伸肌和腕伸肌。首要目的是给肌肉热身，在上半身肌肉训练前做好准备，但要针对性练习这几块肌肉不太容易。由于热身时很容易忽略它们，因此比较脆弱，且在冷却状态下被迫发力，会很快导致持续性病痛。

动作描述

　　坐在训练椅上，一只手几乎完全弯折，指背放在凳面上作为支撑。使用手指的力量抬高手臂。当抬到手指指尖竖起时，将手臂放下，同时重新合上手。锻炼完右臂后，马上换左臂练习。

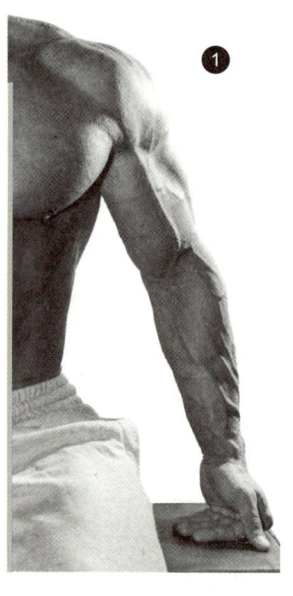

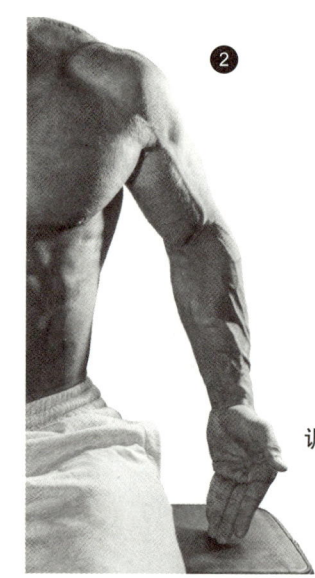

手指伸展是进行任何上半身训练前都要做的一个热身练习。

❶ 起始姿势
❷ 终止姿势

关注要点

　　这是一项利用身体重量进行的训练，因为可以通过调整手臂按压力度调整阻力大小。以小阻力做高组数练习（每组重复不少于 20 次，甚至达到每组重复 50~100 次）。

提醒事项

要针对性锻炼伸肌是非常困难的，而屈肌容易被使用过度，这会不可避免地导致力量不平衡，从而引起病变。实际上，给弯曲手指的肌肉施加阻力有多简单，做相反动作时想施加阻力就有多难。这是许多肌腱炎疾病的根源。该练习虽然很简单，但能解决这个复杂的问题。要想防止前臂出现病痛，在热身时需要给指屈肌和腕屈肌热身，这两个动作可以作为很好的补充热身练习。

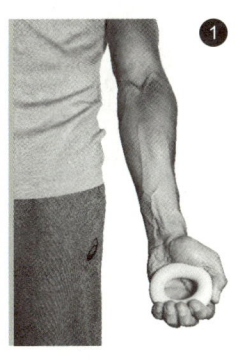 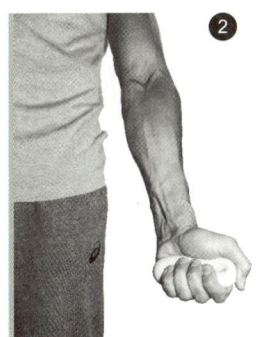

给指屈肌和腕屈肌热身比给伸肌热身更容易，但也不容忽视

❶ 起始姿势
❷ 终止姿势

变化动作

❶ 为了节约时间，可以两手同时训练。但我们还是建议试着每次只练习一侧，从而能集中关注肌肉运动。

❷ 也可以轻微弯折手腕获得更完整的肌肉锻炼效果，而不仅仅锻炼手指，但这样做需要特别谨慎。做此变化动作时，注意不要将手腕弯折得太过，以免使其受伤。

该动作分为两步：

❶ 手背接触凳面。将手背抬离凳面，只让手指保持接触。

❷ 然后抬起指骨，立起手掌，只保持指尖接触。

返回动作也分为两步进行，首先是手指与凳面接触，随后才将手背放在凳面上。

3 能以不同角度进行锻炼，在同组练习中也能这样做。手指可以朝后或朝前。

变化手指朝向能很好给伸肌热身。
❶ 起始姿势　❷ 终止姿势

4 同时让所有手指接触凳面可能很难，因为手指长度不同。手指与凳面能以三种方式接触

　　ⓐ 拇指接触凳面；

　　ⓑ 拇指与食指接触凳面；

　　ⓒ 小指和无名指接触凳面。

这三个姿势每个都能改变肌肉锻炼的角度。应该全部采用，好好给所有伸肌热身。很容易用一组练习完成该变化动作。一个姿势下施加的力量减少时，转换到下一个角度。

每个角度都能给伸肌带来不同影响。
❶ 起始姿势　❷ 终止姿势

优势

通过该动作可以针对性训练常规肌肉动作难以动态锻炼的肌肉。伸肌与屈肌的力量不平衡是导致疾病的一个因素。

局限性

阻力太大的话容易损伤腕部和指骨。特别是在热身时，最好做高组数轻量练习。

危险性

手支撑的面要尽可能柔软，动作要缓慢，以免对指骨和手腕造成不必要的创伤。

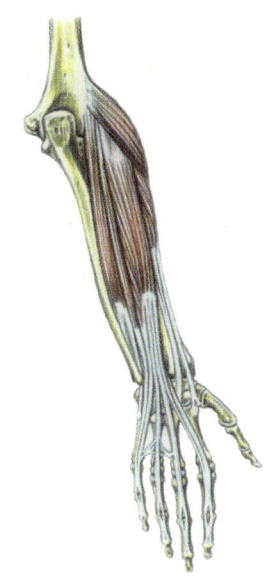

要想充分给伸肌热身，必须改变手的角度和位置。

低位滑轮肱二头肌弯举

特点

该孤立练习主要锻炼肱二头肌。其独特之处在于可以进行大负荷耐力训练，且不会像自由负荷那样对前臂造成损伤。

动作描述

将滑轮放在身后，稍稍抬高手柄，这样能与手形成一个比较舒适的杠杆，不会在运动时出现突然停顿。使用器械或训练椅的靠背固定肘部。身体向前倾握住手柄，以肘部为支撑，肱二头肌发力。将手靠近肩膀前部抬起负荷。在收缩姿势下保持动作 1 秒钟再放下，随后重复动作。练完一只手以后换到另一边。

比起坐姿练习，站姿练习能将更多力量传递到手臂而不是传递到器械上。

1 起始姿势 　**2** 终止姿势

关注要点

　　该动作的独特之处在于以肘部为支撑（而不是像使用罗马椅或其他器械训练时以肱骨为支撑）形成有力的杠杆。动作时躯干是自由的。

　　如果用挡板固定肘部，它可以补偿因前臂长导致的杠杆不佳情况。将躯干略微前倾，肘部超过背部的距离更大，能优化杠杆。以常规方式开始动作，在重复过程中，当肱二头肌感到疲劳时，让躯干前倾补偿杠杆。这样做的目的是能以更大负荷做更多次数的练习。

理想状态是每次只练习一只手。自由活动的手可以用来增强锻炼的手臂在消极阶段的运动效果，通过肘部支撑维持身体平衡❶。如果出现偏差，自由活动的手可以用来辅助强制重复训练❷。

变化动作

❶ 可以用坐姿训练，这样能使用更轻的负荷且动作执行可以更严格。

❷ 也可以用站姿训练，这样可以让躯干做小幅度往复运动，从而能使用更大负荷，重复次数更多。

❸ 因为该练习要用到滑轮，所以如果由于病痛无法正常锻炼肱二头肌，可以使用腕带来减少前臂受到的压力。

❹ 如果没有带背部支持的滑轮的话，可以将健身垫放在地上躺着训练。如果背部疼痛，该变化动作不会损伤腰椎。

比起经典的手柄练习，使用腕带能更好地孤立练习肱二头肌。

优势

靠背给背部提供了一部分保护。如果身体前倾，器械的靠背会限制背部向后运动，这样就可以在不太损害腰椎的情况下借力。此外，应该将张力放在肘部而不是腰椎上。

局限性

由于同时锻炼两侧手臂时，会给肩部和肱二头肌各头肌腱带来不必要且危险的张力，因此哪怕是可行的，我们也不建议这样做。建议将躯干略微向锻炼的手臂一侧倾斜，避免肩关节太过用力。在双侧练习时，躯干必须保持在正中位置，这样肩膀就不得不通过向外侧旋转来补偿动作。如果两臂同时发力，肩膀状态会不稳定。对于存在手臂外翻或前臂长的运动员来说，所有肱二头肌训练都不应该双侧同时进行。对于手臂很直以及过度旋后的人来说，这个问题不那么严重。

危险性

抓取手柄时，特别是需要去抓取特别低且在身后的滑轮时，千万不要完全伸直手臂。蹲下来，如果只想着抓紧手柄，我们会在放下手柄时保持站姿且更随意，并在一组练习结束时伸直手臂。需要不惜一切代价避免这一陷阱，因为肱二头肌越疲劳，肌腱越脆弱，越难以承受拉伸。

注意应以肘部而不是肱骨为支撑。

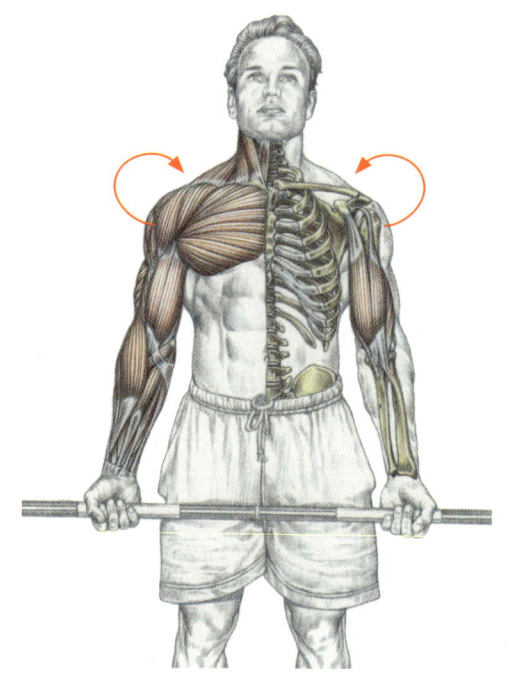

在肱二头肌双侧训练中，外翻越明显或前臂越长，就越需要通过旋转让肩膀向后收来进行补偿。在大负荷练习时，这会给三角肌的关节造成损伤。

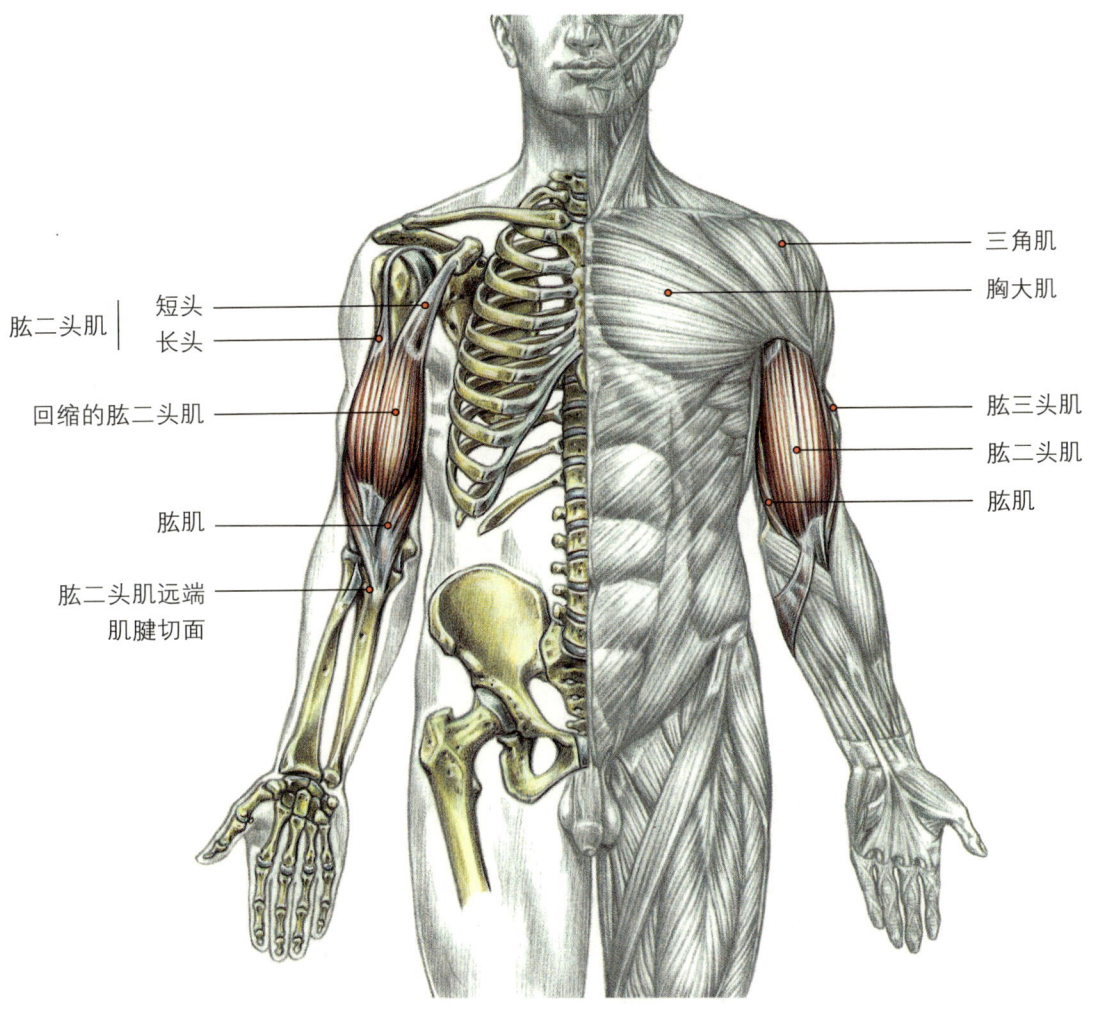

肱二头肌 | 短头
　　　　　 长头

回缩的肱二头肌

肱肌

肱二头肌远端
肌腱切面

三角肌

胸大肌

肱三头肌

肱二头肌

肱肌

肱二头肌断裂示意图

高位滑轮肱三头肌下拉

特点

该练习的独特之处在于可以同时加强肱三头肌和背肌，并调动两个关节（肩关节和肘关节），因此可以将它视为基础训练的一个动作。但是，因为该动作会同时缩短肱三头肌长头（多关节肌）的两端，可以将其看作孤立练习。理论上来说，它是一个混合动作，介于基础练习和孤立练习之间。

动作描述

将一个肱三头肌训练杠铃或绳索固定在高滑轮上。面向器械，肱三头肌发力下拉杠铃，随后抬起双手。抬起手臂时展开肘部，而不是像常规练习方式中那样将手臂贴在身侧。将杠铃推举到颈部高度，而不是到胸肌底部就停止。在拉伸阶段结束时，手臂几乎与地面平行，然后背部和肱三头肌共同发力，将杠铃下拉到腰部。

与通常观念相反，只要明白自己在做什么，在肱三头肌运动中抬起肘部并不一定是错误的。

❶ 起始姿势

❷ 终止姿势

历史沿革

　　20 世纪 70 年代时，所有的健美冠军在伸展肱三头肌时都会展开肘部而不是像如今推荐的那样将肘部贴在身侧。在阿诺德·施瓦辛格的照片及其同事的旧视频里仍然可以看到这种训练方式。20 世纪 80 年代时，由于一些不明原因，展开肘部被认为是错误做法，在整个动作过程中绝对必须保持肘部贴在身侧。当然，因为肱三头肌长头的双重收缩性，可以用不同方式进行锻炼，这也合理。如果你做这个动作时展开肘部，可能有些热心人士会急着解释说这是错误的。

　　我们的回答是：问问他们肱二头肌长头的双关节特性及其对肌肉训练产生的诸多生物力学影响。他们并不了解解剖学知识，在不太了解为什么的情况下照搬别人的训练方式和在理解为什么这样做的情况下重复做法是非常不同的。

关注要点

　　想要保持稳定的同时有力地练习，右脚向前左脚向后开立，而不要双脚并拢。

　　如果在面向器械练习时，感觉减速滑轮负荷太轻了，在肘部可以做到的情况下，可以背朝滑轮。

变化动作

　　可以使用杠铃，最好是 EZ 杠铃或是绳索来做此练习。使用绳索的话，在整组训练过程中可以保持双手并拢，也可以双手分开。最后向外旋转手腕，让拇指从指向上的姿势转变到旋前姿势，从而充分锻炼整块肱三头肌。

　　可以使用手柄进行单侧练习，或是使用腕带避免手部运动。

　　使用训练矫正带，通过调整肩部姿势能改变对肱三头肌运动的感知方式。如果常规练习感知不良，这样做可能比较好。

收缩姿势时，将手下拉至躯干后面，利用单侧练习增加运动范围。

超级组

通常从肱三头肌下拉开始练习。如果力竭了，就伸展手臂接着锻炼面拉。在背阔肌协助下继续锻炼肱三头肌长头。

肱三头肌长头积极参与维持肩部稳定性，在肩部不稳定的情况下，肱三头肌下拉和屈臂上拉的超级组练习可以作为一种治疗方式。

注释

　　杠铃越粗，越能发挥力量，练习对肘部的损伤也越小。常见的直径2.5厘米的细杠铃不是最佳选择。想增加杠铃直径，可以在手和杠铃之间加上小杠铃套。但需要注意杠铃直径不要增加太多，因为在拉伸阶段时，杠铃套可能会顺着运动方向朝上移动。

优势

　　比起使用哑铃、杠铃或器械练习，使用滑轮练习对肘部损伤更小。抬起手臂时，会减轻前臂长带来的影响，通常比起严格的变化动作对肘部的损伤也更小。

局限性

　　使用大负荷训练时，有时很难保持双脚抓地。出现这样的情况时，可以将一只脚放到一根较粗的哑铃下。

危险性

　　注意背部不要太过后拱。

　　使用杠铃训练肱三头肌时，小心不要让固定绳索的配件划到脸。

腹部核心训练

　　想正确锻炼核心，需要搞清楚一些问题。我们将讨论各种与腹部相关的争议性问题，如核心肌群、该训练与有氧运动的关系、局部脱水与水分保留，以及核心耐力不足等。

核心肌群相关问题

"什么是核心肌群？"

　　整个腹部区域和腰部区域是相互连接的，不仅肌肉相连，组成肌肉的腱膜和筋膜也是相连的。所以一块肌肉上的张力会传递到整块区域。该区域肌肉的主要作用是吸收张力，收紧腹部以及保护腰椎。就像是一层"肌肉保护套"。

　　现在很流行锻炼核心肌肉。不过其实这些肌肉一直存在且一直在工作。相关研究表明，比起做所谓的核心肌肉孤立训练，在使用自由负荷进行的基础训练，如做深蹲、硬拉等动作时，这些肌肉得到的锻炼更多。因此，在核心训练流行起来之前，肌肉健美动作就已经在锻炼这些肌肉了，哪怕核心训练不流行了，也还是会继续锻炼到这些肌肉。

不过也可以推翻这一论断。如果核心肌肉在基础训练动作中起重要作用，为什么不通过孤立训练专门强化锻炼这些肌肉呢？完全可以接受这种说法，因为不可否认核心肌肉得到专门强化的话可以增强在深蹲和硬拉时的表现，但初学者除外。并不是说做了5分钟平板运动就能有这样的效果的。需要找到强度更大的替代性练习。

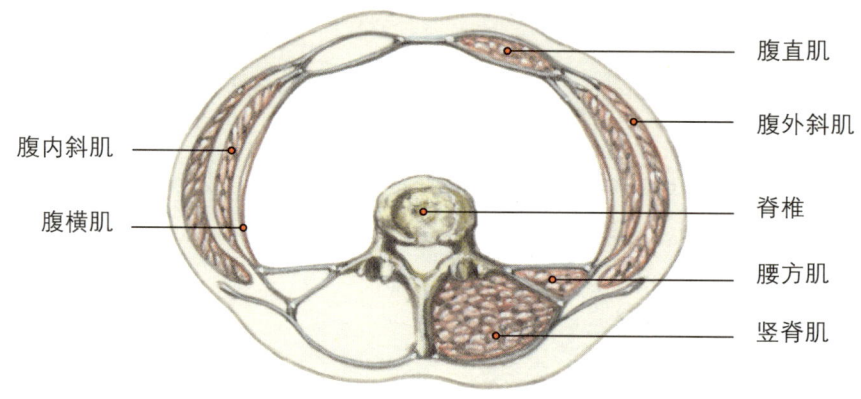

核心肌群上面观（环形切面）

腹直肌

腹外斜肌

腹内斜肌

腹横肌

脊椎

腰方肌

竖脊肌

所有核心练习有什么共同点？

激活核心肌肉的方式并不神秘，通过大幅度弯曲脊椎，不管是向后面还是侧面就能做到。所以，在做平板支撑时，如果没有腹肌干预来固定脊柱，那么脊柱会向背部弯曲成45°。

同样，所有需要拱起下背部的"腹肌"训练都会调动核心肌群，通过绷直脊椎底部保护腰椎。

在直立姿势时核心肌肉能够固定背部，但是重力会使得腰椎要么向后倒要么向侧面倒。为了增加对这些肌肉的锻炼，需要不断增加腰椎受到的压力。

经典核心练习有哪些局限之处？

对于初学者来说，核心练习能有效加强稳定下背部的肌肉。但获得最开始的效果之后，想增加动作难度的主要方式就是增加动作保持的时长。比如，坚持1分钟平板支撑而不是只做30秒等。

这种策略适用于健身人群或是长跑运动员，但不适合那些需要身体发出短暂爆发力的运动员，例如高尔夫选手挥杆，拳击手出拳或是做一组大负荷深蹲等都属于短暂爆发动作。对于这类运动员，需要支撑腰部的肌肉迅速反应，同时在特别有限的时间内可以发挥巨大的力量。如果做1分钟而不是30

秒平板支撑动作，可以增加耐力和一些力量，但能增长的爆发力很少。

存在一些训练核心力量的练习，如将平板运动和俯卧撑相结合，将身体悬空尽可能抬高。当手臂重新与地面接触时，需要核心肌肉介入来缓解对腰部的冲击。

虽然这样做核心能有强劲的爆发力，但由于不断重复动作，腰椎会受到挤压，可能导致椎间盘突出。虽然这些动作效果惊人，但我们也认为从长远看它们太危险了。

我们希望能提出原创性的练习方法，如果有必要的话可以不断增加核心锻炼负重，进行爆发式锻炼。但由于使用宽弹力带而不是使用负荷或通过突然起身来训练，所以动作相对温和，尽可能减少了对下背部的损伤。我们会在后面的练习部分进行描述（详见第155页及其后内容）。

做俯卧撑时上抛身体可以锻炼核心，但腰部受到的压力会很大。

脱水问题

> "有氧运动做得太多的时候，所有的大腿肌肉量都给了有氧运动。还能做什么来脱水呢？"

换句话说，可以用腹肌训练取代有氧运动吗？

有氧运动特别能激活下肢：跑步、骑自行车、踏步……当然也有更完善的设备，如可以同时活动大腿和手臂的飞鸟器械或是多功能健身器。在健身房做有氧运动时，对大腿的锻炼一点也不少。这样高强度的锻炼可以给大腿肌肉脱水，但也很可能会消解股四头肌肌肉，同时很折磨膝盖和胯部。在两次大腿肌肉训练间会更难得到恢复。

理想状态是找到可以进行有氧运动又不会消解股四头肌肌肉的方法。高组数的腹部超级组能有帮助吗？

大部分运动员认为越快激活四肢才能燃

烧卡路里。这非常正确，肌肉训练本身消耗的能量很少。

消耗卡路里的是肌肉收缩产生的热量。我们称之为"能效"。比如对于汽车来说，只有25%~30%的燃料是用来驱动车辆的，其余部分通过产生热量而耗费掉了。而人类的能效比汽车好些，利用率在40%~60%之间。显然要最大限度地燃烧卡路里，最有效的方法就是产生热量。

可以通过特别高组数的卷腹运动产生大量热量。最开始练习时，可能会觉得不可能做超过100次卷腹。如果是这种情况，可以将手臂前伸，让动作做起来更容易一些。很快能增加腹部耐力，从而能支持高组数训练。在每组练习之间，休息15~20秒再开始。想尽可能消耗卡路里，需要让肌肉有轻微但持续的灼烧感。当腹肌开始"燃烧"时，就能意识到体温有大幅上升，且会出汗，这表明已经在最大程度地消耗卡路里。

结论：可以几乎不停顿地做20分钟腹部运动，来代替20分钟的有氧运动。如果一开始觉得可能做不到，那就先减少5分钟有氧运动，以5分钟不停歇的腹部运动代替。逐步增加腹部运动的部分。要知道，在20世纪70~80年代的时候，健美冠军可以每天不间断地做1个小时的腹部运动，但做的有氧运动比如今要少得多。结果是，他们的腹肌比如今的冠军要出色得多。

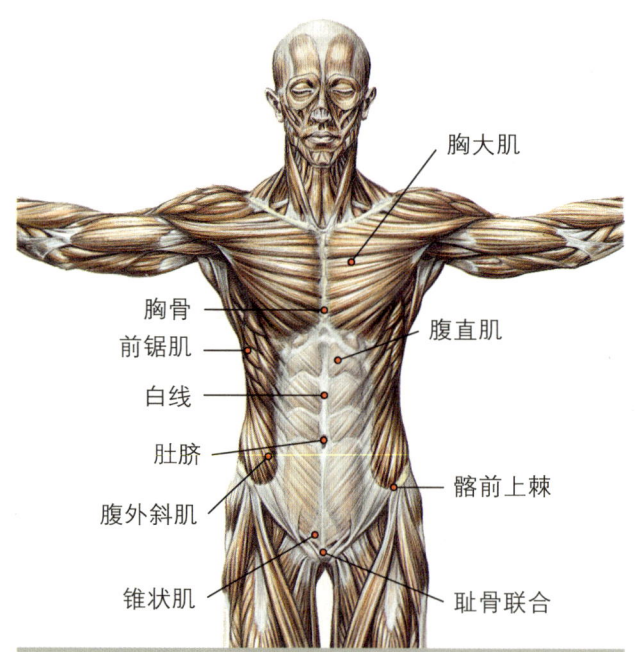

胸大肌
胸骨
前锯肌
白线
肚脐
腹外斜肌
锥状肌
腹直肌
髂前上棘
耻骨联合

注释：通过外物覆盖身体可以通过隔热增加体温，但其实效果适得其反，除非是想尽可能多地出汗。在体温上升时逐渐增加对身体的覆盖可以促进卡路里消耗。

重新发现过去的冠军为何比现在的健身明星拥有更出色的腹肌。

腹部水分保留问题

"我感觉腹部保留了水分！真的是这样吗？"

腹部是保留水分的一个典型部位。怎么知道掩盖住腹肌的是水分还是脂肪呢？首先，需要思考为什么每个人的腹部都会不同程度地保留水分呢？由于重力，水分通常储存在脚踝位置。这也是为什么袜子会在脚踝上留下明显勒痕。虽然水分保留在下肢，但可能会严重影响循环。所以身体必须在其他地方储存生存必备的水分。腹部就是一个可选部位，因为离消化系统很近。而在静止状态时，大部分血液循环都在消化系统进行。这也是为什么系在腰上的塑身腰带能让身体流失那么多水分，因为正好放在了我们天生的储水区域上。

刚起床时，腹部是最显眼的部位。因为躺姿会重新分布水分子。吉布森博士指出只要躺下超过 30 分钟，储存在皮肤下的水分就会开始移动到细胞中去。但站起来以后，细胞就会失去这些水分，很快表现为皮下水肿。

要确定腹部保留水分的能力，就应该在刚起床的时候立刻查看一下自己的情况。一小时后再比较一下腹部的情况，评估一下这部分水分储存程度。如果还有多余的水分的话，可以按照我们上述解释的那样用有氧运动消除掉一部分。

肌肉耐力不足问题

"锻炼强度大时，我只能做一组腹部运动。那之后腹肌就动不了了，不管休息多久都没有力气再做一组练习了。"

在腹部练习中很容易出现这个问题，可能只影响下腹部。只能做完一组针对下腹部的练习，在后面的练习中下腹部就不再介入运动了，而是由上腹部和髋部屈肌接替工作。锻炼如小腿、冈下肌、前臂等其他肌肉时可能也会出现同样的问题。可能能做 2~3 组练习，再多就不行了。

不管受影响的是哪块肌肉，都需要增加训练频率来弥补其工作量不足（特别是肌肉本身比较薄弱时）。针对一块肌肉只做 1~2 组练习有助于让它在两次训练间很快恢复。为了弥补肌肉工作量不足，就多多锻炼。比如，可以在每次训练开始时用一组腹部练习来热身。如果训练时长足够让腹肌恢复力量，可以在结束时再做上一组。

当然这种方法只适用于肌肉疲劳程度不会影响到接下来训练的情况。比如，小腿疲劳时，可能就没办法以平常的负荷强度做大腿训练了。出现这种情况的话，就只在训练结束时做一组训练大腿的练习。其他日子里没有这类问题，那就可以在训练开始时做一组，训练结束时再做一组。在腹部训练时，哪怕在休息的日子，也可以在早上或者特别晚的时候做一组练习。

随着时间推移就能看到积极变化，因为肌肉逐渐得到加强，从而能承受越来越多组训练。这时就可以替换练习方式：

1 和练习其他肌肉时一样，降低训练频次，每次都做尽可能多组的练习，回到常规锻炼方式。

2 继续只做 1~2 组练习，但要很频繁地训练。锻炼小体积肌群，如腹肌、小腿、斜方肌和前臂等时可以考虑这个方法。

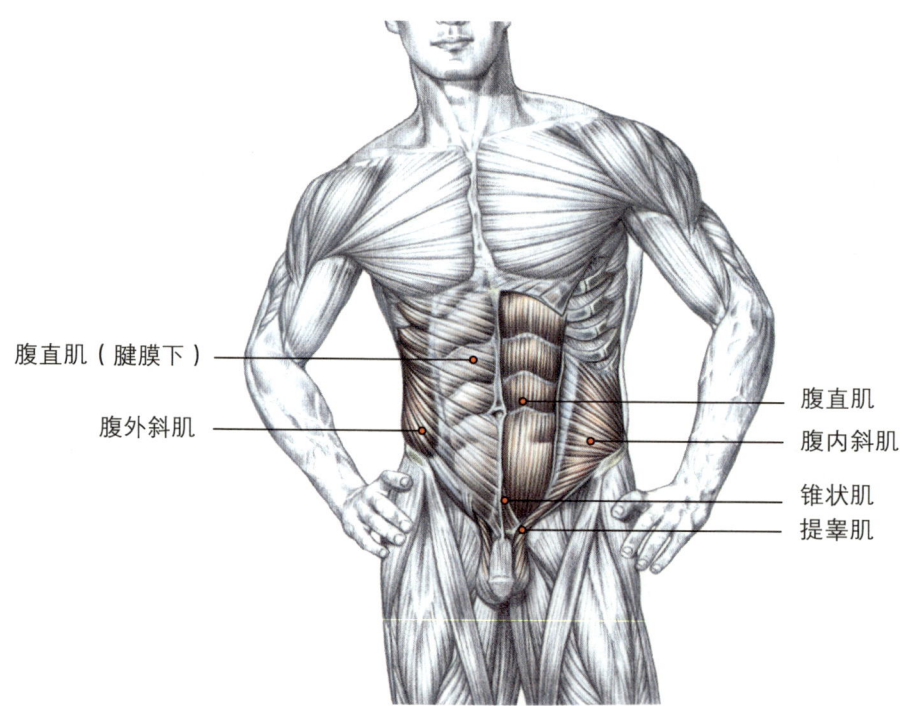

腹直肌（腱膜下）

腹外斜肌

腹直肌

腹内斜肌

锥状肌

提睾肌

锻炼腹肌的技巧不止一种，有许多不同方式。

平板支撑以及各种静态核心练习

特点

该练习可以锻炼腹部核心肌群。因为这是一个静态练习，很难说涉及哪个关节。该动作有很多变化练习，共同之处在于都会使用核心肌肉保持腰部挺直。而在重力作用下，腰部会有弯曲的倾向，对脊椎来说特别危险。

哪怕活动臂部、腿部或是躯干，核心肌群是几乎等距（静态）运动的。这与我们接下来将介绍的第二类动作有很大区别，后者更为动态且动作幅度更大。

动作描述

俯卧在地上，身体以前臂和脚尖为支撑。尽可能保持身体挺直，坚持这个静止姿势至少 15 秒。

可以把平板支撑看作是一种平坦腹部的趣味训练方式。

关注要点

锻炼腹横肌最有效的办法是收腹。平板支撑可以激活腹横肌，但效果有限。做平板支撑时，通过收缩腹横肌可增加 16% 的厚度。最大程度收腹时可能增加 52% 的厚度。最理想的情况是一边做平板支撑一边收腹，这样收缩强度最大，能将腹横肌厚度增加 62%。不过要注意，动作时不要屏住呼吸，这样动作做起来会更容易。

变化动作

有许多减少或增加平板运动难度的方法。接下来我们将从易到难介绍一些最受欢迎的变化动作：

1 不采取俯卧姿势，而是背部朝下仰卧，双腿弯曲成 90°，保持腰椎紧贴地面。以小碎步逐渐伸展双腿，腰部始终紧贴地面。

2 该变化动作可以背靠墙站着做。双腿伸直，离墙边 70 厘米左右，但腰椎贴着墙面。迈小步将腿逐渐靠近墙，始终保持腰椎紧贴墙面。

3 以同样的姿势，在腰椎和墙壁之间绑一根细弹力带。脚靠近墙壁时，弹力带会将背部拉离墙壁。而借助核心肌群力量，始终保持腰部贴着墙壁。

4 侧身平板：为了加强对腹斜肌的锻炼，可以使用侧身姿势练习平板支撑。如果感觉这个变化动作太难了，可以将空着的手放在身前的地面上支撑一部分体重。

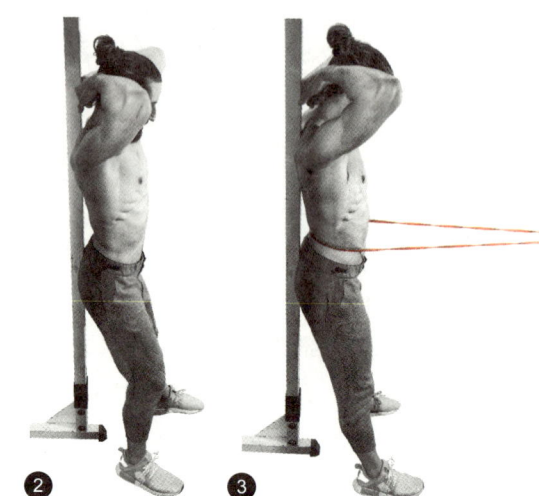

❶对于初学者来说仰卧姿势是最简单的练习版本。
❷掌握了躺姿练习之后，可以站着练习提高锻炼效率。
❸使用弹力带能增加训练难度。

⑤ 负重平板：为了增加经典平板姿势的锻炼难度，可以请一位伙伴在你背部放一块重量板，或是坐在你身上。

⑥ 平板爬行：在经典平板支撑基础上，前臂并不保持静态，而是从前向后移动。手臂在身前伸展得越远，动作难度越大。

⑦ 滚动平板：使用腹肌轮向前推而不是用手前进。腹肌轮即配有两块圆片或一块滑架的奥运会杠铃杆。轮子向前推得越远，练习强度越大。

平板爬行动作不仅可以在健身房练习，也可以在家练习，是很好的加强核心肌肉的方式。

8 双手悬空平板：将手穿过悬挂训练（TRX）绳而不是放在地上。这样可以让手臂前后移动，释放背部张力。

9 双脚悬空平板：将脚穿过悬挂训练绳而不是脚尖点地。这样可以前后移动双腿。

10 手脚悬空平板：手脚都穿过悬挂训练绳而不是放在地上。这样可以前后移动手臂与双腿。

11 蜻蜓式：仰卧，手臂举过头顶，双手撑在训练椅上或地上。通过手臂和腹部的力量抬起身体，以肩部为支撑。腿伸直与背部保持在同一轴线上。该变化动作非常危险，因此我们强烈建议不要双腿分开做空中脚踏车或是交替抬腿，特别是你的腰部可能已经拱得很高的时候。

12 反向平板支撑：使用手臂力量使身体完全悬空吊在单杠上，背部朝下。

窍门

可以将核心肌肉训练和某项更经典的腹部练习，如卷腹等相结合，在预疲劳训练时做这样的超级组练习。当卷腹次数达到最大限度时马上做平板支撑练习，你会发现刚开始练习时肌肉就会有燃烧感。而由于肌肉预疲劳，平板支撑练习能坚持的时间也会短不少。也可以后疲劳训练，先做平板支撑，随后马上做卷腹。

滚动平板是强化训练时采用的一种平板练习方式。

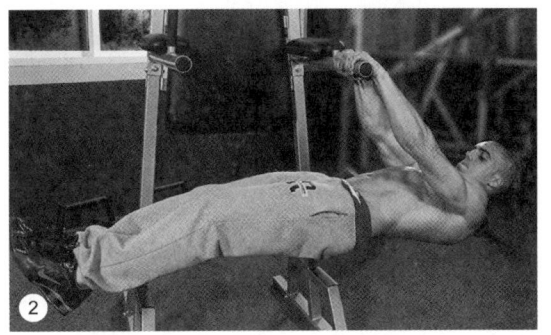

很少有运动员能正确地以蜻蜓式 **1** 练习，能做到反向平板支撑的就更少了 **2**。

提醒事项

虽然已经很好地锻炼了腹肌和支持腹部的核心肌肉，但在训练后整个腹壁会凸出，这是"肌肉"疲劳造成的暂时性"小肚子"。

常见错误

最常见的问题是会为了让练习变得简单一些过度拱起下背部。这样做腰椎间盘可能会靠在一起，承担了一部分工作，减少核心肌肉发力。如果过度拱背，可能会挤压椎间盘。

优势

如果要进行的大负荷训练会给背部很大压力，如深蹲、划船或硬拉等（详见本书第215页及其后内容），训练前热身时可以做一组经典平板练习，但不要到过度疲劳的程度。这是热身的一项基本方法。如果核心不足，可以在训练结束后多做几组练习，一直到力竭为止。

局限性

静态练习不是改善腹肌美观程度的最佳方式。但对于有"将军肚"的运动员来说这是一项很合适的练习。实际上影响你拥有平坦肚子的因素并不是腹肌，而是腹横肌。

危险性

人们常说与经典腹部练习，如卷腹相比，核心练习动作更有效且对背部来说危险性更低。但我们质疑这种说法，因为核心练习施加的张力越大，腰部受到的损伤越大。所以我们认为两种练习方式缺一不可。

弹力绳站姿卷腹核心力量动态练习

特点

该练习针对整个腹部肌群，特别是核心"深层"肌肉。不同于各种几乎是静态练习的平板变化动作，在该练习中腰部是活动的，从而以动态的甚至是爆发性的方式锻炼核心。这在力量运动中非常有用。

动作描述

将一条特别结实的弹力带系在身前某个肚脐高度的固定点上。两腿分开牢牢踩地。摆好姿势后，让弹力带缓慢带动下背部前弓。在背快拱到最大程度时，腰部向后推收缩腹部，从而将背部前弓姿势转变为后弓姿势。保持收缩动作至少2秒时间，随后让弹力带将腹部向前拉回原来位置。

注释： 双手悬空，不要让其干扰骨盆运动。练习时，可以将手放在髋部或是握住弹力带。

关注要点

　　需要缓慢进行消极阶段的练习，这样才能尽可能获得足够大的动作幅度，却不会过度损耗腰部，让腰部姿势不稳定。该练习的目的并非用身体重量或是以臀部辅助拉动弹力带。只有腹部肌群发力和运动，就像是以站姿做卷腹一样，除了腰部以外身体其他部位都不活动。

　　哪怕在拉伸时弹力带迫使腹部向前突出，也需要尽可能保持腹部平坦，才能促进对腹横肌的锻炼。

窍门

　　站得离弹力带固定点越远，练习强度越大。先以中等距离开始练习，随着自身进步逐渐增加距离。

　　如果将阻力很大的弹力带拉伸到极致，要确保固定点不会移动。

　　如果你刚接触这个动作，可以用手轻轻握住弹力带，从而更好控制动作，不会让带子突然拉动背部。当你完全掌握这项练习后，再松开手增加练习难度。

　　不过，在一组练习中，如果已经不能再

重复动作了，那就用手抓住弹力带而不要停止动作。抓住弹力带以后再练习，动作会立刻变得轻松起来。

同样，感到疲劳时，可以靠近弹力带固定点一些来减轻阻力，这样能额外多重复几次动作。

注释

动作幅度由腰部前弓与后弓的程度决定。以较小的运动幅度开始熟悉动作，随后通过逐渐增大动作幅度来增大练习难度。收缩时尽量找到腰部后弓的最大幅度，这样才能最大限度地促进肌肉做功。

做此动作时，建议要特别缓慢。如果你从事的运动项目要求核心爆发力，该练习方式锻炼腹肌的危险性要比其他所有核心运动都小。不过首先要确保以缓慢运动的方式完全掌握这项练习，随后再逐渐增加运动速度。如果不这样的话，很容易通过臀部或躯干突然发力来做动作而不是使用腹部肌群力量。

变化动作

1 可以四肢触地使用自由负荷练习，但该变化动作更危险。由搭档将哑铃、壶铃或是铁片放在你的腰部。安全起见，搭档需要始终稍微控制着一些负荷。绝不能单独进行此变化练习，同时搭档不能分心。让负荷重量推动腰部向前弓起，随后使用腹部与核心的力量将背向上拱。不要借助手臂或臀部的推力，这样才能达到完美的孤立训练效果。

2 想要更安全地练习，可以将带辅助架的杠铃放在腰部。腰部的动作不变，但是使用杠铃的负荷比哑铃更大。将一块大毛巾折叠数次垫在杠铃下，尽可能增加接触面积确保杠铃不会让脊椎受损。不要忘了调整安全装置，这样哪怕动作没有成功杠铃也会滑落在安全装置上而不是摔在你身上。

如果觉得四肢触地练习做起来很容易，就需要增加负荷重量了。

1 起始姿势　　**2** 终止姿势

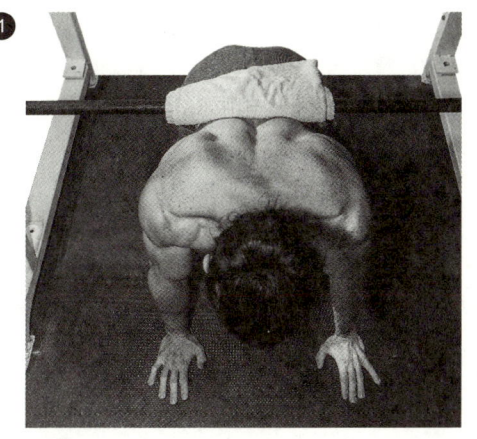 

想要安全地做大负荷练习，杠铃辅助架是必不可少的装置。

① 起始姿势　　**②** 终止姿势

优势

使用弹力带获得的阻力就不再是单一的等距阻力，这样动作更灵活并且运动幅度大了很多。该姿势不容易受伤，能够逐渐增加负荷，且能进行更加爆发式的训练。

局限性

不管用什么方法，都能很容易地练习此项技能，但对背部来说可能产生反作用且十分危险。

很难准确测量弹力带产生的张力大小，因为只要稍微改变自身与弹力带固定点之间的位置关系就会改变阻力。

危险性

如果患有腰椎疾病，任何情况下都不应该拱背。只能做更温和的等距练习，比如我们在先前提到过的靠着墙的练习方式。本部分提到的强化训练方式是为身体状态良好的高水平运动员设计的。

练出发达股四头肌

股四头肌通常是一个薄弱处，因为想锻炼股四头肌对体力要求很高，特别是如果股骨很长的话，身体需要付出巨大的努力合成蛋白质来"充实股骨"。

除了自身意愿以及遗传学特征以外，膝盖、髋部、颈部和腰部疼痛也是摆在你面前的额外障碍。尽管如此，哪怕你已经受某种疾病困扰，我们也会向你解释如何在这种情况下继续训练大腿。

生物力学特点

膝部运动vs髋部运动

让我们比较一下像腿屈伸这样的孤立练习与像深蹲这样的基础练习。

在腿屈伸动作中，全部动作都是在膝部完成的，因此股四头肌几乎是完全孤立运动的。而深蹲动作涉及踝部、膝部和髋部，因此做功情况以及锻炼的肌肉比较分散。练习时膝部运动越多，越能锻炼股四头肌。在大腿，特别是股骨短的人群身上这一点

很明显。

腿越长，练习时髋部运动越多。而腘绳肌，特别是臀部参与做功的情况与股骨长度有关。身体越向前倾，背部受到的危险越大。理论上说，这样会减少膝部部分做功，从而减少对股四头肌的锻炼。

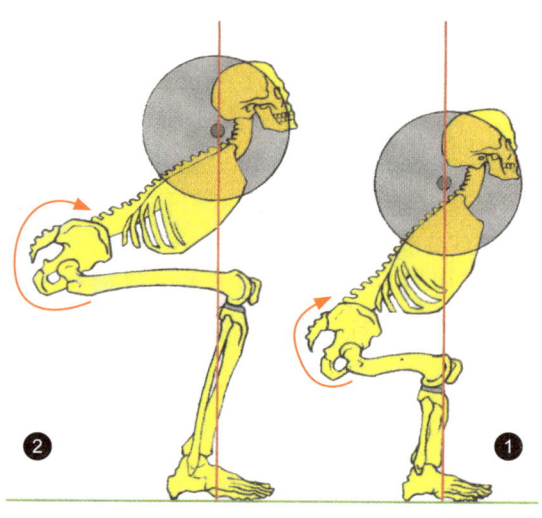

❶ 股骨越短，髋部运动越少，从而有利于锻炼股四头肌。

❷ 股骨越长，髋部运动越多，从而减少对股四头肌的锻炼。

应对疲劳时神经的个体结构

有一项科学研究试图找出在练习深蹲时力竭的源头在哪里。哪个关节（以及相关肌肉）是深蹲时的薄弱环节呢？三分之二的受试者力量不足的源头在于髋关节（因此导致臀部疲劳，一定程度上也会导致腘绳肌的疲劳）。而剩下三分之一受试者的薄弱

环节在膝关节，因此导致股四头肌疲劳。

从中可以得出的第一个结论是，做同一练习时，不同运动员调动肌肉的方式很不一样。有的人臀部用力更多，有的人股四头肌用力更多。虽然这个结论很显而易见，但还是值得再重申一遍。

臀部首先疲劳的被试者，大腿肌肉募集会轻微增加。但因为增加的程度很轻微，并不能弥补臀部疲劳。反过来，如果大腿首先疲劳，臀部会弥补募集不足，但也无法完全弥补所有疲劳。

肌肉不会一下子全都"疲劳"，而只会影响一部分肌群。所以每块肌肉都还会剩余一些力量，但因为太过微弱，不足以弥补薄弱环节。

但通常，限制大腿基础训练效果的主要因素并不是肌肉，而是心血管系统难以跟上练习所需的强度。你会觉得头好像要爆炸了，氧气不足并且心率达到了极限。

如果你很担心这类问题，可以采取后疲劳训练的策略。在深蹲或腿举后，马上接着做腿屈伸练习。因为在基础动作中股四头肌的力量不可能完全发挥出来，所以这时还有力量。

该研究还表明没有人双腿的推力是相同的。研究组发现右腿比左腿多用力 10% 左右。

运动幅度与负荷重量的影响

做基础练习时动作幅度越大，越能提升肌肉募集。不仅能提升对股四头肌的募集，同时还能提升臀肌的募集。而臀肌与股四头肌募集各占多少有一个大概的比率。如果腿比较短，这个比率就相对有利，相较于臀肌，股四头肌能更好募集。但哪怕在平均身高为 1.68 米的受试者中，比较他们做深蹲练习时的情况，会发现臀肌募集速度几乎是股四头肌的两倍。

负荷重量也有一定影响。如果负荷轻，大家都可以在保持髋部尽量不动的情况下做很多膝部运动。承担的负荷越重，髋部的作用越大，就越有利于练习臀肌。这样，反而对股四头肌的锻炼越来越少。做如 45°腿举练习时，也会出现这样肌肉募集有所偏移的现象。

优质训练器械的特点

如何在不损伤膝和髋等关节的同时更有效地刺激大腿？

股四头肌的经典基础动作，如深蹲、哈克深蹲、45°腿举的运动轨迹几乎都是直线。

比如在深蹲时，为了保持平衡，身体自由度非常小，这样才能让关节的旋转能力尽量适应动作。

但对我们的身体来说，大腿做几乎线性的运动是不太自然的。在行走的时候，大腿做圆周运动，跑起来就更是如此。移动速度越快，轨迹越像椭圆。所以说，大腿基础练习违背了这种天生的圆周运动方式。

这有点像是试图原地跑步：跑得越快，动作越危险。在肌肉训练中也是如此。运动幅度越大，就越能意识到这一点。如果动作幅度只有几厘米，那么做线性运动还是圆周运动几乎没什么差别。

对于四肢细长的人来说，线性运动轨迹可能很奇怪，会觉得不舒服且感觉不符合生物力学，导致无法发挥出最大力量。相对的，一个人的腿越长，越会觉得弧线运动轨迹比较舒服。

圆周运动器械的飞跃式发展

不同于经典腿举练习完全笔直的轨迹，最新一代腿举的器械运动轨迹是弧形的。这一创新训练方式动作幅度更完整且更符合本身运动形式，所以能更好地锻炼大腿肌肉。

这样锻炼更高效，能节约时间，需要做的其他练习更少但效果更好。此外，圆周运动轨迹对如膝、髋等关节以及下背部更加友好。

运动幅度更大

要从 A 点走到 B 点，直线距离最短。如

哈克深蹲是典型的线性轨迹的练习。

果从 A 点到 B 点做弧线运动，需要走的路线更长。在肌肉训练中，这意味着增加动作幅度，有利于让更多肌肉做高强度运动。

做线性运动时，一个身材高大的运动员增加的运动幅度越多，臀肌募集进程越会占据股四头肌募集进程。圆周运动器械的优点就在于能帮助身材高大的健美选手重新建立起他们所需的更合理的募集比率。这样比起线性运动，能更偏向募集股四头肌而不是臀肌。

肌肉运动更完整

想通过经典动作如深蹲、哈克深蹲以及传统的推举方式锻炼所有的大腿肌肉（股四头肌、腘绳肌、大腿内收肌和臀肌），必须配合各种辅助练习，因为这些经典动作无法募集下半身的某些部分肌肉。使用圆周运动器械，运动轨迹为圆弧形，动作幅度更大，所以可以通过一个动作更有效地全面锻炼整条大腿。

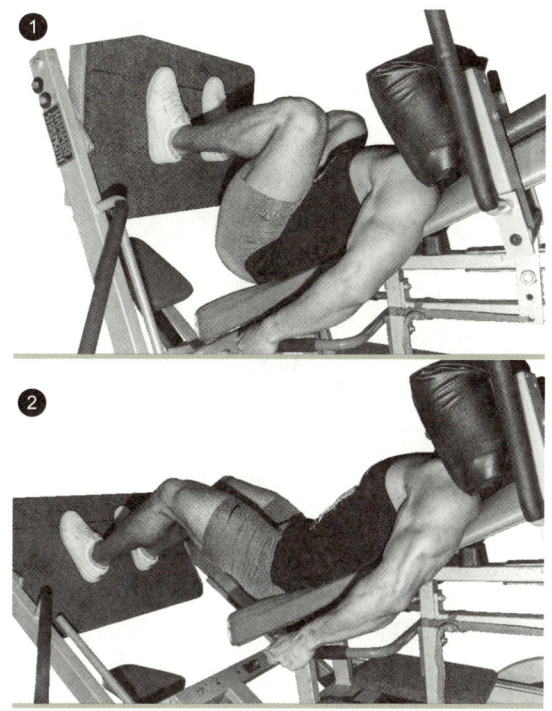

❶ 起始姿势：圆周运动器械能更好拉伸下半身的所有肌肉。

❷ 终止姿势：圆周运动器械能以更大的运动幅度和更自然的运动形式更好地募集肌肉。

双脚放置位置相同的情况下，弧线运动可以加强对腘绳肌的募集，但不会削弱对股四头肌的作用。使用圆周运动器械，募集肌肉时，大腿不同肌群之间存在的竞争更小，而更多是协同运动。相对地，由于募集的肌肉量更多，运动时会更容易疲惫。

圆周运动器械之间有何不同？

并非所有圆周运动器械都有同样的价值。有些器械的座椅与活动平台平行，所以能提供的运动幅度有限。这类圆周运动器械

作用就不大。相反，座椅越是垂直于活动平台，大腿能够移动的空间越大，也就可以划出尽可能大的弧线轨迹。相对地，如果座椅比较平，下背部能起更大作用，但这样可能很危险。腰带深蹲（详见第 172 页）不会压迫下背部，是一个比较好的折中方式。

还需注意，脚踝灵活度越低，使用摆动式平台做腿举越有益。

注释： 上述优点适用于各种做圆周运动的器械，特别是锻炼背部、肩部和胸部的圆周器械。它们有助于增加相关肌肉的运动范围，同时又不损伤肩关节。

适应阻力

■ 做深蹲、哈克深蹲或是经典腿举练习时，全程受到的负荷是恒定的。与此不同，使用许多现代的圆周运动器械练习时，器械提供的阻力根据腿部位置而变化。

■ 在运动的下降阶段，处于拉伸姿势时承受的负荷比较小，这样才不会压迫处在不稳定位置的关节。越是用力推动器械伸展腿部，受到的阻力越大，从而增加练习难度。而腿部越伸展，大腿肌肉的杠杆作用越好。

■ 在深蹲、哈克深蹲和经典腿举时，下降阶段的动作非常难，而上升阶段的动作就变得太容易了。通过减少动作幅度可以弥补这种用力大小不一致的情况，但这样会使大腿的肌肉得到的锻炼很不完整。比如，在深蹲或腿举时我们下降的幅度越小，越难有效锻炼腘绳肌。

■ 使用现代器械练习时，阻力变化能使得肌肉募集强度更大又更自然，有助于在保

护关节的同时大大增加肌肉质量和力量。除了增加负荷外，使用弹力带能够加强这一调节作用。

弹力带的好处

做如弓步等动作时，使用宽弹力带练习比使用哑铃练习的肌肉收缩率高30%。因此，使用器械练习时，特别是器械的调节力度不太强的话，借助弹力带调节阻力是很有效的做法。

此外，使用弹力带练习更加动态，尤其是消极阶段的部分。比起自由负荷，使用器械练习时消极阶段的强度较低，这也是使用器械训练来建构肌肉时一个比较不足的地方。而使用弹力带可以弥补一些不足。

⚠ 注意

不要混淆基础练习中的聚合式练习与环形运动。一些背部或胸部训练器械可能既是聚合式器械又是旋转式器械。使用聚合式器械（machine conv-ergente）锻炼时，器械提供的阻力随动作变化而变化，从而有助于以良好状态针对性强化锻炼特定肌肉。由于这类器械设计时遵循身体自然状态下的运动特征，所以锻炼时动作流畅，不会出现突然停顿，因此危险性也比较小。使用旋转式器械（machine circulaire）锻炼时，肢体做圆周运动或是弧线运动。总的来说，聚合式器械也是旋转式器械，但反过来说就不成立了。有些器械是旋转式器械，但不是聚合式器械。

在动作下降阶段，负荷重量相对较小，而双腿在伸展状态时，负荷重量增加。使用弹力带可以增加这两个阶段的负荷差。

大腿训练器械就属于这类器械。大部分大腿训练器械都是旋转式器械，但只有极少部分是聚合式器械。而且以聚合方式锻炼大腿不一定是个好主意。

所以，如果有人谈及聚合式腿举训练，要学会自我纠正概念。他的意思是说以圆周运动方式做腿举。很多人都混淆了这两个术语，这也意味着他们并非真正了解自己所说内容的含义。

形态学特点

腿部形状的影响

内翻的膝盖

在进行如深蹲、硬拉、抓举或挺举等运动，以及做腿举和哈克深蹲时，弓形腿很有利于保持稳定性。

但是，弓形腿的大腿"间隙"很明显，

需要加强锻炼大腿内收肌来填补间隙。如果膝盖特别内翻，那么内收肌位置较高且比较短，想填补间隙就会更加费力。

如果整条腿都是弓型，而不仅仅只有小腿是这样，在做大腿练习时需要特别注意稳定性。这种情况下，建议使用器械而不是自由负荷进行练习。尤其如果你还是初学者的话，会比一般情况更难维持自身平衡。

在女性群体中更常见的膝外翻

在做上述提到的练习时，与膝内翻相反

的膝外翻情况也是一个不稳定因素。在膝外翻的情况下，膝关节会不由自主地想要相互靠近。为了进行弥补，需要加强髋部的旋转肌和大腿内收肌。不过，这种腿形大腿间的"空隙"就不太明显了，对于大腿内收肌高且短的人群来说是个好消息。

造成错误健身观念的膝过伸

如果在做如腿举或深蹲等大腿练习时伸直腿部，特别是如果你的小腿还比较长，这种腿形也很容易导致意外。

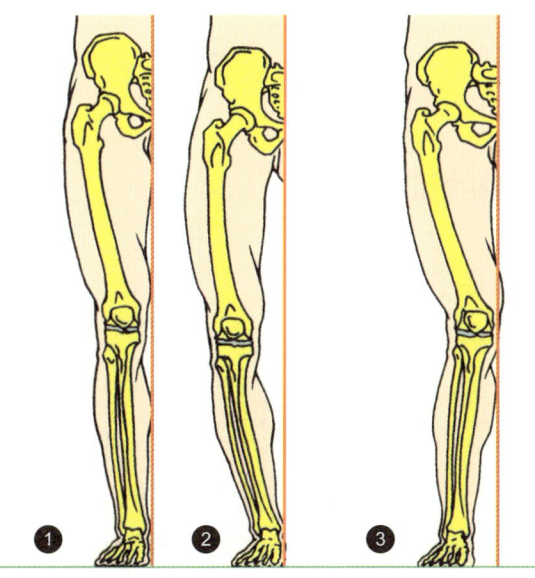

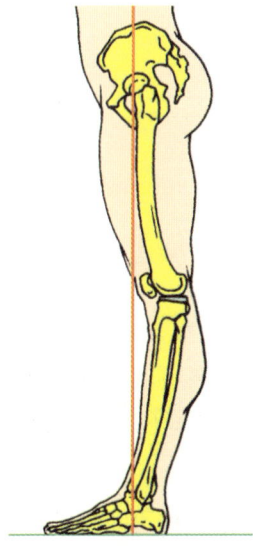

除了长度之外，人与人之间的腿型差异也很大。骨骼结构对某些动作的协调性以及运动技巧都有很大影响。

❶ 直腿　❷ 膝内翻　❸ 膝外翻

如果做大腿基础练习时腿部过度伸展，这是可能导致意外的典型腿形。但是并非所有人都有膝过伸的情况。所以，没有膝过伸的人可以伸直腿部，虽然有些不了解的人可能会批评这一做法。

结论：如果你存在上述三种情况中的一种，且膝关节弯曲度特别明显的话，建议制作训练用的增高鞋。这是所有高水平运动员都会采取的基本预防措施。我们建议你也这么做。

平底鞋vs增高鞋跟？

在做大腿基础练习时增高鞋跟有利于提升股四头肌募集。与平底鞋相比，增高鞋跟可以增加膝部活动并减少髋部活动。许多混合训练用鞋通常模仿举重用鞋的形状，往往会采用增高鞋跟。

穿这类鞋子会大大增加对髌骨的使用，如果你膝关节不舒服，就需要重新思考一下对鞋子的选择了。比起混合训练者，许多力量举重运动员倾向于选择平底鞋，这样能更好使用腘绳肌和臀肌的力量。这样能减少对髌骨的使用。如果膝关节很脆弱，建议穿着举重运动员的平底鞋或者近期又重新流行起来的查克·泰勒（Chuck Taylor）鞋。

股四头肌训练中的问题

"如果膝关节疼痛要怎么锻炼股四头肌？"

膝关节疼痛不应该成为停止锻炼股四头肌的借口。可能会出现以下两种情况：

想尽量减少关节疲劳，我们接下来会介绍一个不太需要调动膝部的股四头肌练习。

1 只有基础练习会引起膝关节疼痛

做深蹲、哈克深蹲或腿举时膝关节可能感觉疼痛，但做股四头肌孤立练习时不会感觉膝关节疼痛，或者只有很轻微的疼痛。然而，活动膝关节时，你会觉得这些动作引起了疲劳，甚至是关节炎。你会想避免这种情况，让髌骨能尽快恢复。

2 所有要活动膝关节的动作都会造成疼痛

在这种情况下，应该避免膝关节参与运动。要做到这一点，可以使用臀部训练器械做提膝练习来锻炼股四头肌。做该练习时腿部弯曲或使用低滑轮。这个动作实际上只会锻炼股直肌，但做高组数训练的话，髌骨肌腱血流增加对膝关节有益。

❶ 臀部训练器械提膝练习：起始姿势。

❷ 终止姿势：脚向后抬时越靠近臀部，对股直肌的募集强度越大。

❸ 如果弯曲膝关节会引起疼痛，那么可以保持腿部伸展。

在这两种情况下，使用血流限制训练法比较有利，因为这样可以使用轻得多的负荷重量练习。如果有条件使用振动或摆动式器械，在不会引发膝部疼痛的前提下可以借助这些器械来训练。另一种方式是使用电刺激，因为不需要任何动作，电压强度越大，对膝关节的压力就越大。使用电刺激可以缓解疼痛，加快恢复速度，但多少会高强度地募集股四头肌（关于这三种训练技巧的更多细节，详见本书第 51 页及其后内容）。

可以使用一个低滑轮来练习抬膝。可以将双手放在固定位置增加身体稳定性。

如果背部疼痛要怎么锻炼股四头肌？

可能会有两种情况：

❶ 只是想采取预防措施保护背部或是感到背部受到一些"挤压"

我们接下来会介绍的腰带深蹲和许多变化动作可以保护背部完全不受损伤，同时能高强度锻炼下背部。即使腿举时背部受到的压力比深蹲时更小，做腿举时也需要多加注意，因为做该动作时对背部的压力比看起来更大。

❷ 背部疼得厉害，很多练习都不能做

诸如腿屈伸、不负重弓步、腰带深蹲等练习不会压迫背部。以血流限制训练法做这些练习效果会更好。电刺激也可以作为一种锻炼大腿并抵抗背部疼痛的方法。

在两组大腿练习之间将腿抬高有好处吗？

在做三角肌训练时，如果肩部灼烧感没能充分消退，我们建议在两组练习之间将手臂悬空在单杠上。按照同样的逻辑，有些运动员试图通过在两组大腿练习间稍微抬起腿来加快恢复速度。抬起手臂似乎不会造成什么问题，但是当我们在训练时抬起腿部的话，会立刻感觉血液涌向大脑，而这些血液分子会引发疲劳感。抬起手臂不会像抬起大腿那样"一下子"引起疲劳感，这是因为三角肌体积比大腿肌肉小得多，因此不会产生那么多的"疲劳"分子。

所以，在两组大腿练习间抬起腿并不能促进恢复，反而会加快疲劳的速度。虽然只是个人观察，但许多人抬着腿时能更快入睡。虽然这在晚上睡觉时是个好事，但并不利于训练。除了这一观察以外，科学研究也并没有证实这样做能加速组间恢复。当然不排除个别人可能从中受益，虽然这样的情况很少，但也不能完全排除。所以，可以在训练中尝试这种技巧，自己观察一下效果如何。

如何加快大腿恢复速度？

科学研究表明，高强度的训练会对训练的肌肉附近的淋巴管造成暂时性损伤。淋巴管的功能是排出多余的液体以及细胞产生的废物。肌肉训练后会有大量的废物产生，只要淋巴管整体没有受到太大影响，就会积极参与恢复过程。

由于重力作用，大腿恢复比其他任何肌群都更容易受到淋巴管退化的影响。所以，在大腿训练后，局部淋巴管的损伤就会限制废物排泄，从而可能延迟肌肉恢复。将大腿悬空抬起就是一个能克服淋巴管暂时性效率减退的简单方法。在训练过后几小时内，不管是躺着还是坐着，都尽可能抬起腿。当你感觉腿部开始"缺血"的时候就把腿放下来。不要等到开始发麻了才回到正常位置。过几分钟后再抬起腿，这样重复2~3次。这个姿势也有利于膝关节恢复。

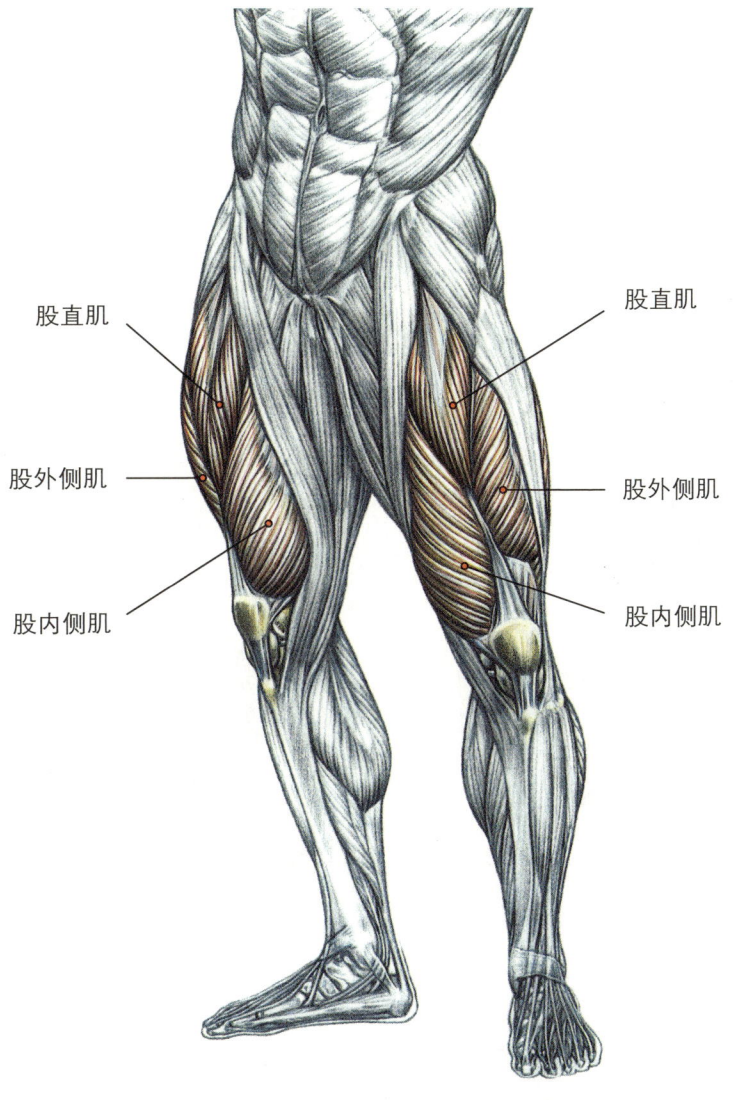

股直肌　　股直肌

股外侧肌　　股外侧肌

股内侧肌　　股内侧肌

由于大腿肌肉量比较大，每次大腿训练都是对身体和精神的考验。

腰带深蹲

特点

该基础练习能针对整个大腿和臀部。将躯干或多或少地向前倾斜，也可以将锻炼重点放在腘绳肌上。

动作描述

将腰带放在腰间，两脚开立至少与肩同宽。拉开器械释放负荷。下蹲到最大限度，然后站起来，接着重复动作。

关注要点

双脚离腰带固定点的位置越远，对腘绳肌和臀肌的募集越强，且不会损伤膝关节。双脚离腰带固定点的位置越近，对股四头肌的募集越强，且对膝关节使用越多。

双脚间距越大，越容易募集腘绳肌。两脚间距特别大的时候，大腿内收肌在肌肉训练中的作用越大。

注释

根据腿部骨骼结构，在每次重复动作前

起始姿势：由于腰带的作用，负荷位于重心，而不是像杠铃深蹲时那样，负荷被移动到肩部位置。

终止姿势：由于背部没有负荷，在运动过程中躯干可能会保持挺直，也可能不会保持挺直。

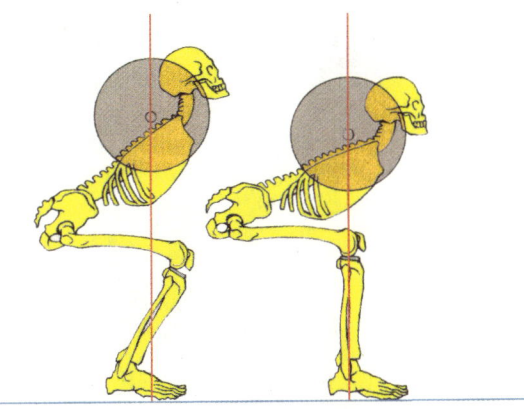

使用杠铃练习深蹲时，想要膝盖不向前冲，必须进一步向前倾斜背部来保持平衡。做腰带深蹲时，就不需要考虑保持平衡的问题，可以在不让膝盖前冲的情况下保护髌骨，同时又不会影响到背部的完整性。

都可以伸直或不伸直腿部来休息。如果你有膝过伸，在每次重复动作前都不要完全伸直腿部，但同时要保持腿部持续受到张力。在一组练习过程中想要休息的话，需要重新安装安全装置来支撑负荷。在重新释放负荷前恢复几秒钟时间。

在一组练习结束后，可以使用手臂力量站起来，这样可以强制多重复几次动作。

窍门

除了使用负荷外，还可以增加弹力带，使练习尤其是消极阶段的练习更动态。

变化动作

1 深蹲时躯干保持前倾，这样可以更好拉伸腘绳肌和臀肌，也有利于募集这些肌肉。

2 深蹲时尽量保持背部挺直，这样有利于募集股四头肌。

3 想用一个动作锻炼整个大腿，可以练习时先挺直背部。在一组练习中，为了补偿疲劳，每次重复动作时逐渐向前倾斜躯干，这样可以让大腿后部力量补偿股四头肌疲劳。

如果没有特定的训练器械，可以使用：

a 将负重腰带固定在：

- 重型垫片或哑铃上。
- 辅助训练架上。可以用一条毛巾防止金属与金属接触打滑。

b 使用辅助训练架，将杠铃放在腹股沟高度。保持躯干挺直，优先锻炼股四头肌，同时也能锻炼腘绳肌。如果在下蹲时躯干向前晃动，而站起来时挺直躯干，能加强对腘绳肌的锻炼。

可以在杠铃上叠一块大毛巾增加接触面积。需要始终保持腿部张力但不完全伸直腿部，避免杠铃滑落。因为是将负荷直接放在锻炼的肌肉附近的，所以没有必要用太重的负荷练习。

c 将一条带子穿过膝盖后部。哪怕不负重训练，躯干越向后倾斜，动作难度越大。

哑铃腰带深蹲

使用辅助训练架练习腰带深蹲

低位姿势：使用辅助训练架练习腰带深蹲，将负荷直接放在大腿上。

高位姿势：伸展大腿时，不要伸得太直，避免杠铃滑落。

优势

与经典深蹲不同，腰带深蹲不会弯曲脊椎或肩膀。

可以将背部大幅前倾而不会让腰部有危险。不用负重腰带练习可以更好地呼吸，比起经典深蹲，有助于提升耐力。

做该练习时，臀部后推躯干前倾，这样对膝关节的压力较小，所以膝关节也不容易受伤。

局限性

负荷越重，腰带越容易导致损伤。将一块大沙滩巾折叠几次，随后垫在自己和腰带之间，可以减少对髋部的挤压。

做腰带深蹲时，从某种程度上来说重力是倒过来的。如果身体习惯了受到挤压，那么肯定不习惯受到的压力减轻。必须通过几组轻负荷练习让韧带习惯这种相反的力量模式。

危险性

使用器械练习时，第一次动作就需要保持好姿势。如果双脚站得太靠后，腰带可能会将你向前拉，让你摔倒。理想情况是在热身练习时确定好脚的位置。这样可以避免在大负荷训练时被迫移动位置，由于腰带的拉力要做到这一点并不容易。

如果腘绳肌和内收肌的柔韧度不是很好，注意不要一开始就下蹲得太低。

使用带子练习腰带深蹲。

器械深蹲

特点

　　该基础练习针对整个大腿，尤其能锻炼股四头肌和臀肌，也一定程度上锻炼了腘绳肌。使用这些器械可以解决一部分深蹲自带的问题，但又会产生其他问题。

动作描述

　　进到器械里，将头放在两个海绵软垫之间。保持背部挺直，解开安全装置并下蹲。如果感觉腰椎离开了椅子，就使用大腿的力量站起来。

关注要点

　　脚的位置越是靠近臀部正下方，腰椎会越快离开椅子。将脚向前挪，针对股四头肌的锻炼减少，但能够在不弯曲背部的情况下，下蹲得更低。

注释

　　注意不要混淆器械深蹲和哈克深蹲。做哈克深蹲时，背部是向后倾斜的，这样有助于更好募集股直肌，从而有利于刻画股四头肌中部。做器械深蹲时，背部向前倾，比起哈克深蹲，对股四头肌，特别是股直肌的募集有所减少。另一方面，器械深蹲能更多锻炼臀肌和腘绳肌。

股骨越长，使用圆周运动的器械练习越有益。

存在各式各样圆周运动轨迹的大腿训练器械。

优势

　　不会像做自由深蹲时那样，在练习开始时举起杠铃，在练习结束时放下杠铃，这样就能去除一个脚部的大麻烦。杠铃不会晃动，所以不会失去平衡，如果杠铃晃动是很危险的。通常以圆周轨迹运动。如果在练习时失败了，安全装置可以接住负荷，就不会像做自由深蹲那样被砸伤。

变化动作

1 可以只锻炼一侧腿，这样可以更好固定背部。在此情况下，要么将一条腿前伸保持不动，要么向后弯曲确保下蹲时器械不会压迫这条腿。

2 如果没有器械，可以使用辅助训练架做同样的练习，不过这样就无法以圆周运动轨迹练习了。

3 使用六角杠铃可以在保持背部挺直的情况下深蹲，因为不会像常规杠铃那样对重心有很大调整，能减少受伤风险。

局限性

每种深蹲器械都有最适用的大腿尺寸。如果大腿超出了一定程度，就需要后弓背部才能下蹲到平行线以下。

危险性

在动作的下降阶段，身材越高大，器械越容易使背部处在危险姿势。所以越下蹲，越容易给腰椎和髋部造成危险。

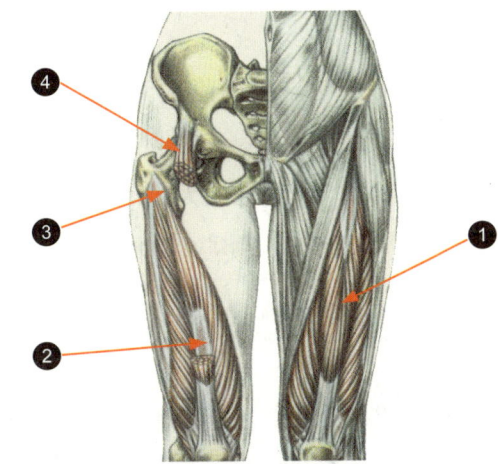

1 股直肌是股四头肌中唯一一个双关节肌头。**2** 它与其他三个肌头在髌骨位置有一根共同的肌腱，而其他三个肌头附着在股骨上**3**。**4** 股直肌则附着在盆骨上。不同于股四头肌其他几个肌头，如果躯干倾斜，股直肌募集会受到很大影响。

使用六角杠铃练习能消除常规深蹲自带的一些问题。更接近器械深蹲，但不以圆周轨迹运动。

垂直腿举

特点

　　该基础练习针对整条大腿，同时还能以独特的角度锻炼臀肌和腘绳肌。

动作描述

　　躺在靠背上，固定好腰椎。依次抬腿将脚放在移动平台上。稳定好姿势后，放开安全装置让平台下降。当股四头肌碰到躯干后，伸展双腿并重复动作。

关注要点

　　两脚间距越大，双腿能下降得越低。

注释

　　脚的位置对肌肉募集结构会有很大影响。

　　脚的位置越接近脸部上方，越能募集腘绳肌。脚的位置越接近臀部上方，越能募集股四头肌。

　　和所有腿举练习一样：

　　■ 座椅与脚踏板越是平行，越能募集腘绳肌。

　　■ 座椅与脚踏板越是垂直，越能募集股四头肌。

做此动作时对腘绳肌的拉伸比常规腿举更强。

垂直腿举本身的动作幅度相当有限，除非抬起臀部让腿下降得更多，但非常不建议这样做。

变化动作

1 辅助训练架：这是一种很流行的替代练习，但在我们看来比较危险，特别是对于还没能很好掌控自己肌肉的初学者来说。

2 使用常规的腿举器械，让座椅尽可能与脚踏板平行。哪怕尽可能将脚抬高，这个姿势也不如使用垂直腿举器械练习舒服与自然。

3 使用垂直腿举器械练习可以完成与水平腿举几乎一样的动作，但对腘绳肌的针对性锻炼不如后者强，对膝关节来说也没那么剧烈。

优势

这种腿举练习以一种独特的角度，用一个动作就能锻炼整个大腿的肌肉，尤其注重锻炼臀部。该练习深受女性喜爱。

局限性

垂直腿举的运动轨迹是线性的，对髋部刺激更大且从肌肉层面来说对膝部的锻炼效率较低。该练习很少有以圆周轨迹运动的版本。

危险性

背部越后拱，动作幅度越大，就能更好地感觉收缩，特别是臀肌的收缩。但这样做会给腰椎间盘带来危险。脚在上头在下的姿势也不是发力的理想姿势。所有有心脏问题的人都不该做这项练习。

弥补腘绳肌不足

在肌肉训练中很容易忽略腘绳肌。那些通常被认为是股四头肌练习的基础动作，如深蹲或腿举等练习，腘绳肌都发挥着特别重要的作用。

腘绳肌也是一块很不好锻炼的肌肉，因为虽然腘绳肌可能很出色，但却不够"粗壮"。有些人比较幸运，腘绳肌很长，比较"容易"锻炼，但有些人腘绳肌较短就不太会变粗壮。在此部分中我们会试图解释产生这一现象的原因，并尽可能试着提出解决方案。

腘绳肌的形体解剖学特点

骨骼结构对腘绳肌影响很大，特别是大腿上部腘绳肌的起始位置。坐骨是盆骨的下部，在坐姿状态时靠的就是坐骨。腘绳肌上部也附着在坐骨上。坐骨形态（也叫作坐骨粗隆）对腘绳肌的美观性影响巨大。

大腿后部肌肉体积相同的情况下：

■ 如果坐骨向后倾斜，有助于让腘绳肌显得突出，哪怕腘绳肌不太粗壮也会非常明显。

■ 如果坐骨内收掩盖了腘绳肌线条，哪怕腘绳肌很粗壮，也会显得不够发达。

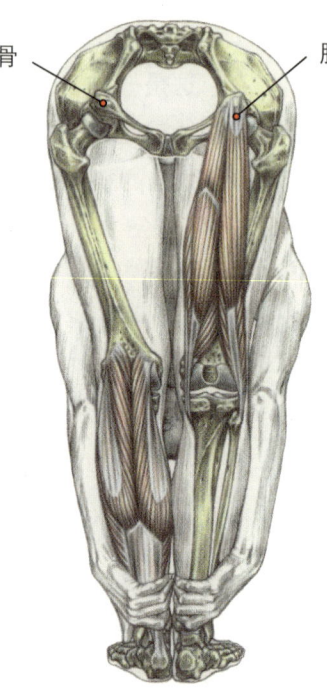

坐骨　　　　　　　　腘绳肌腱

腘绳肌腱附着在坐骨上。

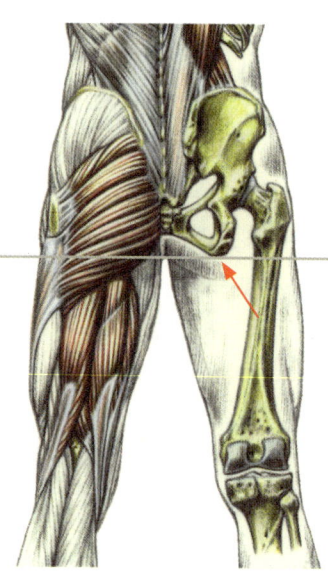

坐骨特别内收的话不会凸显腘绳肌。

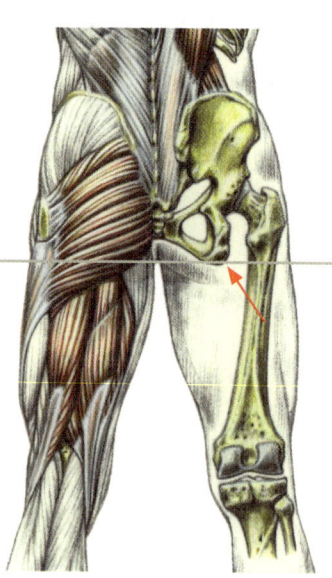

坐骨后倾能凸显腘绳肌。

腘绳肌和臀肌的竞争

　　臀肌和腘绳肌之间存在着空间竞争，因此也会间接地导致这两块肌肉的募集间存在竞争。当臀肌在股骨上的附着点较低时，腘绳肌相对就较短且在大腿上的位置不会很高。臀肌较长，留给腘绳肌的空间就比较小。这种情况下臀肌在大腿后部和前部的基础练习中起主要作用，要锻炼短腘绳肌会更难，因为募集起来更困难，且肌肉训练的效果更小。

　　相反，当臀肌在股骨上的附着点较高时，腘绳肌拥有更多的附着空间，肌肉较长锻炼起来比较容易。如果是这样的情况，运动时腘绳肌比臀肌作用更大，也很快会显得很突出。

　　股骨长度也有一定影响。在所有其他条件相同的情况下，股骨长的人比股骨短的人更难练出壮硕的大腿，因为想做到这一点必须"锻造更多的肉"。

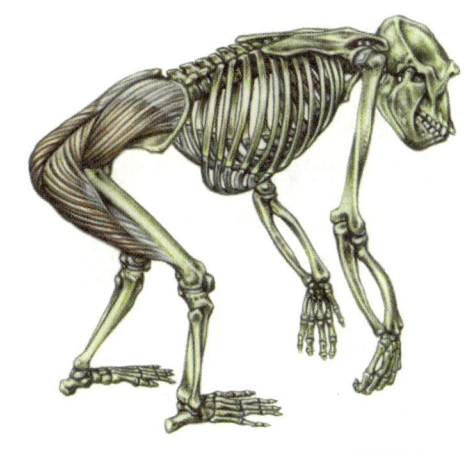

参照我们祖先的模型，臀肌位置越靠下，留给腘绳肌的空间就越少。

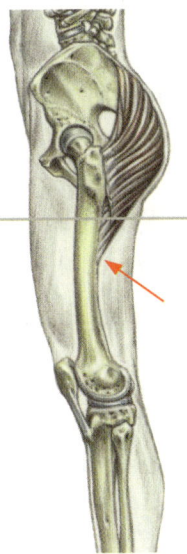

臀肌附着点位置越低，留给腘绳肌的空间越少。

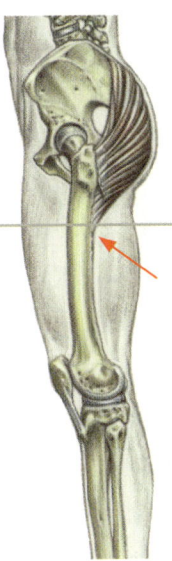

臀肌附着点位置越高，留给腘绳肌的空间越多。

形体解剖学预测分析

通过分析这四项标准（坐骨偏移情况、臀肌伸展情况、腘绳肌长度以及股骨尺寸），可以预测训练大腿后部的肌肉是否能轻松产生效果。解剖学结构越不利，想要练出发达的大腿后部就需要越多的努力。

做形体解剖学预测分析的好处是可以帮助你从肌肉训练最开始的时候起就意识到自己可能遇到的困难，而不至于需要花上 2~3 年时间才能意识到腘绳肌是自己的一个薄弱处。这样可以通过调整训练方案提前采取行动，而不会疑惑为什么大腿后部训练效果不像其他肌肉那么好。

需要注意的是，我们在这里讨论的是由形态原因导致的不足。如果肌肉难以变粗壮，可能并不只是因为它的纤维量不足或是纤维不够优质，还可能是因为从解剖学角度来看其附着环境就不是很有利。当然，一个人也可能既有形态学上的不利因素，纤维量又不足。

内收肌发展可以部分弥补腘绳肌不足的问题

内收肌发展是弥补腘绳肌不足，或者更宽泛地来说是弥补大腿薄弱处的一个关键方式。一方面，内收肌的肌肉量会让股四头肌和腘绳肌外侧显得更粗壮。另一方面，使用内收肌训练器械练习可以作为锻炼大部分腘绳肌的独特方式（详见第 194 页及其后内容）。

腘绳肌训练中的问题

"如果膝部疼痛的话要怎么锻炼腘绳肌？"

膝部疼痛不应该成为停止锻炼腘绳肌的借口，尤其是在大腿训练中，腘绳肌对保护膝部来说很重要。可能会出现以下两种情况。

1 只有做孤立训练时膝部才会疼

在做腘绳肌"孤立"训练时，觉得活动膝部会引起"疲劳"，甚至是关节炎。你会想避免这种情况，让髌骨能尽快恢复。

如果是这种情况，完全伸直腿部以不同的动作幅度试着做硬拉，来确定是否会对膝部造成不良影响。如果无法做硬拉，可以采用使用腰部训练椅的练习来代替。

可以用坐姿或站姿练几组腿弯举，尽量降低关节"疲劳"，在腘绳肌练习的部分（详见第 184 页及其后内容），我们会研究一些膝部活动特别少的动作。这些动作可以作为预疲劳练习，这样可以减少做硬拉或各种腿弯举时使用的负荷重量以及训练组数。

② 所有要活动膝部的动作都会造成疼痛

这种情况下应该避免膝关节参与运动。要做到这一点，可以弯曲腿部，使用臀部训练器械练习抬腿，或者伸直腿部，使用高滑轮练习抬腿来锻炼腘绳肌。

在这两种情况下，使用血流限制训练法比较有利，因为这样可以使用轻得多的负荷重量练习。还有一种方式是使用电刺激技术，这样不需要膝部有任何动作。但很遗憾，对腘绳肌使用电刺激是很不舒服的，甚至特别痛苦。

腘绳肌的局部募集问题

"不同练习会对应不同的腘绳肌募集方式吗？"

已经有许多研究分析了不同大腿后侧练习对组成腘绳肌的各肌头的影响，以及对每个区域肌头优先募集的影响（肌肉上部靠近臀部区域，肌肉下部靠近膝部区域，或是肌肉中间区域）。

理解研究的局限性

不管研究本身有多科学，都应该慎重对待其结论。因为研究的被试人员数量是很有限的，而每个人的身体形态又非常不同。在本书的第 179~182 页中，我们已经解释了从解剖学上看个体之间的巨大差异。在肌肉募集方面，还需要考虑到不同的神经支配情况。神经支配情况也存在诸多差异（可以参见第 131 页肱肌的例子）。而在研究中，通常会取一个平均值。平均值可能混杂了各种情况，实际上并不符合任何一个研究被试者的情况，因而也几乎不可能符合你自身的解剖学特征。也就可以理解为什么不同研究的

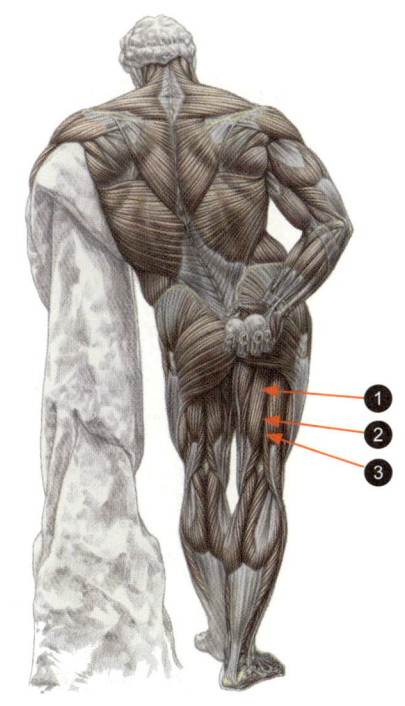

除了激活各个肌头，研究显示，一些动作会优先锻炼腘绳肌上部❶，中部❷或下部❸。

结果会有很大差异，因为每次参与研究的被试的身体结构都不可能完全相同。实际上很难说这些针对肌肉募集进行的研究是科学的，也并不应该将其结论当作绝对的真理。但这也并不意味着这些研究没有价值，起码起指导性作用。

肌肉募集特别不均匀

这些研究不仅分析了什么练习能锻炼腘绳肌的哪个肌头，还进一步用具体例子详细说明了肌头中的某个区域的锻炼效果。每个腘绳肌练习在同一个肌头的不同部分并不是以同样的强度来募集的。所以，同一个肌头的不同部分受到的募集是不均匀的。

此外，在同一个动作中，积极阶段和消极阶段的肌肉募集结构也是不同的。同一个人做同一个动作时，两条腿的肌肉募集情况也是不一致的。

从研究中究竟能学到什么？

通常情况下，调动关节的孤立练习，如腿部弯举，对腘绳肌下部的募集会多一些。调动髋部的孤立练习，如硬拉或腰部训练椅躯干上抬，对腘绳肌上部肌肉锻炼更多一些。

普遍观点认为，所有针对性练习都是对相关集群进行整体募集，且募集方式是完全一致的。而上述所有信息都在驳斥这个观点。但要确定每个不同动作募集的是什么区域，还是取决于你自身，而不是某个研究。

反向卷腹（Glute-Ham Raises）

特点

反向卷腹（GHR）是双关节练习，调动髋部和膝部。而它的一个变化动作只调动髋部，为单关节练习。

动作描述

跪在反向卷腹训练椅上，脚跟（跟腱）放在泡沫轴下固定双脚。向前倾身伸展手臂，让躯干垂直于地面。脚尖发力同时拉动腘绳肌、臀肌和腰肌，让躯干与地面平行，与腿部形成一条直线。随后弯曲膝关节，使得大腿后侧和背部与小腿成一个直角。但不要到 90° 的程度，从而保持肌肉持续受到张力。不必在此姿势上停留，回到躯干向下的状态。

注释

使用同深蹲或硬拉时同样的宽步距。

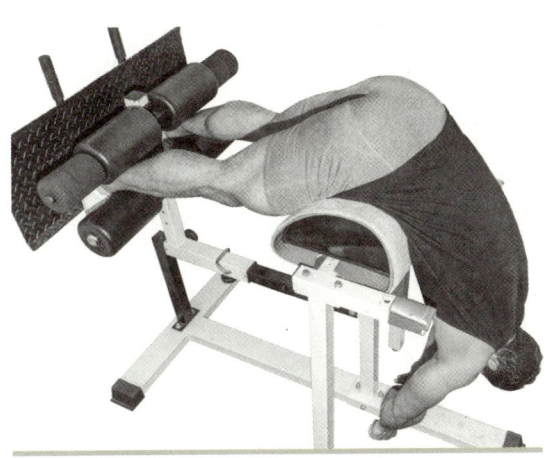

完全幅度的反向卷腹起始姿势。

在终止姿势时，脚尖发出最大推力，而不是只用脚踝的力量。

优势

该练习可以在不调动髌骨的前提下用来锻炼大腿后部和臀部，对于患有膝部疾病的人来说是很好的练习。

可以只做该动作的下降部分的练习，从而只锻炼动作的消极阶段。如果有腘绳肌撕裂，该练习可用作复健练习。如果你想避免积极阶段练习，可以用手辅助动作，抬起躯干。

可以通过调整躯干上升的高低，自由选择腰肌收缩强度大小。

局限性

很快会觉得动作变得太过容易，必须增加负荷。但这并不是能简简单单就做到的（详见第47页及其后内容）。

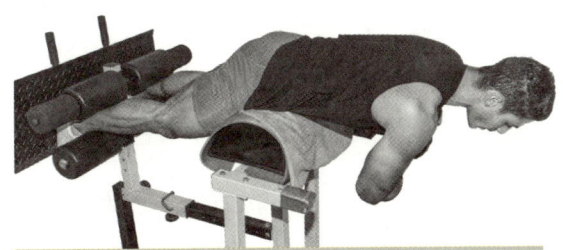

伸展双腿而不采用跪姿，躯干只上升至与地面平行高度。该变化动作只收缩髋部的腘绳肌而不是如常规版本中那样收缩髋部与膝部两部分的腘绳肌。

可以使用弹力带或负荷来伸展手臂，从而增加练习难度。

危险性

要确保牢牢固定住小腿，因为一旦小腿滑落就会造成事故。缓慢竖起躯干，不要抬得太高，避免压迫腰椎。

伸髋练习

特点

该孤立练习只调动髋关节，可以同时有针对性地训练腘绳肌和臀肌。我们会解释如何以最大程度募集大腿后部同时尽量减少募集臀肌的方式进行该项练习。

注释

与其他常规腘绳肌练习相比，该练习的主要优点是能在不调动髌骨的前提下锻炼大腿后部和臀肌，对于患有膝部疾病的人来说是很好的练习。

关注要点

有几种类型的伸髋训练器械。有些将阻力位置设置在脚下，这样会迫使膝盖参与运动。如果患有髌骨疾病，最好不使用这类器械。如果你没有任何病痛，这种类型器械的好处是除了募集腘绳肌和臀肌以外还能募集股四头肌，从而能更全面地锻炼大腿。

第二种类型的器械将阻力位置设置在跟腱处。这类器械的好处就比较多了，因为使用这类器械练习不用移动膝盖。但比起使用器械，我们更建议使用连接着高位滑轮的脚踝扣来实现器械练习的动作，这样能以更大幅度练习（详见第 188 页）。

第三种类型的器械将阻力位置设置在膝部。这是最有利于训练的器械类型，因为能高强度募集腘绳肌，只给膝部最小的压力。不过，很难用滑轮复制同样的动作。

动作描述（使用阻力位置在膝部的器械练习）

单腿站立，抬起一条大腿，将器械臂放在膝关节下。以腘绳肌的力量而不要用臀肌的力量降低抬着的腿，使其与站立腿平行。保持收缩姿势 1 秒钟，随后缓慢抬起膝部。要抬得尽可能高以便好好拉伸大腿后部。

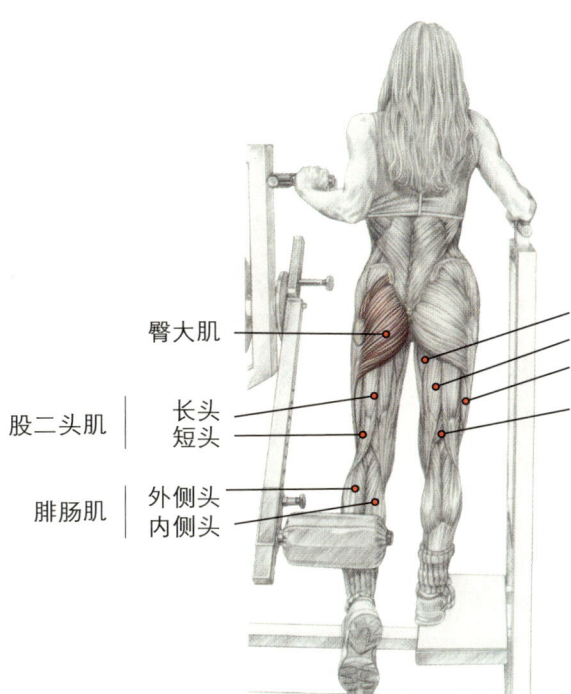

臀大肌

股二头肌 长头
短头

腓肠肌 外侧头
内侧头

大收肌
半腱肌
股四头肌（外侧头）
半膜肌

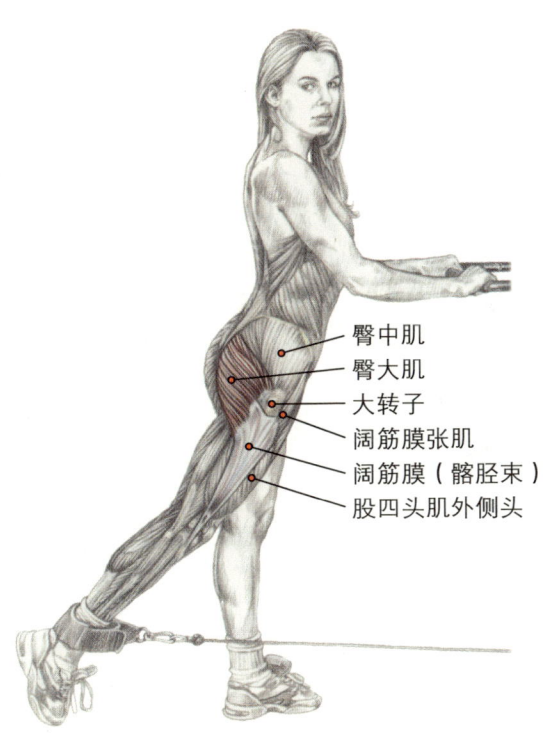

臀中肌
臀大肌
大转子
阔筋膜张肌
阔筋膜（髂胫束）
股四头肌外侧头

注释

哪怕将阻力放置在膝关节下，也可以用伸展腿部或弯曲腿部来练习。如果是弯曲腿部练习，因为只拉伸髋部的腘绳肌，而膝部的腘绳肌处于放松状态，所以能用更大的力量与更强的柔韧性以更大幅度做该练习。

如果是伸展腿部练习，大腿后部的柔韧性有所下降，会减小动作幅度，但也能以一种独特的方式锻炼肌肉。所以两个版本并不相同。

动作描述（使用连接在可调节高位滑轮的脚踝扣练习）

给每条腿上都戴上脚踝扣，搭扣朝前而不是在身后。面对滑轮站立，将左脚放在一个略高的位置（负重板、木板等）上，抬起右脚，将脚踝扣与滑轮相连接。滑轮至少要与肚脐同高。想要更便捷地连接脚踝扣与滑轮，可以弯曲右腿，将脚踩着滑轮的立柱作为支撑。以腘绳肌的力量而不要用臀肌的力量将右腿靠近左腿。保持收缩姿势 1 秒钟，随后缓慢抬起脚部。要抬得尽可能高以便好好拉伸大腿后部。

注释

为了更好募集腘绳肌，必须将身前的滑轮抬得尽可能高。

把滑轮抬得越高，越可以增大动作幅度，进一步加强对大腿后部的拉伸。

处于起始姿势时，用双手和站立腿保持自身稳定。

越接近终止姿势，脚部发挥的作用似乎越大，但这并不是我们此研究的重点。

优势

　　膝关节保持不动，对动作的干预不大。

　　使用滑轮做此练习，无需专门的器械也可以锻炼腘绳肌。

全程伸展腿部的变化动作。

起始姿势取决于自身柔韧度。能将脚抬得越高，受到的拉伸越强，从而最后腘绳肌的收缩越强。

保持终止姿势至少 1 秒钟，从而增强腘绳肌的收缩。

局限性

必须单侧练习，虽然这样能更好集中锻炼肌肉，但比起双侧练习需要的时间更长。

危险性

如果髌骨疼痛，需要注意动作中支撑腿的膝关节。可以用手臂为支撑尽量减少支撑腿膝关节承受的负荷重量。

增强内收肌和缝匠肌

内收肌往往被认为是"女性"的肌肉。虽然男性与女性都拥有相同的肌肉，但实际上比起女性，发达的内收肌对于男性来说有更重要的美学作用。

内收肌的形体解剖学特点

出色的大腿不仅要有出色的股四头肌和腘绳肌。如果你观察一下汤姆·普拉兹（Tom Platz）的大腿，你会发现他有出色的股四头肌，但造就他出类拔萃的大腿的还有那发达的内收肌。如果没有大块的内收肌，大腿之间会有一个大洞，不仅在美学上有所不足，还会造成生物力学上的机能障碍。这就是为什么所有的健美冠军都会专门使用器械做内收肌孤立训练。如果你的腘绳肌或股四头肌中有一处比较薄弱，那么就更有必要发展内收肌了。

腘绳肌不足时内收肌特别重要

如果大腿不够发达，当然可以进一步强化股四头肌和腘绳肌。但通常没办法快速起效。由于解剖学方面的原因，腘绳肌和内收肌之间联系紧密，因为腘绳肌特别内侧的部分具有内收大腿的功能。同时，内收肌最内侧的部分也有与腘绳肌相似的功能。所以，锻炼内收肌时，可以增加腘绳肌最内侧部分的肌肉量，从而以一种不太常规的方式锻炼整个大腿后侧区域。

除了特定的孤立练习，可以采用超级组训练方式，利用这两块肌肉共同的双重生物力学功能。所以，不管是以坐姿还是躺姿练完腿举之后，不要休息，立刻使用内收肌训练器械练习。也可以调换两个动作的顺序，让腘绳肌和内收肌的连接处产生预疲劳。

同样，以超大步距做完相扑硬拉以后，想要加强内收肌募集，立刻使用内收肌训练器械练习。可以用超大负荷练习硬拉激发内收肌力量潜能。

想做预疲劳超级组训练，可以在做完内收肌训练后立刻做相扑硬拉。如果以这样的顺序训练，我们不建议以大负荷进行硬拉

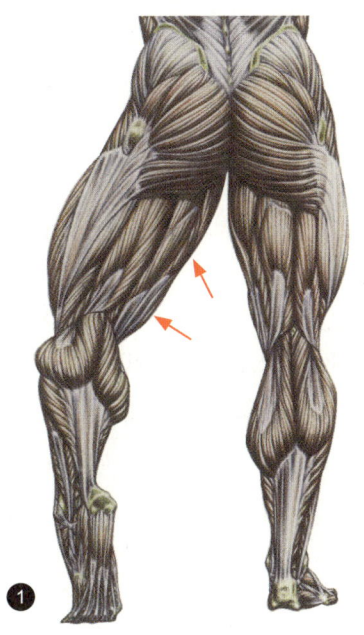

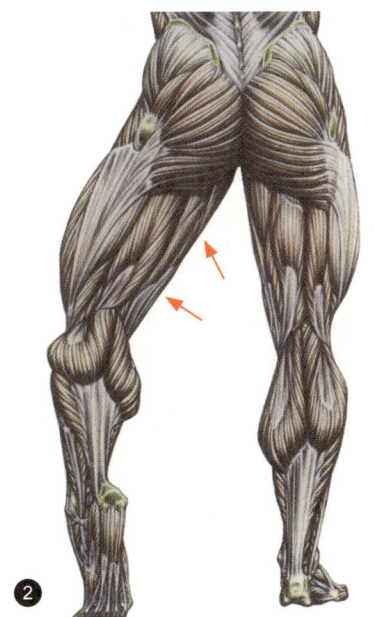

想要有出众的大腿，内收肌的肌肉量起着重要作用。

❶ 特别发达的内收肌　❷ 内收肌薄弱

练习，因为孤立训练造成的疲劳会削弱内收肌，暂时变得更容易在高强度训练中受伤。所以建议使用中等负荷重量练习，可以重复15~20次硬拉，这样能更好地让将肌肉燃烧效果集中在内收肌上。一旦无法维持动作，就放下杠铃收紧大腿，随后再用剩余的力量立刻重新开始练习。

股四头肌不足时内收肌特别重要

　　由于解剖学方面的原因，出色的内收肌可以转移注意力，让人忽略股四头肌略有不足的地方。分开两腿，脚尖朝外，可以突出内收肌，立刻会让人觉得整个大腿

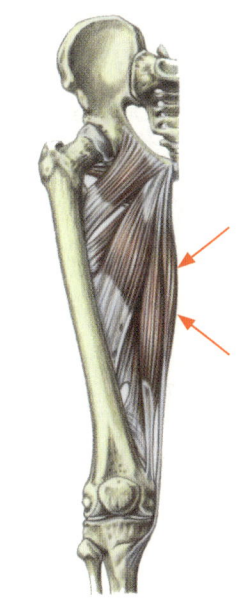

内收肌的整个内侧部分与腘绳肌存在相同的功能。

前部的肌肉体积更大了，并且能掩盖股四头肌可能存在的不足，或是股四头肌外侧"太高"的问题。

使用孤立练习锻炼股四头肌的基础训练超级组效果就没那么直接了。在腿屈伸后接着做内收肌练习（或者顺序反过来）没有什么生物力学上的优势，只不过是由于省去了组间休息能节约一些锻炼时间。

相反，效果最好的超级组应该将股四头肌基础练习，如深蹲或超宽步距的腿举，与内收肌练习相结合。

做完深蹲或超宽步距腿举过后，立刻使用内收肌训练器械练习。可以用超大负荷练习硬拉激发内收肌力量潜能。想做预疲劳超级组训练，可以在做完内收肌训练后立刻做深蹲或腿举。如果以这样的顺序训练，我们不建议以大负荷进行股四头肌练习，具体原因与我们在上部分中提到的相同。

注释：这种锻炼方式也存在局限性。一般来说，当股四头肌呈胡萝卜型（上部粗大，越往下越细，底部变得很细并且离膝关节比较远）时，内收肌也会比较短，且只有大腿上侧部分发达而下侧部分不发达（短跑选手的大腿类型）。锻炼内收肌时主要增加大腿上侧部肌肉量，但不会填充更下方向膝关节延伸的大腿间空隙。在此情况下，应该让缝匠肌发挥视觉上的弥补作用。

缝匠肌，在健美比赛中必不可少的肌肉

缝匠肌是一块连接骨盆和胫骨的双关节肌肉。它只有一条很窄的肌腱，因此缝匠肌短的概率很小。每个人的缝匠肌腱都比股骨略长一些，但肌腱宽度因人而异，因此肌肉增长的潜力不同。肌腱越宽，越能增加肌肉量，也越显眼。相反，肌腱窄的话，肌肉增长空间就不太大。在这种情况下，有必要增加该肌肉轮廓的清晰度，发挥其"分离"内收肌和股四头肌的作用。

这样，它至少可以在视觉上部分弥补股四头肌或内收肌短小的不足。

非常发达的缝匠肌很少见，因此可以转移注意力，让人忽略股四头肌略有不足的地方。最后我们将介绍一个可以孤立锻炼缝匠肌的练习。孤立练习有助于增加缝匠肌肌肉量，在遵循运动膳食期间能更好地获得清晰的肌肉轮廓。

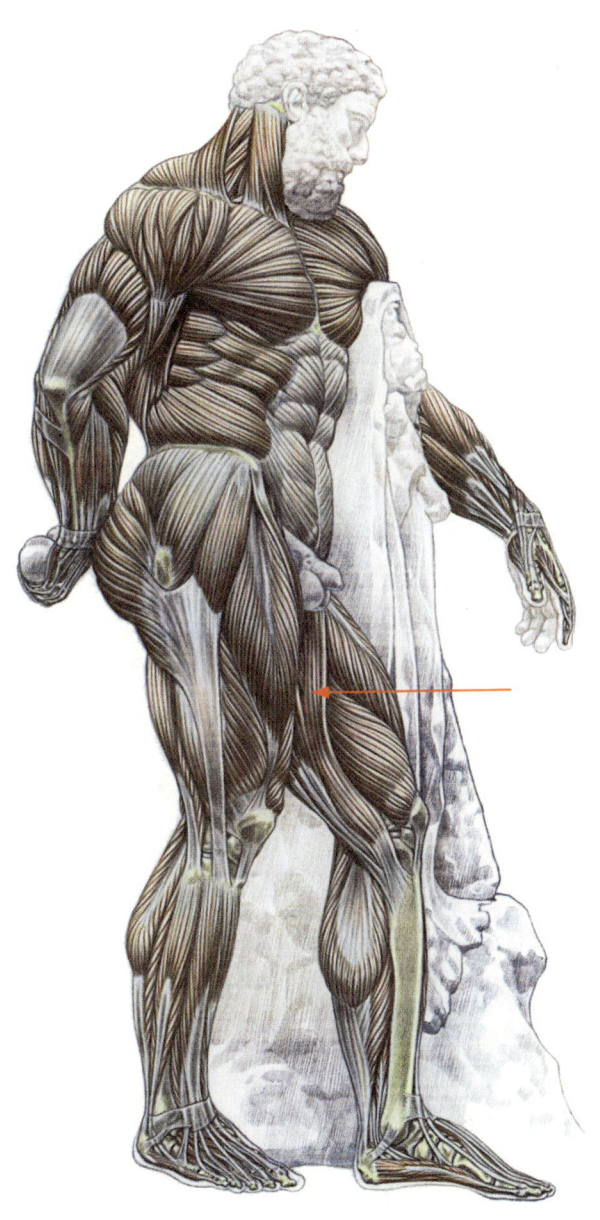

缝匠肌能吸引视线，占据空间。越来越多的健美冠军练就了发达健硕的缝匠肌。

器械大腿内收训练

特点

各种大腿内收练习都属于孤立练习的范畴，因为只调动了髋关节。因此，大腿内收练习只募集内收肌。

在没有外部阻力的情况下很难孤立锻炼内收肌，所以每个健身房都会配备内收训练器械，用器械训练起来更加方便。

动作描述

坐在训练器械上，将两腿放在活动臂的软垫之间。内收肌发力，使大腿相互靠近。当器械臂相碰时，保持收缩姿势至少 2 秒钟，随后回到起始姿势，重复动作。

建议

练习时动作缓慢，在不会产生拉伸不适感的范围内运动。如果不太能把握的话，就减小运动幅度，不要盲目增大运动幅度。

变化动作

使用大部分器械时，都是以坐姿练习的。可以将这些坐姿训练器械分为两大不同类型。

1 伸展腿部练习的器械：这是最老式的型号，由于第二种类型器械的出现已经变得很少见了。

但是，与其他器械相比，这种伸展腿部练习的器械有一个很大的好处，那就是可以调整脚尖朝向。如果脚尖向外约 45°，可以更有针对性锻炼腘绳肌内部，该部分是腘绳肌和内收肌的连接处。如果你的腘绳肌比较薄弱，或是大腿间存在空隙，这项训练就很重要。

2 腿部 90° 弯曲练习的器械：这是最新的型号，取代了伸展腿部练习的旧式器械。

虽然现在新型号器械占主导，使用这种类型的器械练习时，因为几乎不能调整脚尖朝向，所以锻炼腘绳肌与内收肌连接处时不能调整到想针对性训练的部分。但是，当腿部弯曲为 90°，内收肌可以更好发挥出全部力量。

超级组训练法

理想情况是能同时拥有这两种类型的器械。开始练习时伸展腿部，两脚呈外八字，从而有针对性练习腘绳肌和内收肌的连接处。做到极限时，重新调整脚尖朝向。再次达到极限时，更换器械。因为将腿部弯曲为 90° 练习时，哪怕在疲劳情况下，内收肌也能很有力量。建议不要采用相反的训练顺序，因为这样就不能有效抵消增加的肌肉疲劳。

这样的大组数超级组练习技巧也很适合：

■ 女性使用更轻负荷来加强肌肉轮廓清晰度，减少可能会占据肌肉区域的脂肪，练出大腿缝（thigh gap）。

■ 男性使用更重负荷来增加大腿肌肉量并降低做大负荷深蹲、硬拉或腿举时的受伤

哪怕脚尖朝外时力量明显变小了，也要以这样的方式开始练习。

感到力竭，就将双脚摆正，这样虽然对腘绳肌和内收肌连接处的孤立练习强度减小，但能用更多力量补偿疲劳。

风险。做这些练习时，内收肌太过薄弱的话很容易导致会严重影响大腿训练的损伤。

注释

做该练习时，在两个不同阶段需要用手来加强运动强度：

1 在一组练习开始时强化消极阶段。

2 达到极限时，做强制性重复练习。

窍门

在做大腿训练前，可以使用这些器械来热身，但强度不能太大以免削弱了内收肌，

腿部弯曲为90°时，比伸展腿部时拥有更大力量。但肌肉训练方式并不是完全相同的。

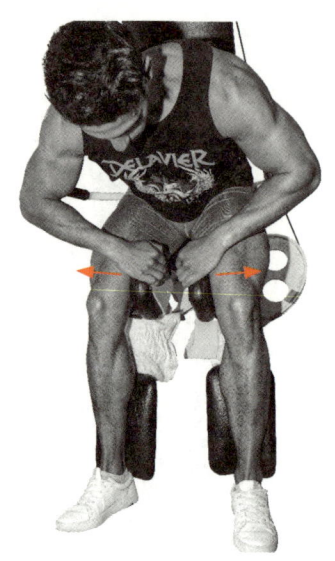 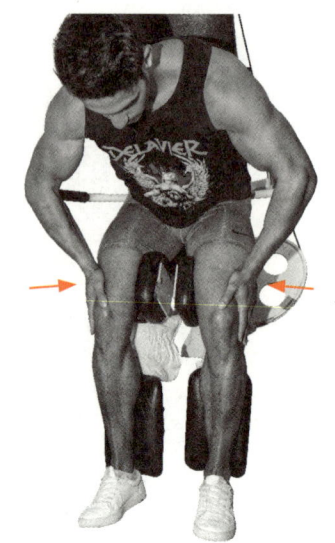

因为练习的幅度比较小，需要减缓运动速度来弥补受张力时长不足的情况，尤其是在消极阶段的时候。要让减缓动作练习有效果，可以用手大力推动器械臂或挡板，让大腿分得更开，这样消极阶段动作负荷更大。在动作结束时释放手部压力，随后利用手部额外推力增加的内收肌弹性势能直接进入积极阶段动作。

到达极限时，不要结束练习。在积极阶段时，借助双手力量收紧大腿，再多重复几次动作。

不利于后续的大腿训练。在训练后，可以根据需要进行强迫次数练习，从而发展出粗壮的内收肌，能更好抵抗撕裂风险。

估计了自己的拉伸能力等）都有拉伤内收肌的风险，特别是伸展腿部做器械训练时。如果腿部90°弯曲做器械训练，虽然风险较低，但仍然存在。

优势

使用这些器械练习能有效且容易地募集内收肌。不要等到在深蹲时拉伤了内收肌才开始意识到这一肌肉的重要性。

危险性

注意进入器械时，两腿不要分得太开以免拉伤内收肌。如果器械配有释放手柄的话，可以使用手柄或是手臂力量来调整自己的位置。

局限性

不管做什么（使用特别重的负荷，过高

屈膝抬腿缝匠肌训练

特点

因为该动作募集了髋关节和膝关节，有人可能会将它错误地当作一项基础练习。之所以说是"错误"，是因为基础练习的目的是增加肌肉量，而该动作则不同，主要是用于学习运动和热身的。

动作描述

坐在地板上，双腿略微分开，向前伸直。两手在身后撑地来稳定身体。抬高右腿，右脚不要碰到左腿，将右脚跟放在左膝外侧。左腿放在地上，保持伸展。保持收缩姿势 1 秒钟，再重新伸展右腿。右脚跟快要碰到地面时再次抬起右腿重复动作。锻炼完右腿缝匠肌之后，立刻换到左腿练习。

注释

要将脚跟抬得离另一侧膝盖尽可能高。如果听到了喀啦声，就减小动作幅度，放缓练习速度。

为了让动作做起来简单些，往往会驼背。可以靠着墙坐来保持脊椎挺直。这样会增加缝匠肌锻炼的难度。

关注要点

最开始可能会觉得这个练习非常容易，甚至好像太容易了，直到腿抬不起来的时候，才会意识到自己的缝匠肌可能很薄弱。

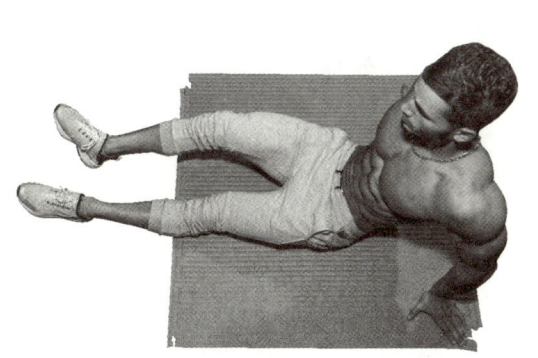

起始姿势

终止姿势，至少保持收缩姿势 1 秒钟来加强肌肉锻炼。

变化动作

　　几次训练后，缝匠肌的力量得到增长，这时有几种很简单的方式可以增加练习难度。

　　1 坐在训练椅上，而不是地上练习。

　　2 以站姿练习。

　　3 始终保持站姿，可以佩戴负重脚环、连接着低位滑轮的脚踝扣或使用弹力带增加腿部负荷重量。

坐在训练椅上，屈膝抬腿放在另一侧膝盖上。

1 起始姿势　　**2** 终止姿势

呈站姿，屈膝抬腿放在另一侧膝盖上。

1 起始姿势　　**2** 终止姿势

窍门

在做站姿练习时，可以将一只手放在锻炼的缝匠肌上，增加对肌肉的感知。此外，在结束一组训练后，可以用空着的那只手减轻锻炼的大腿负荷，再多重复几次动作。

超级组训练法

我们建议做预疲劳超级组，先做屈膝抬腿练习，随后立刻做器械内收肌练习。采取这种训练方式可以很快增加缝匠肌的力量和体积。此外，在做内收肌训练时可以很快感知到缝匠肌。只能在大腿训练结束时做这个超级组练习，而不能在开始时做。不然会太过削弱腿部力量，不利于进行大负荷基础练习。

优势

以该练习作为热身运动，有助于在内收肌训练及其之后的大腿基础练习中感受肌肉募集。

局限性

该练习不会让腘绳肌本身增长很多肌肉，主要是作为增加其他练习效果的助推器。我们建议在进行大腿训练之前将其作为热身动作，尤其建议腹股沟和膝关节疼痛的运动员这么做。

危险性

我们不建议以大负荷进行练习，因为该动作中膝关节的姿势相对不太稳定。

理解并解决小腿肌肉发展不均衡的问题

生理学特点

理解小腿肌肉募集不均衡的特点

与许多其他肌肉一样，小腿肌肉的不同肌头附着在同一肌腱上（这里指的是跟腱）形成一块肌肉，肌肉募集也存在按区域募集的情况。这种肌肉收缩的不均衡情况解释了为什么组成小腿后部的三个肌头发展并不总是非常协调的。

一项研究很好说明了这一点。在做完提踵这一经典小腿练习之后，腓肠肌内侧比外侧受到的募集更多。同样，在同一个肌头内部，靠近膝关节的肌纤维受到的募集比靠近脚跟的肌纤维受到的募集更多。当然不是所有人的肌肉募集情况都是如此，但该研究指出了：

■ 每个肌头受到的募集程度不一样。

■ 在同一肌头中，所有肌纤维并非都以同样的强度收缩。

由于小腿肌肉是分区域募集的，想解决由此引起的肌肉发展不均衡问题，就需要通过调节自身的各种身体要素尽可能地调整锻炼角度：

1 躯干倾斜程度。

2 膝关节弯曲程度。

3 双脚间距。

4 脚尖朝向。

5 脚跟拉伸程度。

6 提升负荷重量并增加提踵次数。

这种练习方式非常理想，很轻易就能调整上述所有这些不均衡问题。

腰带深蹲机提踵练习

特点

该孤立练习针对腓肠肌和比目鱼肌，并且不会损伤背部。使用腰带深蹲机训练时，身体几乎可以有无数种姿势变化，而使用其他任何器械练习都无法做到这一点。

动作描述

戴上腰带，双脚开立做好准备姿势，脚跟悬空。让脚跟下落，保持拉伸姿势1秒钟，随后使用小腿的力量抬起脚跟。保持收缩姿势至少1秒钟，随后再次放下脚跟。不管躯干前倾程度如何，都可以用这种技巧来练习。

注释

该练习的锻炼姿势是所有小腿训练中变化最多样的。因此很容易就可以调整想要优先募集的肌肉区域。以下是一些可以调整的要素：

1 可以几乎不受限制地调整躯干倾斜幅度。将躯干或多或少地前倾能够调整腓肠肌长度与所受张力之间的关系。做驴式提踵（donkey calf raise）、腿举或使用小腿训练器械锻炼时都无法以同样的方式调整个人躯干前倾幅度。而仅需一台腰带深蹲机，不仅可以实现这三种主要的小腿训练姿势，还能做到其他各种中间状态的姿势。

2 膝关节倾斜程度。可以根据自身的最佳情况伸直或弯曲膝关节。总的来说，小腿越短，想感受到腓肠肌参与运动就越需要伸直双腿。相反，小腿越长，就越要保持膝关节略微弯曲。

3 双脚间距。腰带深蹲机的平台一般都很宽大。相较于经典小腿训练器械，如腿举器械，使用腰带深蹲器械时双脚间距可以大很多。

4 脚尖朝向。我们更建议调整其他所有的要素，这样才能尽量细微地调整脚尖朝向。实际上，脚尖越是偏离朝前的方向，失去的力量越多。但还是可以轻微将脚尖转向内侧（大脚趾转动得更多些）或外侧（小脚趾转动得更多些），而不要在脚尖朝前时转动所有的脚趾。

5 想以更大负荷训练，或是当小腿疲劳后还想再做一组练习，就不要将脚跟悬空了。不要抬起脚尖，而是以地板为支撑。虽然这样伸展的幅度会有所减小，但只是肌肉募集的方式有所不同了，并且能让你更有力。

6 最后一种方法是使用很重的负荷做大组数训练，采用递减组训练法或是超级组训练法，很容易能实现。

超级组训练法

躯干越挺直，小腿承受的负荷越大。躯干越前倾，维持身体稳定的手臂分担的腿部负荷越多。在此情况下，显然超级组应该从站姿练习开始。疲劳感越增加，越应该将躯干前倾，让手来减轻负担。这样，在一组练习中，可以重复更多次练习并且从不同的角度锻炼小腿。

改变双脚间距，能改变小腿肌肉募集的方式。

关注要点

如果没有腰带深蹲机，可以按照本书第173页描述的那样，将负重腰带连接在杠铃辅助训练架上。

可以简单地在腰带深蹲机或训练辅助架上加一条弹力带来增加动作的动态性，尤其是消极阶段的动态性。

变化动作

根据上述我们提到的各种可以调整的要素，主要有三大类练习姿势。

1 站姿练习。

2 类似上斜腿举那样，身体前倾与水平线呈 45°练习。

3 骑驴式练习。

① 站姿练习的拉伸姿势。　　**②** 45° 前倾练习的拉伸姿势。　　**③** 90° 前倾练习的收缩姿势。

优势

　　与经典站姿训练器械不同，使用腰带深蹲机练习不仅不会损伤下背部，还能在不压迫颈部的情况下锻炼小腿。

局限性

　　使用腰带深蹲机练习时，不像做腿举练习时那样可以看到小腿肌肉运动。在锻炼身后难以感知到运动的肌肉时，能看到肌肉收缩总是好的。此外，也不能像在腿举练习中那样触碰小腿来更好地感知肌肉。

危险性

　　注意在拉伸姿势时，不要有哪只脚打滑了。一定要穿带有深槽的合适的鞋子，鞋底不能是光滑的，才能牢牢抓紧平台避免滑落。

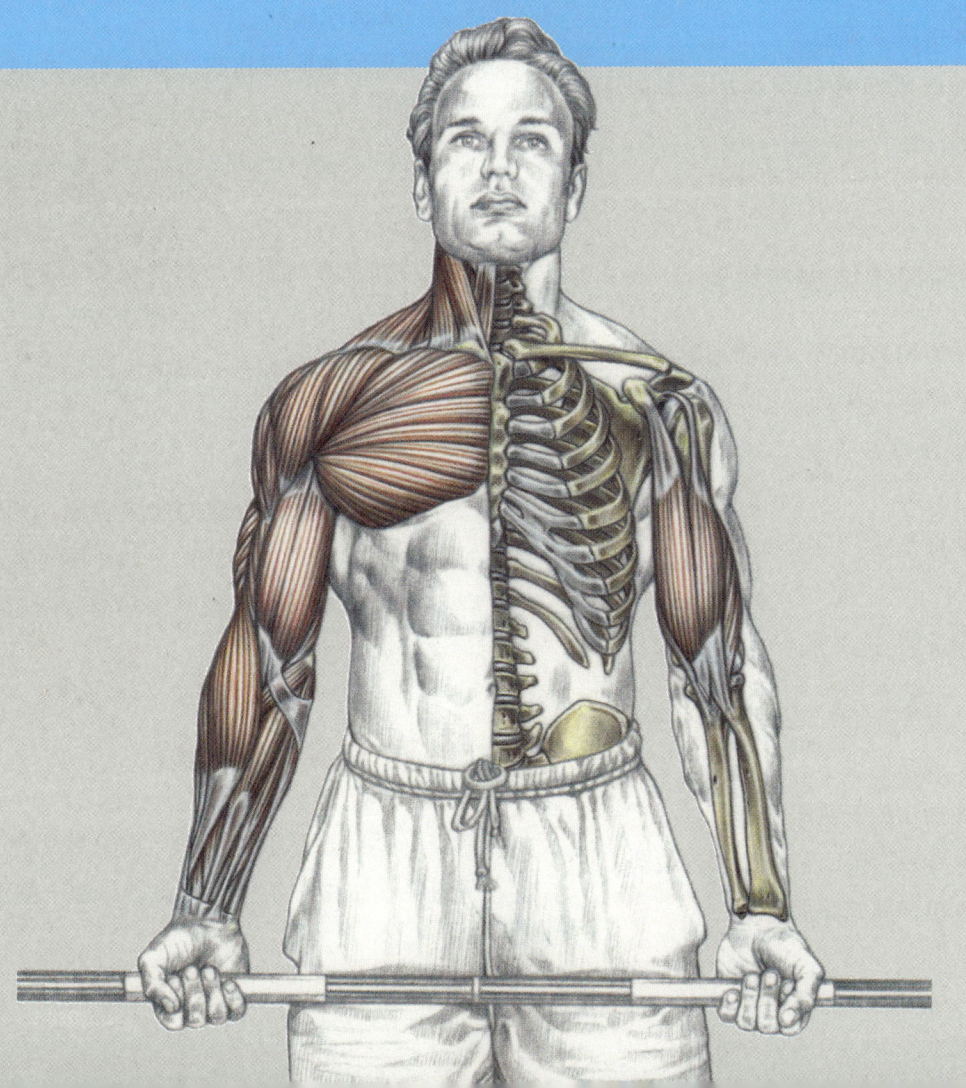

第四部分

训练计划

热身计划

想充分热身，必须了解你要做的练习的主要损伤风险。所以，在准备运动阶段需要将注意力集中在这些脆弱的部分，以及可能会疼痛的区域。热身练习要成体系且不遗漏一处，还要遵守所有的既定规则。

背部练习主要损伤风险：

- 拉伤肱二头肌下部。
- 损伤肩关节、肘部和腕部。
- 挤压下背部。
- 过度拉伸肱二头肌长头肌腱和短头肌腱。
- 损伤肱三头肌和前臂。

肩部练习主要损伤风险：

- 损伤肩关节、肘部和腕部。
- 挤压下背部。
- 过度拉伸肱二头肌长头肌腱和短头肌腱。
- 损伤肱三头肌和前臂。

胸部练习主要损伤风险：

- 过度拉伸肱二头肌长头肌腱和胸大肌腱。
- 损伤肩关节、肘部和腕部。
- 损伤肱三头肌和前臂。
- 导致肘部、前臂和腕部发炎。
- 拉伤肱二头肌下部。

臂部练习主要损伤风险：

- 损伤肱二头肌、肱三头肌和前臂。
- 损伤肘部、腕部和肩关节。
- 挤压下背部。

大腿练习主要损伤风险：

- 损伤膝关节。
- 挤压下背部。
- 损伤髋部。
- 拉伤股四头肌、腘绳肌、内收肌和小腿肌肉。

如果身材高大，握着杠铃做深蹲时可能会因为拉伸让肩膀产生疼痛导致肱二头肌长头发炎。如果你身材高大，还需要专门给肱二头肌肌腱热身。

注释：由于肌腱的血流较少，相较于肌肉热身起来更难。所以，如小腿等肌肉所拥有的肌腱越长，就越难以热身，所以要花更多时间来热身。

基础热身项目构成

不管是想锻炼什么肌肉，我们建议在一开始至少做一组仰卧起坐，并做一组至少30

秒的平板支撑。

随后将两个重要的前臂练习至少各做一组,每组重复动作50~100次。如果前臂疼痛,那至少完成两组,做第二组练习时力量可以稍大一些。

此外,用弹力带进行至少 20~50 次肩部旋转。使用弹力带向内旋转肩膀,再向外旋转肩膀,每个动作至少做一组,每组重复20~50 次。

 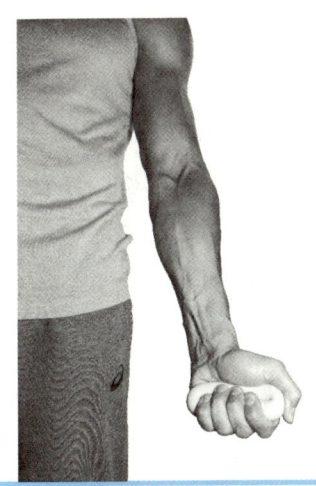

要想充分做好上半身热身,都要从前臂开始,做指伸❶和指屈❷练习。

第二项基础热身练习,是通过向内❶和向外❷旋转来给肩部做好准备。

热身项目构成

每只手持一个几千克重的铁饼，做下面列出的练习。在自如的范围内每个练习重复20~30次。一个练习完成后不要休息，马上做下一个练习。如果你觉得做一个循环的热身练习还不够，可以再做一个循环。

完整完成一个循环的热身练习后，接下来的第一项训练要至少做一组轻负荷练习，专门热身当天想锻炼的肌肉。

上半身肌肉训练前的一套热身循环练习：

1 弯举（目的：给肱二头肌及其肌腱热身）。

2 侧平举（目的：给三角肌热身，唤醒冈上肌，使得肱二头肌长头肌腱在肱骨结节间沟里滑动，起到润滑作用）。

3 前平举（目的：给三角肌前部和肱二头肌长头肌腱热身）。

4 站姿划船（目的：给肱三头肌、斜方肌和冈上肌热身）。

5 直腿硬拉（目的：给下背部热身）。

6 绳索高位下拉（目的：给肱三头肌长头和肘部热身）。

7 身体前倾侧平举（目的：给肩膀后部和上背部热身）。

下半身肌肉训练前的一套热身循环练习：

1 小腿屈伸（目的：使小腿得到充分热身，因为小腿在保护膝关节方面起着非常重要的作用）。

2 深蹲（目的：给关节和肌肉热身）。

3 直腿硬拉（目的：给关节和肌肉热身）。

4 器械内收肌练习（目的：给髋部热身并保护膝关节）。

弥补薄弱肌肉的训练计划

弥补臂部的薄弱肌肉

（每周完成一遍，包含三次手臂训练）

第一天

臂部训练

- **低位滑轮肱二头肌弯举**

  进行 5 组，每组重复 8~12 次。

- **挺直躯干做臂屈伸**

  进行 5 组，每组重复 12~20 次。

- **反向弯举**

  进行 5 组，每组重复 15~20 次。

- **高位滑轮肱三头肌下拉**

  进行 5 组，每组重复 12~15 次。

第二天

肩部 / 胸部 / 背部训练

- **站姿哑铃单臂侧平举**

  进行 5 组，每组重复 15~20 次。

- **上斜飞鸟**

  进行 3 组，每组重复 15~20 次。

- **针对背阔肌的硬拉练习**

  进行 5 组，每组重复 12~15 次。

- 滑轮交叉训练

  进行 4 组，每组重复 12~20 次。

- 德拉威尔式耸肩

  进行 3 组，每组重复 12~20 次。

第三天

臂部训练

- 窄握距地面卧推

  进行 5 组，每组重复 6~12 次。

- 低位滑轮肱二头肌弯举

  进行 5 组，每组重复 12~15 次。

- 高位滑轮肱三头肌下拉

  进行 5 组，每组重复 12~15 次。

- 锤式弯举

  进行 5 组，每组重复 15~20 次。

第四天

休息

第五天

臂部训练

- 上斜弯举

  进行 5 组，每组重复 8~12 次。

- 卧姿杠铃肱三头肌屈伸

  进行 5 组，每组重复 12~15 次。

- 绳索或器械弯举

  进行 2 组，每组重复 100 次。

- 滑轮肱三头肌屈伸

  进行 2 组，每组重复 100 次

第六天

大腿训练

- 腰带深蹲

  进行 4 组，每组重复 8~12 次。

- 硬拉

  进行 4 组，每组重复 8~12 次。

- 腿屈伸

  进行 4 组，每组重复 10~15 次。

- 反向卷腹

  进行 3 组，每组重复 10~15 次。

- 腰带深蹲机提踵练习

  进行 4 组，每组重复 15~20 次。

第七天

休息

（每周完成两遍，包含三次手臂训练）

第一天

臂部训练

- 低位滑轮肱二头肌弯举

  进行 5 组，每组重复 6~12 次。

- 高位滑轮肱三头肌下拉

  进行 5 组，每组重复 12~15 次。

- 反向弯举

  进行 5 组，每组重复 12~15 次。

- 绳索或器械弯举

  进行 1 组，每组重复 100 次。

- 滑轮肱三头肌屈伸

进行 1 组，每组重复 100 次。

第二天

背部 / 肩部 / 胸部训练
- 针对背阔肌的硬拉练习

  进行 5 组，每组重复 6~12 次。
- 站姿哑铃单臂侧平举

  进行 4 组，每组重复 12~15 次。
- 上斜飞鸟

  进行 3 组，每组重复 15~20 次。
- 高位滑轮屈臂上拉

  进行 3 组，每组重复 25~50 次，训练强度逐渐递减。
- 滑轮交叉练习

  进行 4 组，每组重复 12~20 次，训练强度逐渐递减。

第三天

大腿训练
- 腰带深蹲

  进行 4 组，每组重复 8~12 次。
- 腿举

  进行 4 组，每组重复 8~12 次。
- 卧姿腿弯举

  进行 4 组，每组重复 10~15 次。
- 反向卷腹

  进行 3 组，每组重复 10~15 次。
- 腰带深蹲机提踵练习

  进行 4 组，每组重复 15~20 次。

第四天

休息

第五天

臂部训练
- 高位滑轮肱三头肌下拉

  进行 5 组，每组重复 12~15 次。
- 低位滑轮肱二头肌弯举

  进行 5 组，每组重复 6~2 次。
- 锤式弯举

  进行 5 组，每组重复 12~15 次。
- 滑轮肱三头肌屈伸

  进行 1 组，每组重复 100 次。
- 绳索或器械弯举

  进行 1 组，每组重复 100 次。

第六天

肩部 / 胸部 / 背部训练
- 站姿哑铃单臂侧平举

  进行 4 组，每组重复 12~15 次。
- 平板飞鸟

  进行 3 组，每组重复 15~20 次。
- 高位滑轮屈臂上拉

  进行 3 组，每组重复 25~50 次，训练强度逐渐递减。
- 身体前倾哑铃单臂侧平举

  进行 3 组，每组重复 12~15 次。
- 滑轮交叉练习

  进行 3 组，每组重复 12~20 次，训练强度逐渐递减。

■ **德拉威尔式耸肩**

进行 3 组，每组重复 12~20 次。

第七天

休息

弥补胸肌上部的薄弱肌肉

为了避免肘关节和肩关节受伤，不会直接锻炼肱三头肌或肩膀前部，或是对这些部位进行孤立练习，这样才能最大限度地把恢复所需的资源用在弥补胸肌的薄弱肌肉上。

（每周完成一遍，包含三次手臂训练）

第一天

胸部训练

■ **上斜卧推**

进行 4 组，每组重复 6~12 次。

■ **臂屈伸**

进行 3 组，每组重复 12~15 次。

■ **上斜飞鸟**

进行 3 组，每组重复 15~20 次。

■ **滑轮交叉练习**

进行 1 组，每组重复 100 次。

第二天

大腿训练

■ **腰带深蹲**

进行 4 组，每组重复 8~12 次。

■ **坐姿腿弯举**

进行 4 组，每组重复 10~15 次。

■ **腿举**

进行 3 组，每组重复 10~12 次。

■ **卧姿腿弯举**

进行 3 组，每组重复 10~15 次。

■ **腰带深蹲机提踵练习**

进行 4 组，每组重复 15~20 次。

第三天

胸部 / 背部训练

■ **甘地式耸肩**

进行 4 组，每组重复 20~25 次。

■ **杠铃划船**

进行 3 组，每组重复 8~12 次。

■ **上斜飞鸟**

进行 3 组，每组重复 20~25 次。

■ **背阔肌专项硬拉**

进行 3 组，每组重复 8~12 次。

■ **滑轮交叉练习**

进行 1 组，每组重复 100 次。

第四天

休息

第五天

胸部训练

■ **上斜器械胸推**

进行 5 组，每组重复 6~12 次。

- **上斜飞鸟**

   进行 3 组，每组重复 15~20 次。

- **甘地式耸肩**

   进行 1 组，每组重复 30 次，训练强度逐渐递减。

- **滑轮交叉练习**

   进行 1 组，每组重复 100 次。

第六天

肩部 / 臂部训练 / 胸部强化训练

- **站姿哑铃单臂侧平举**

   进行 4 组，每组重复 10~12 次。

- **身体前倾哑铃单臂侧平举**

   进行 4 组，每组重复 12~15 次。

- **低位滑轮肱二头肌弯举**

   进行 4 组，每组重复 6~12 次。

- **甘地式耸肩**

   进行 4 组，每组重复 20~25 次。

- **反向弯举**

   进行 3 组，每组重复 12~15 次。

- **滑轮交叉练习**

   进行 1 组，每组重复 100 次。

第七天

休息

（每周完成两遍，包含三次胸部训练）

第一天

胸部 / 背部训练

- **上斜卧推**

   进行 5 组，每组重复 6~12 次。

- **杠铃划船**

   进行 3 组，每组重复 8~12 次。

- **滑轮交叉练习**

   进行 1 组，每组重复 100 次。

- **背阔肌专项硬拉**

   进行 5 组，每组重复 6~12 次。

第二天

大腿训练

- **腰带深蹲**

   进行 4 组，每组重复 8~12 次。

- **坐姿腿弯举**

   进行 4 组，每组重复 10~15 次。

- **腿举**

   进行 3 组，每组重复 10~12 次。

- **腰带深蹲机提踵练习**

   进行 4 组，每组重复 15~20 次。

第三天

胸部 / 肩部 / 臂部训练

- **甘地式耸肩**

   进行 4 组，每组重复 20~25 次。

- **上斜飞鸟**

   进行 2 组，每组重复 20~25 次。

■ 身体前倾哑铃单臂侧平举

进行 3 组，每组重复 8~12 次。

■ 低位滑轮肱二头肌弯举

进行 3 组，每组重复 6~12 次。

■ 滑轮交叉练习

进行 1 组，每组重复 100 次。

第四天

休息

第五天

背部 / 胸部 / 肩部 / 臂部训练

■ 甘地式耸肩

进行 4 组，每组重复 20~25 次。

■ 上斜飞鸟

进行 3 组，每组重复 15~20 次。

■ 杠铃划船

进行 4 组，每组重复 8~12 次。

■ 站姿哑铃单臂侧平举

进行 3 组，每组重复 8~12 次。

■ 低位滑轮肱二头肌弯举

进行 3 组，每组重复 6~12 次。

■ 滑轮交叉练习

进行 1 组，每组重复 100 次。

第六天

大腿训练

■ 哈克深蹲

进行 4 组，每组重复 8~12 次。

■ 腰带深蹲

进行 3 组，每组重复 15~20 次。

■ 反向卷腹

进行 4 组，每组重复 10~15 次。

■ 腰带深蹲机提踵练习

进行 4 组，每组重复 15~20 次。

第七天

休息

弥补肩膀后部的薄弱肌肉

（每周完成一遍，包含两次肩膀后部训练）

第一天

肩膀后部 / 背部训练

■ 身体前倾哑铃单臂侧平举

进行 5 组，每组重复 12~15 次。

■ 杠铃划船

进行 5 组，每组重复 8~12 次。

■ 面拉

进行 3 组，每组重复 12~20 次。

■ 高位滑轮屈臂上拉

进行 3 组，每组重复 25~50 次。

■ 德拉威尔式耸肩

进行 3 组，每组重复 12~20 次。

第二天

大腿训练

■ **腰带深蹲**

进行 4 组，每组重复 8~12 次。

■ **坐姿腿弯举**

进行 4 组，每组重复 10~15 次。

■ **器械深蹲**

进行 3 组，每组重复 10~12 次。

■ **反向卷腹**

进行 3 组，每组重复 10~15 次。

■ **腰带深蹲机提踵练习**

进行 4 组，每组重复 15~20 次。

第三天

肩膀后部 / 胸部训练

■ **身体前倾哑铃单臂侧平举**

进行 3 组，每组重复 12~15 次。

■ **面拉**

进行 3 组，每组重复 12~20 次。

■ **地板卧推**

进行 5 组，每组重复 6~12 次。

■ **滑轮交叉练习**

进行 4 组，每组重复 12~20 次。

■ **身体前倾或坐姿器械哑铃双臂侧平举**

进行 1 组，每组重复 100 次。

第四天

休息

第五天

肩部训练

■ **炮台架推举**

进行 5 组，每组重复 8~12 次。

■ **身体前倾哑铃单臂侧平举**

进行 5 组，每组重复 12~15 次。

■ **站姿哑铃单臂侧平举**

进行 5 组，每组重复 12~15 次。

■ **身体前倾或坐姿器械哑铃双臂侧平举**

进行 1 组，每组重复 100 次。

第六天

臂部训练 / 肩膀后部强化训练

■ **高位滑轮肱三头肌下拉**

进行 4 组，每组重复 12~15 次。

■ **德拉威尔式耸肩**

进行 3 组，每组重复 12~20 次。

■ **低位滑轮肱二头肌弯举**

进行 4 组，每组重复 8~12 次。

■ **挺直躯干做臂屈伸**

进行 3 组练习，每组动作重复 12~20 次。

■ **身体前倾或坐姿器械哑铃双臂侧平举**

进行 1 组，每组重复 100 次。

第七天

休息

（每周完成两遍，包含两次肩膀后部训练）

第一天

肩膀后部 / 胸部 / 背部训练

- **身体前倾哑铃单臂侧平举**

  进行 5 组，每组重复 12~15 次。

- **地板卧推**

  进行 5 组，每组重复 6~12 次。

- **杠铃划船**

  进行 5 组，每组重复 8~12 次。

- **高位滑轮屈臂上拉**

  做 3 组，每组重复 25~50 次，训练强度逐渐递减。

- **德拉威尔式耸肩**

  进行 3 组，每组重复 12~20 次。

第二天

大腿训练

- **腰带深蹲**

  进行 5 组，每组重复 8~12 次。

- **器械深蹲**

  进行 4 组，每组重复 10~12 次。

- **反向卷腹**

  进行 5 组，每组重复 10~15 次。

- **腰带深蹲机提踵练习**

  进行 4 组，每组重复 15~20 次。

第三天

肩部 / 臂部训练

- **炮台架推举**

  进行 5 组，每组重复 8~12 次。

- **站姿哑铃单臂侧平举**

  进行 5 组，每组重复 12~15 次。

- **德拉威尔式耸肩**

  进行 3 组，每组重复 12~20 次。

- **低位滑轮肱二头肌弯举**

  进行 4 组，每组重复 8~12 次。

- **高位滑轮肱三头肌下拉**

  进行 4 组，每组重复 12~15 次。

- **身体前倾或坐姿器械哑铃双臂侧平举**

  进行 1 组，每组重复 100 次。

第四天

休息

第五天

肩膀后部 / 胸部 / 背部 / 臂部训练

- **身体前倾哑铃单臂侧平举**

  进行 5 组，每组重复 12~15 次。

- **挺直躯干做臂屈伸**

  进行 3 组练习，每组动作重复 12~20 次。

- **背阔肌专项硬拉**

  进行 5 组，每组重复 6~12 次。

- **低位滑轮肱二头肌弯举**

  进行 4 组，每组重复 8~12 次

- **高位滑轮肱三头肌下拉**

  进行 4 组，每组重复 12~15 次。

- **身体前倾或坐姿器械哑铃双臂侧平举**

  进行 1 组，每组重复 100 次。

第六天

大腿训练

- **硬拉**

  进行 4 组，每组重复 8~12 次。

- **躯干大幅前倾做腰带深蹲**

  进行 4 组，每组重复 8~12 次。

- **坐姿腿弯举**

  进行 4 组，每组重复 10~15 次。

- **腰带深蹲机提踵练习**

  进行 4 组，每组重复 15~20 次。

第七天

　　休息

弥补背部的薄弱肌肉

　　不会直接锻炼肱二头肌或是对其进行孤立练习，这样才能最大限度地把恢复所需的资源用在弥补背部的薄弱肌肉上。

（每周完成一遍，包含三次背部训练）

第一天

背部训练

- **器械划船单侧练习**

  进行 5 组，每组重复 6~12 次。

- **背阔肌专项硬拉**

  进行 5 组，每组重复 6~12 次。

- **德拉威尔式耸肩**

  进行 3 组，每组重复 12~20 次。

- **俯卧直腿上摆**

  进行 3 组，每组重复 20~30 次。

- **高位滑轮屈臂上拉**

  进行 1 组，每组重复 100 次。

第二天

大腿训练

- **腰带深蹲**

  进行 5 组，每组重复 8~12 次。

- **坐姿腿弯举**

  进行 5 组，每组重复 10~15 次。

- **腿举**

  进行 5 组，每组重复 10~12 次。

- **腰带深蹲机提踵练习**

  进行 4 组，每组重复 15~20 次。

第三天

背部 / 胸部训练

- **背阔肌专项硬拉与杠铃划船的超级组练习**

  进行 5 次超级组，每组重复 6~12 次。

- **器械上斜推胸**

  进行 5 组，每组重复 6~12 次。

- **高位滑轮屈臂上拉**

  进行 3 组，每组重复 12~15 次。

- **臂屈伸**

  进行 3 组，每组重复 12~15 次。

第四天

休息

第五天

背部训练

- **背阔肌专项硬拉与单杠引体向上的超级组**

练习

进行 6 次超级组，每组重复 6~12 次。

- 高位滑轮屈臂上拉

  先以每组重复 12~15 次进行 5 组练习，最后一组重复 100 次。

- 俯卧直腿上摆

  进行 3 组，每组重复 20~30 次。

第六天

肩部 / 臂部训练

- 炮台架推举

  进行 5 组，每组重复 8~12 次。

- 身体前倾哑铃单臂侧平举

  进行 4~5 组，每组重复 12~15 次。

- 站姿哑铃单臂侧平举

  进行 4~5 组，每组重复 10~12 次。

- 高位滑轮肱三头肌下拉

  进行 4 组，每组重复 12~15 次。

- 德拉威尔式耸肩

  进行 3 组，每组重复 12~20 次。

第七天

休息

（每周完成两遍，包含三次背部训练）

第一天

背部 / 胸部 / 臂部训练

- 背阔肌专项硬拉与单杠引体向上的超级组

练习

进行 6 次超级组，每组重复 6~12 次。

- 臂屈伸

  进行 5 组，每组重复 12~15 次。

- 上斜飞鸟

  进行 3 组，每组重复 15~20 次。

- 高位滑轮肱三头肌下拉

  进行 4 组，每组重复 12~15 次。

- 德拉威尔式耸肩

  进行 3 组，每组重复 12~20 次。

第二天

大腿训练

- 哈克深蹲

  进行 4 组，每组重复 8~12 次。

- 躯干大幅前倾做腰带深蹲

  进行 4 组，每组重复 8~12 次。

- 反向卷腹

  进行 4 组，每组重复 10~15 次。

- 腰带深蹲机提踵练习

  进行 4 组，每组重复 15~20 次。

第三天

背部 / 肩部训练

- 杠铃划船

  进行 3 组，每组重复 8~12 次。

- 站姿哑铃单臂侧平举

  进行 4 组，每组重复 10~12 次。

- 高位滑轮屈臂上拉

  进行 3 组，每组重复 25~50 次，训练强度逐渐递减。

- **身体前倾哑铃单臂侧平举**

  进行 4 组，每组重复 12~15 次。

- **德拉威尔式耸肩**

  进行 3 组，每组重复 12~20 次。

- **俯卧直腿上摆**

  进行 3 组，每组重复 20~30 次。

第四天

休息

第五天

背部 / 胸部 / 臂部训练

- **背阔肌专项硬拉与杠铃划船的超级组练习**

  进行 5 次超级组，每组重复 6~12 次。

- **高位滑轮肱三头肌下拉**

  进行 4 组，每组重复 12~15 次。

- **德拉威尔式耸肩**

  进行 3 组，每组重复 12~20 次。

- **滑轮交叉练习**

  进行 3 组，每组重复 12~20 次。

第六天

大腿训练

- **腿举**

  进行 5 组，每组重复 10~12 次。

- **卧姿腿弯举**

  进行 4 组，每组重复 10~15 次。

- **坐姿腿弯举**

进行 3 组，每组重复 10~15 次。

- **反向卷腹**

  进行 3 组，每组重复 10~15 次。

第七天

休息

弥补大腿的薄弱肌肉

（每周完成一遍，包含三次大腿训练）

第一天

股四头肌 / 腘绳肌训练

- **腰带深蹲**

  进行 5 组，每组重复 8~12 次。

- **器械深蹲**

  进行 4 组，每组重复 10~12 次。

- **反向卷腹**

  进行 3 组，每组重复 10~15 次。

- **俯卧直腿上摆**

  进行 3 组，每组重复 20~30 次。

第二天

背部 / 胸部训练

- **杠铃划船**

  进行 5 组，每组重复 8~12 次。

- **身体前倾臂屈伸**

  进行 4 组，每组重复 12~20 次。

- **引体向上**

进行 3 组，每组重复 10~12 次。

- **德拉威尔式耸肩**

  进行 3 组，每组重复 12~20 次。

- **滑轮交叉练习**

  进行 3 组，每组重复 12~20 次。

第三天

腘绳肌 / 股四头肌训练

- **硬拉**

  进行 4 组，每组重复 8~12 次。

- **躯干大幅前倾做腰带深蹲**

  进行 4 组，每组重复 8~12 次。

- **坐姿腿弯举**

  进行 4 组，每组重复 10~15 次。

- **腰带深蹲机提踵练习**

  进行 4 组，每组重复 15~20 次。

第四天

休息

第五天

股四头肌 / 腘绳肌训练

- **哈克深蹲**

  进行 4 组，每组重复 8~12 次。

- **腰带深蹲**

  进行 3 组，每组重复 15~20 次。

- **俯卧直腿上摆**

  进行 3 组，每组重复 20~30 次。

- **反向卷腹**

进行 3 组，每组重复 10~15 次。

第六天

肩部 / 臂部训练

- **身体前倾哑铃单臂侧平举**

  进行 5 组，每组重复 12~15 次。

- **站姿哑铃单臂侧平举**

  进行 5 组，每组重复 12~15 次。

- **挺直躯干做臂屈伸**

  进行 4 组练习，每组动作重复 12~20 次。

- **低位滑轮肱二头肌弯举**

  进行 4 组，每组重复 8~12 次。

第七天

休息

（每周完成两遍，包含三次大腿训练）

第一天

股四头肌 / 腘绳肌训练

- **器械深蹲**

  做 4 组，每组重复 10~12 次。

- **腿举**

  做 3 组，每组重复 10~12 次。

- **反向卷腹**

  做 3 组，每组重复 10~15 次。

- **腰带深蹲提踵练习**

  做 4 组，每组重复 15~20 次。

第二天

背部／胸部／肩部／臂部训练

- **杠铃划船**
  进行 5 组，每组重复 8~12 次。
- **地板卧推**
  进行 5 组，每组重复 8~12 次。
- **身体前倾哑铃单臂侧平举**
  进行 5 组，每组重复 12~15 次。
- **臂屈伸**
  进行 4 组，每组重复 12~20 次。
- **站姿哑铃单臂侧平举**
  进行 3 组，每组重复 12~15 次。
- **低位滑轮肱二头肌弯举**
  进行 4 组，每组重复 8~12 次。

第三天

腘绳肌／股四头肌训练

- **躯干大幅前倾做腰带深蹲**
  进行 4 组，每组重复 8~12 次。
- **坐姿腿弯举**
  进行 4 组，每组重复 10~15 次。
- **俯卧直腿上摆**
  进行 3 组，每组重复 20~30 次。

第四天

休息

第五天

股四头肌／腘绳肌训练

- **腿屈伸**
  进行 3 组，每组重复 14~20 次。
- **哈克深蹲**
  进行 4 组，每组重复 8~12 次。
- **腰带深蹲机提踵练习**
  进行 4 组，每组重复 15~20 次。
- **反向卷腹**
  进行 3 组，每组重复 10~15 次。

第六天

背部／胸部／臂部训练

- **引体向上**
  进行 3 组，每组重复 10~12 次。
- **上斜飞鸟**
  进行 3 组，每组重复 15~20 次。
- **德拉威尔式耸肩**
  进行 3 组，每组重复 12~20 次。
- **滑轮交叉练习**
  进行 3 组，每组重复 12~20 次。
- **低位滑轮肱二头肌弯举**
  进行 5 组，每组重复 6~12 次。
- **高位滑轮肱三头肌下拉**
  进行 4 组，每组重复 12~15 次。

第七天

休息

科学文献参考

第一部分

■ **剖析自身形体实际**

1. CARUSO JF. Anthropometry as a predictor of bench press performance done at different loads. [J]. Strength Cond Res 2012. 26 : 2460.

■ **理解与肌肉健美相关的病痛来更好保护自己**

1. TAYLOR K. Warm-up affects diurnal variation in power output. Int [J]. Sports Med 2011. 32 : 185.

2. OFFER G. The endothermic ATP hydrolysis and crossbridge attachment steps drive the increase of force with temperature in isometric and shortening muscle. [J]. Physiol. 2015. 593 : 1997.

3. WEST DJ. The influence of the time of day on core temperature and lower body power output in elite rugby union sevens players. [J]. Strength Cond Res 2014. 28 : 1524.

4. ABAD CC. Combination of general and specific warm-ups improves leg-press one repetition maxi- mum compared with specific warm-up in trained individuals. [J]. Strength Cond Res 2011. 25 : 2242.

5. POINT M. Cryotherapy induces an increase in muscle stiffness. Scand [J]. Med Sci Sports 2017.

6. RUED G. Sports injuries and illnesses during the 2015 Winter Eur Youth Olympic Festival. Br [J]. Sports Med 2016. 50 : 631.

7. SPITZ MG. The effects of elapsed time after warm-up on subsequent exercise performance in a cold environment. [J]. Strength Cond Res 2014. 28 : 1351.

8. RACCUGLIA M. Post-warm-up muscle temperature maintenance : blood flow contribution and external heating optimisation. Eur [J]. Appl Physiol 2016. 116 : 395.

9. HAAPASALO H. Knee injuries in leisure-time physical activities : A prospective one-year follow-up of a Finnish population cohort. Int [J]. Sports Med 2007. 28 : 72.

10. FUNAKOSHI T. In vivo visualization of vascular patterns of rotator cuff tears using contrast- enhanced ultrasound. Am [J]. Sports Med 2010. 38 : 2464.

11. WOLF JM. Serum relaxin levels in young athletic men are comparable with those in women. Orthopedics 2013. 36 : 128.

12. FARYNIARZ DA. Quantitation of estrogen receptors and relaxin binding in human anterior cruciate ligament fibroblasts. In Vitro Cell Dev Biol Anim 2006. 42 : 176.

13. GALEY S. Immunohistological detection of relaxin binding to anterior cruciate ligaments. Orthopedics 2003. 26 : 1201.

14. DRAGOO JL. Trends in serum relaxin concentration among elite collegiate female athletes. Int [J]. Womens Health 2011. 19 : 19.

15. LUBAHN J. Immunohistochemical Detection of Relaxin Binding to the Volar Oblique Ligament. [J]. Hand Surg 2006. 31 : 80.

16. NEGISHI S. The effect of relaxin treatment on skeletal muscle injuries. Am [J]. Sports Med 2005. 33 : 1816.

17. DEHGHAN F. The effect of relaxin on the musculoskeletal system. Scand [J]. Med Sci Sports 2014. 24 : e220.

18. OKAMURA S. Injuries and disorders among young ice skaters : relationship with

generalized joint laxity and tightness. Open Access [J]. Sports Med 2014. 5 : 191.

19. CODY EA. Multidirectional Instability in the Female Athlete. Oper Techn Sports Med 2014. 22 : 34.

20. STIJAK L. The influence of sex hormones on anterior cruciate ligament ruptures in males. Knee Surg Sports Traum Arthro 2015. 23 : 3578.

21. DRAGOO JL. Prospective correlation between serum relaxin concentration and anterior cruciate ligament tears among elite collegiate female athletes. Am [J]. Sports Med 2011. 39 : 2175.

22. KOLBER M. Is there an acute loss of shoulder mobility following eccentric resistance training ? [J]. strength Cond Res 2014. 28 : 08.

23. ROMERO-FRANCO N. Short-term effects of anaerobic lactic exercise on knee proprioception of track and field athletes. Isokinet Exerc Sci 2014. 22 : 205.

24. ROMERO-FRANCO N. Effects of an anaerobic lactic training session on the postural stability of athletes. [J]. Sports Med Phys Fit 2014. May 20.

25. PRANAY J. Muscle strength differences in healthy young adults with and without generalized joint hypermobility : a cross-sectional study. BMC Sports Sci Med Rehab 2016. 8 : 12.

26. CHAHAL J. Generalized ligamentous laxity as a predisposing factor for primary traumatic anterior shoulder dislocation. [J]. Shoulder Elb Surg 2010. 19 : 1238.

27. EDOUARD P. Muscle injury is the principal injury type and hamstring muscle injury is the first injury diagnosis during top-level international athletics championships between 2007 and 2015. Br [J]. Sports Med 2016. 50 : 619.

28. LEMLEY KJ. Conditioned pain modulation predicts exercise-induced hypoalgesia in healthy adults. Med Sci Sports Exerc 2015. 47 : 176.

29. ELLINGSON LD. Does exercise induce hypoalgesia through conditioned pain modulation ? Psychophysiol 2014. 51 : 267.

30. JAKOBSEN JR. Composition and adaptation of human myotendinous junction and neighboring muscle fibers to heavy resistance training. Scand [J]. Med Sci Sports 2016.

31. TEICHTAHL AJ. Wolff's law in action : A mechanism for early knee osteoarthritis. Arthr Res Ther 2015. 17 : 207.

32. PINTO RS. Effect of range of motion on muscle strength and thickness. [J]. Strength Cond Res 2012. 26 : 2140.

33. PERRIN C. Could titin have a role in strain-induced injuries ? [J]. Sport Health Sci 2017.

34. LEPLEY LK. Shifting the current clinical perspective : Isolated eccentric exercise as an effective intervention to promote the recovery of muscle after injury. [J]. Sport Rehab 2017. 26(2).

35. BROOKS SV. Injury to muscle fibres after single stretches of passive and maximally stimulated muscles in mice. [J]. Physiol 1995. 488 : 459.

第二部分

■ **强化训练技巧**

1. BRYANTON MA. Effect of relative intensity

on lower extremity net joint moments during parallel squats : Preliminary data. [J]. Strength Cond Res 2012. 26 : S1.

2. KRÓL. Effect of barbell weight on the structure of the flat bench press. [J]. Strength Cond Res 2017. 31 : 1321.

3. FONSECA RM. Changes in exercises are more effective than in loading schemes to improve muscle strength. [J]. Strength Cond Res 2014. 28 : 3085.

4. MATTA T. Strength training's chronic effects on muscle architecture parameters of different arm sites. [J]. Strength Cond Res 2011. 25 : 1711.

5. WAKAHARA T. Nonuniform muscle hypertrophy : Its relation to muscle activation in training session. Med Sci Sports Exerc 2013. 45 : 2158.

6. EARP JE. Inhomogeneous quadriceps femoris hypertrophy in response to strength and power training. Med Sci Sports Exerc 2015. 47 : 2389.

7. MATTA TT. Heterogeneity of rectus femoris muscle architectural adaptations after two different 14-week resistance training programmes. Clin Physiol Funct Imag 2014. Apr 21.

8. FRANCHI MV. Architectural, functional, and molecular responses to concentric and eccentric loading in human skeletal muscle. Acta Physiol (Oxf.) 2014. 210 : 642.

9. RODRIGUES B. The effect of two different rest intervals on the number of repetitions in a training session. Serb [J]. Sports Sci 2012. 1.

10. SENNA G. The effect of rest interval length on multi and single-joint exercise performance and perceived exertion. [J].

11. WILLARDSON JM. The effect of load reductions on repetition performance for commonly performed multijoint resistance exercises. [J]. Strength Cond Res 2012. 26 : 2939.

12. BEVAN HR. Complex training in professional rugby players : Influence of recovery time on upperbody power output. [J]. Strength Cond Res 2009. 23 : 1780.

13. NIBALI ML. Considerations for determining the time course of post-activation potentiation. Physiol Appl Nutr Metab 2015.

14. FERREIRA SL. Postactivation potentiation: Effect of various recovery intervals on bench press power performance. [J]. Strength Cond Res 2012. 26 : 739.

15. KHAIRULLIN RA. Pre-competition warmup. Weightlifting Yearbook 1985. p. 51.

16. THATCHER R. The influence of recovery duration after heavy resistance exercise on sprint cycling performance. [J]. Strength Cond Res 2012. 26 : 3089.

17. POPOV DV. The influence of resistance exercise intensity and metabolic stress on anabolic signaling and the expression of myogenic genes in skeletal muscle. Muscle Nerve 2014.

18. OTSUKI A. Gender differences in muscle blood reduction in the tibialis anterior muscle during passive plantarflexion. Clin Physiol Funct Imag 2016. 36 : 421.

19. KRUSE NT. Effect of self-administered stretching on NIRS-measured oxygenation dynamics. Clin Physiol Funct Imag 2015.

20. OTSUKI A. Muscle oxygenation and fascicle length during passive muscle stretching in ballet-trained subjects. Int [J]. Sports Med

2011. 32 : 496.

21. ASHLEY P. Oral health and elite sport performance. Br [J]. Sports Med 2015. 49 : 3.

22. AMIS TC. Oral airway flow dynamics in healthy humans. [J]. Physiol 1999. 15 : 293.

23. DUNN-LEWIS C. The effects of a customized over-the-counter mouth guard on neuromuscular force and power production in trained men and women. [J]. Strength Cond Res 2012. 26 : 1085.

24. GOLEM DL. The effects of over-the-counter jaw-repositioning mouth guards on dynamic balance, flexibility, agility, strength, and power in college-aged male athletes. [J]. Strength Cond Res 2015. 29 : 500.

25. MORALES J. Acute effects of jaw clenching using a customized mouthguard on anaerobic ability and ventilatory flows. Hum Mov Sci 2015. 44 : 270.

26. DICKERMAN RD. Middle cerebral artery blood flow velocity in elite power athletes during maximal weight-lifting. Neurol Res 2000. 22 : 337.

27. LEPLEY AS. Effects of weightlifting and breathing technique on blood pressure and heart rate. [J]. Strength Cond Res 2010. 24 : 2179.

28. MOUSAVI SR. Measurement of in vivo cerebral tric strain induced by the Valsalva maneuver. [J]. Biomech 2014 .47 :1652.

■ **锻炼肌肉的高科技手段**

1. SATO Y. The history and future of KAATSU Training. Int [J]. Kaatsu Train Res 2005. 1 : 1.

2. TAKARADA Y. Rapid increase in plasma growth hormone after low-intensity resistance exercise with vascular occlusion. [J]. Appl Physiol 1985. 88 : 61.

3. ABE T. Day-to-day change in muscle strength and MRI-measured skeletal muscle size during 7 days KAATSU resistance training : A case study. Int [J]. Kaatsu Train Res 2005. 1 : 71.

4. LOENNEKE JP. The acute response of practical occlusion in the knee extensors. [J]. Strength Cond Res 2010. 24 : 2831.

5. COUNTS BR. The influence of relative blood flow restriction pressure on muscle activation and muscle adaptation. Muscle Nerve 2015.

6. CAYOT TE. Effects of blood flow restriction duration on muscle activation and microvascular oxygenation during low-isometric exercise. Clin Physiol Nuclear Med 2015.

7. VIEIRA PJC. Hemodynamic responses to resistance exercise with restricted blood flow in young and older men. [J]. Strength Cond Res 2013. 27 : 2288.

8. TANIMOTO M. Effects of low-intensity resistance exercise with slow movement and tonic force generation on muscular function in young men. [J]. Appl Physiol 1985. 100 : 1150.

9. MARTÍN-HERNÁNDEZ J. Changes in muscle architecture induced by low load blood flow restricted training. Acta Physiol Hung 2013. 100 : 411.

10. YAMANAKA T. Occlusion training increases muscular strength in division IA football players. [J]. Strength Cond Res 2012. 26 : 2523.

11. LUEBBERS PE. The effects of a 7-week practical blood flow restriction program on well-trained collegiate athletes. [J].

Strength Cond Res 2014. 28 : 2270.

12. DANKEL SJ. Can blood flow restriction augment muscle activation during high-load training ? Clin Physiol Funct Imag 2017.

13. YASUDA T. Relationship between limb and trunk muscle hypertrophy following high-intensity resistance training and blood flow-restricted low-intensity resistance training. Clin Physiol Funct Imag 2011. 31 : 347.

14. LOENNEKE JP. The perceptual responses to occluded exercise. Int [J]. Sports Med 2011. 32 : 181.

15. REEVES GV. Comparison of hormone responses following light resistance exercise with partial vascular occlusion and moderately difficult resistance exercise without occlusion. [J]. Appl Physiol 2006. 101: 1616.

16. KON M. Effects of low-intensity resistance exercise under acute systemic hypoxia on hormonal responses. [J]. Strength Cond Res 2012. 26 : 611.

17. LÍVIA VENTURINI FERREIRA M. Influence de la masse musculaire sur les réponses hémodynamiques à différents exercices en résistance avec et sans restriction du débit sanguin. Sci Sports 2017. 32 : e69.

18. AVELAR NC. Whole body vibration and post-activation potentiation : A study with repeated measures. Int [J]. Sports Med 2014. 35 : 651.

19. BAGHERI J. Acute effects of whole-body vibration on jump force and jump rate of force development : A comparative study of different devices. [J]. Strength Cond Res 2012. 26 : 691.

20. PUTLAND JT. Potential beneficial effects of whole-body vibration for muscle recovery after exercise. [J]. Strength Cond Res 2012. 26 : 2907.

21. MARÍN PJ. Effects of different vibration exercises on bench press. Int [J]. Sports Med 2011. 32 : 743.

22. RIEDER F. Whole-body vibration training induces hypertrophy of the human patellar tendon. Scand [J]. Med Sci Sports 2016. 26 : 902.

■ **恢复的秘诀**

1. KORAK JA. Resistance training recovery : Considerations for single vs. multi-joint movements and upper vs. lower body muscles. Med Sci Sports Exerc 2014. 46(5S) : 193.

2. RAASTAD T. Recovery of skeletal muscle contractility after high-and moderate-intensity strength exercise. Eur [J]. Appl Physiol 2000. 82 : 206.

3. GOODALL S. Neuromuscular changes and the rapid adaptation following a bout of damaging eccentric exercise. Acta Physiol 2016.

4. PRASARTWUTH O. Maximal force, voluntary activation and muscle soreness after eccentric damage to human elbow flexor muscles. [J]. Physiol 2005. 567 : 337.

5. KOUZAKI K. Increases in M-wave latency of biceps brachii after elbow flexor eccentric contractions in women. Eur [J]. Appl Physiol 2016.

6. KOUZAKI K. Repeated bouts of fast eccentric contraction produce sciatic nerve damage in rats. Muscle Nerve 2016.

7. LEE K. Eccentric contractions of gastrocnemius

muscle-induced nerve damage in rats. Muscle Nerve 2014. 50 : 87.

8. FRAGALA MS. Biomarkers of muscle quality : N-terminal propeptide of type III procollagen and C-terminal agrin fragment responses to resistance exercise training in older adults. [J]. Cach Sarco Muscle 2014. 5: 139.

9. HALSON SL. Sleep in elite athletes and nutritional interventions to enhance sleep. Sports Med 2014. 44 (Suppl 1) :13.

10. FALLON KE. Blood tests in tired elite athletes: expectations of athletes, coaches and sport science/sports medicine staff. Br [J]. Sports Med 2007. 41 : 41.

11. LEEDER J. Sleep duration and quality in elite athletes measured using wristwatch actigraphy. [J]. Sports Sci 2012. 30 : 541.

12. MALHOTRA RK. Sleep, recovery, and performance in sports. Neurol Clin 2017. 35 : 547.

13. SWINBOURNE R. Prevalence of poor sleep quality, sleepiness and obstructive sleep apnoea risk factors in athletes. Eur [J]. Sport Sci 2016. 16 : 850.

14. FULLAGAR HH. Sleep and athletic performance : The effects of sleep loss on exercise performance, and physiological and cognitive responses to exercise. Sports Med 2015. 45 : 161.

15. MAH CD. The effects of sleep extension on the athletic performance of collegiate basketball players. Sleep 2011. 34 : 943.

16. BOLONG Z. Melatonin alleviates acute spinal cord injury in rats through promoting on progenitor cells proliferation. Saudi Pharm [J]. 2017. 25 : 570.

17. LEE Y. Beneficial effects of melatonin combined with exercise on endogenous neural stem/ progenitor cells proliferation after spinal cord injury. Int [J]. Mol Sci 2014. 15 : 2207.

18. YANG L. Melatonin for spinal cord injury in animal models : A systematic review and network meta-analysis. [J]. Neurotrauma 2016. 33 : 290.

19. ADAMCZYK-SOWA M. Effect of melatonin supplementation on plasma lipid hydroperoxides, homocysteine concentration and chronic fatigue syndrome in multiple sclerosis patients treated with interferons-beta and mitoxantrone. [J]. Physiol Pharmacol 2016. 67 : 235.

20. KAYA Y. Comparison of the beneficial effect of melatonin on recovery after cut and crush sciatic nerve injury : a combined study using functional, electrophysiological, biochemical, and electron microscopic analyses. Childs Nerv Syst 2013. 29 : 389.

21. TURGUT M. Effects of melatonin on peripheral nerve regeneration. Recent Pat Endocr Metab Immune Drug Discov 2011. 5 : 100.

22. VILLAPOL S. Melatonin promotes myelination by decreasing white matter inflammation after neonatal stroke. Pediatr Res 2011. 69: 51.

23. KOCOT J. Does vitamin C influence neurodegenerative diseases and psychiatric disorders ? Nutrients 2017. 9 : 659.

24. ELDRIDGE CF. Differentiation of axon-related Schwann cells in vitro. I. Ascorbic acid regulates basal lamina assembly and myelin formation. [J]. Cell Biol 1987. 105 : 1023.

25. CHRAST R. Lipid metabolism in myelinating glial cells : lessons from human inherited disorders and mouse models. [J]. Lipid Res 2011. 52 : 419.

26. SAHER G. Cholesterol in myelin biogenesis and hypomyelinating disorders. Biochim Biophys Acta. 2015 1851 : 1083.

27. DAVIS KC. A mechanism for sickness sleep : Lessons from invertebrates. [J]. Physiol 2017. 595 : 5415.

28. HUNTSMAN HD. Mesenchymal stem cells contribute to vascular growth in skeletal muscle in response to eccentric exercise. Am [J]. Physiol Heart Circ Physiol 2013. 304 : H72.

29. BOLLINGER T. Sleep, immunity, and circadian clocks : A mechanistic model. Gerontol 2010. 56 : 574.

30. HAND LE. The circadian clock regulates inflammatory arthritis. FASEB J 2016.

31. GIBSON W. Delayed onset muscle soreness at tendon - bone junction and muscle t is associated with facilitated referred pain. Exp Brain Res 2006. 174 : 351.

32. MENEGHEL A. Muscle damage of resistance-trained men after two bouts of eccentric bench press exercise. [J]. Strength Cond Res 2014. 28 : 2961.

33. LAU WY. Changes in electrical pain threshold of fascia and muscle after initial and secondary bouts of elbow flexor eccentric exercise. Eur [J]. Appl Physiol 2015. 115 : 959.

34. GIBSON W. Increased pain from muscle fascia following eccentric exercise : animal and human fingings. Exp Brain Res 2009. 194 : 299.

35. MALM C. Leukocytes, cytokines, growth factors and hormones in human skeletal muscle and blood after uphill or downhill running. [J]. Physiol 2004. 556 : 983.

36. YU JY. Evaluation of muscle damage using ultrasound imaging. [J]. Phys Ther Sci 2015. 27 : 531.

37. MURASE S. Upregulated glial cell line-derived neurotrophic factor through cyclooxygenase-2 activation in the muscle is required for mechanical hyperalgesia after exercise in rats. [J]. Physiol 2013. 591 : 3035.

38. OTA H. EP2 receptor plays pivotal roles in generating mechanical hyperalgesia after lengthening contraction. Scand [J]. Med Sci Sports 2017.

39. ZAMORA AJ. Tendon and myo-tendinous junction in an overloaded skeletal muscle of the rat. Anat Embryol (Berl) 1988. 179 : 89.

40. TAKAGI R. Regional adaptation of collagen in skeletal muscle to repeated bouts of strenuous eccentric exercise. Pflüg Arch Eur [J]. Physiol 2016. 468 : 1565.

41. MILLER BF. Coordinated collagen and muscle protein synthesis in human patella tendon and quadriceps muscle after exercise. [J]. Physiol 2005. 567 : 1021.

42. GRATZKE C. Knee cartilage morphologic characteristics and muscle status of professional weight lifters and sprinters : a magnetic resonance imaging study. Am [J]. Sports Med 2007. 35 : 1346.

43. HOLM L. Contraction intensity and feeding affect collagen and myofibrillar protein synthesis rates differently in human skeletal muscle. Am [J]. Physiol 2010. 298 : E257.

44. WALLACE IJ. Knee osteoarthritis has doubled in prevalence since the mid-20th

century. PNAS 2017.

45. TAKAGI R. Regional adaptation of collagen in skeletal muscle to repeated bouts of strenuous eccentric exercise. Pflüg Arch Eur [J]. Physiol 2016. 468 : 1565.

46. KUBO K. Time course of changes in the human Achilles tendon properties and metabolism during training and detraining in vivo. Eur [J]. Appl Physiol 2012. 112 : 2679.

47. MÜLLER SA. Tendon healing : An overview of physiology, biology, and pathology of tendon healing and systematic review of state of the art in tendon bioengineering. Knee Surg Sports Traumatol Arthrosc 2015. 23 : 2097.

48. DIDERIKSEN K. Muscle and tendon connective to adaptation to unloading, exercise and NSAID. Connect T Res 2014. 55 : 61.

49. DENISE ZDZIEBLIK. Improvement of activity-related knee joint discomfort following supplementation of specific collagen peptides. Physiol Appli Nutr Metab 2017. 42 : 588.

50. SHAW G. Vitamin C-enriched gelatin supplementation before intermittent activity augments collagen synthesis. Am [J]. Clin Nutr. 2017 105 :136.

51. KANZAKI N. Glucosamine-containing supplement improves locomotor functions in subjects with knee pain – a pilot study of gait analysis. Clin Interv Aging 2016. 20 : 835.

52. CLARK KL. 24-week study on the use of collagen hydrolysate as a dietary supplement in athletes with activity-related joint pain. Curr Med Res Opin 2008. 24 :

1485.

53. PRAXITELOUS P. Microcirculation after Achilles tendon rupture correlates with functional and patient-reported outcome. Scand [J]. Med Sci Sports 2017.

第三部分

■ **增大肩宽并保护肩膀**

1. STEENBRINK F. The relation between increased deltoid activation and adductor muscle activation due to glenohumeral cuff tears. [J]. Biomech 2010. 43 : 2049.

2. DE WITTE PB. The supraspinatus and the deltoid : Not just two arm elevators. Hum Mov Sci 2014. 33 : 273.

3. CARVALHO CD. Partial rotator cuff injury in athletes : Bursal or articular ? Rev Bras Ortop 2015.

4. BEAUDREUIL J. Effect of dynamic humeral centring (DHC) treatment on painful active elevation of the arm in subacromial impingement syndrome : Secondary analysis of data from an RCT. Br [J]. Sports Med 2015. 49 : 343.

5. MICHENER LA. Supraspinatus tendon and subacromial space parameters measured on ultrasonographic imaging in subacromial impingement syndrome. Knee Surg Sports Traum Arthr 2015. 23 : 363.

6. MCCREESH KM. Acromiohumeral distance measurement in rotator cuff tendinopathy: Is there a reliable, clinically applicable method ? A systematic review. Br [J]. Sports Med 2015. 49 : 298.

7. BALKE M. Differences in acromial morphology of shoulders in patients with degenerative and traumatic supraspinatus

tendon tears. Knee Surg Sports Traumatol Arthrosc 2014.

8. SVENDSEN SW. Work above shoulder level and degenerative alterations of the rotator cuff tendons : A magnetic resonance imaging study. Arthritis Rheum 2004. 50 : 3314.

9. STENLUND B. Significance of house painters' work techniques on shoulder muscle strain during overhead work. Ergonomics 2002. 45 : 455.

10. KETTUNEN JA. Cumulative incidence of shoulder region tendon injuries in male former elite athletes. Int [J]. Sports Med 2011. 32 : 451.

11. ANDERSEN CH. Scapular muscle activity from selected strengthening exercises performed at low and high intensity. [J]. Strength Cond Res 2012. 26 : 2408.

12. LEONG HT. Reduction of the subacromial space in athletes with and without rotator cuff tendinopathy and its association with the strength of scapular muscles. [J]. Sci Med Sport 2016. 19 : 970.

13. KOLBER MJ. Shoulder injuries attributed to resistance training : a brief review. [J]. Strength Cond Res 2010. 24 : 1696.

14. KOLBER MJ. Characteristics of shoulder impingement in the recreational weight-training population. [J]. Strength Cond Res 2014. 28 : 1081.

15. KOLBER MJ. Characteristics of anterior shoulder instability and hyperlaxity in the weight-training population. [J]. Strength Cond Res 2013. 27 : 1333.

■ **解决背部肌肉复杂性的问题**

1. ROOKS MD. Injury patterns in recreational rock climbers. Am [J]. Sports Med 1995. 23 : 683.

2. GERHARDT C. The gymnastics shoulder. Orthopade 2014. 43 : 230.

3. PRINOLD JA. Scapula kinematics of pull-up techniques : Avoiding impingement risk with training changes. [J]. Sci Med Sport 2015.

4. STALLKNECHT B. Are blood flow and lipolysis in subcutaneous adipose tissue influenced by contractions in adjacent muscles in humans ? Am [J]. Physiol 2007. 292 : E394.

■ **针对性训练胸部**

1. RAHEMI H. Regionalizing muscle activity causes changes to the magnitude and direction of the force from whole muscles –a modeling study. Front Physiol 2014. 5 : 298.

2. WAKAHARA T. Nonuniform muscle hypertrophy: Its relation to muscle activation in training session. Med Sci Sports Exerc 2013. 45 : 2158.

3. MATTA T. Strength training's chronic effects on muscle architecture parameters of different arm sites. [J]. Strength Cond Res 2011. 25 : 1711.

4. BEHEIRY EE. Innervation of the pectoralis major muscle : Anatomical study. Ann Plast Surg 2012. 68 : 209.

5. FUNG L. Three-dimensional study of pectoralis major muscle and tendon architecture. Clin Anat 2009. 22 : 500.

6. SCHICK EE. A comparison of muscle activation between a Smith machine and free weight bench press. [J]. Strength Cond Res 2010. 24 : 779.

7. JOHAR P. A rapid rotation to an inverted seated posture inhibits muscle force, activation, heart rate and blood pressure. Eur [J]. Appl Physiol 2013. 113 : 2005.

8. HEARN J. An inverted seated posture decreases elbow flexion force and muscle activation. Eur [J]. Appl Physiol 2009. 106 : 139.

9. PADDOCK N. The effect of an inverted body position on lower limb muscle force and activation. Appl Physiol Nutr Metab 2009. 34 : 673.

10. BROADHURST PK. Effect of hip and knee position on nerve conduction in the common fibular nerve. Muscle Nerve 2017. 56 : 519.

11. COSTA R. Body position influences the maximum inspiratory and expiratory mouth pressures of young healthy subjects. Physiotherapy 2014.

12. MORTON A. Comparison of EMG activity between dumbbell bench, barbell bench and vertical chest press. Med Sci Sports Exerc 2012. 44 (5S) : 867.

■ 让肱二头肌、肱三头肌和前臂更坚韧

1. WON SY. Intramuscular innervation patterns of the brachialis muscle. Clinical Anatomy 2015. 28 : 123.

■ 腹部核心训练

1. VLEEMING A. The functional coupling of the deep abdominal and paraspinal muscles : The effects of simulated paraspinal muscle contraction on force transfer to the middle and posterior layer of the thoracolumbar fascia. [J]. Anat 2014. 225.

2. MARTUSCELLO JM. Systematic review of core muscle activity during physical fitness exercises. [J]. Strength Cond Res 2013. 27 : 1684.

3. GIBSON AL. Time course of supine and standing shifts in total body, intracellular and extracellular water for a sample of healthy adults. Eur [J]. Clin Nutr 2015. 69 : 14.

4. GREEN ME. Diagnostic ultrasound imaging to measure the thickness of the transversus abdominis muscle during a supine abdominal bridge. [J]. Athl Train 2014. 49 (Suppl) : S– 101.

5. BJERKEFORS A. Deep and superficial abdominal muscle activation during trunk stabilization exercises with and without instruction to hollow. Man Ther 2010. 15(5): 502.

■ 练出发达股四头肌

1. BRYANTON MA. Quadriceps effort during squat exercise depends on hip extensor muscle strategy. Sports Biomech 2015. 14 : 122.

2. BRYANTON MA. Effect of squat depth and barbell load on relative muscular effort in squatting. [J]. Strength Cond Res 2012. 26 : 2820.

3. FLANAGAN SP. The limiting joint during a failed squat : A biomechanics case series. [J]. Strength Cond Res 2015. 29 : 3134.

4. DUE JAKOBSEN M. Muscle activity during leg strengthening exercise using free weights and elastic resistance : Effects of ballistic vs controlled contractions. Hum Mov Sci 2013. 32 : 65.

■ 弥补腘绳肌不足

1. WOODLEY SJ. Review of hamstring

anatomy. ASPETAR Sports Med [J]. 2013.

2. KUBOTA J. Non-uniform changes in magnetic resonance measurements of the semitendinosus muscle following intensive eccentric exercise. Eur [J]. Appl Physiol 2007. 101 : 713.

3. MENDIGUCHIA J. Nonuniform changes in MRI measurements of the thigh muscles after two hamstring strengthening exercises. [J]. Strength Cond Res 2013. 27 : 574.

4. MCALLISTER MJ. Muscle activation during various hamstring exercises. [J]. Strength Cond Res 2014. 28 : 1573.

5. MENDIGUCHIA J. The use of MRI to evaluate posterior thigh muscle activity and damage during nordic hamstring exercise. [J]. Strength Cond Res 2013. 27 : 3426.

6. METTE KREUTZFELDT Z. Kettlebell swing targets semitendinosus and supine leg curl targets biceps femoris : An EMG study with rehabilitation implications. Br [J]. Sports Med 2013. 47 :1192.

7. SCHOENFELD BJ. Regional differences in muscle activation during hamstrings exercise. [J]. Strength Cond Res 2014.

■ **理解并解决小腿肌肉发展不均衡的问题**

1. SEGAL R. Nonuniform activity of human calf muscles during an exercise task. Arch Phys Med Rehab 2005. 86 : 2013.